Automotive Sales Textbook

자동차 세일즈
교과서 ———

자동차 세일즈 교과서

손준성 지음

바른북스

자동차라는 물건은 과거 단순한 이동 수단에서 현재는 하나의 필수품을 넘어 삶의 만족과 행복을 가져다주는 존재로까지 자리매김하고 있다.

세상에는 인류 최대의 발명품이라 불릴 만한 물건들이 많이 있다. 이 중 현재 그 모습을 찾아볼 수 없는 물건들도 많지만, 오히려 더욱 발전된 모습으로 우리의 일상과 떼려야 뗄 수 없는 물건들 또한 많이 있다. 자동차가 바로 그중 하나인데, 자동차는 최초로 그 모습을 드러낸 이후 그간 상상할 수 없을 정도로 많은 발전이 있었으며, 이에 발맞추어 생산과 판매 또한 지속해서 늘어왔다.

따라서 자동차 산업의 중요한 키워드 세 가지를 꼽자면 바로 발전, 생산, 판매라 할 수 있으며, 이 세 가지는 향후 어떠한 환경적인 변화가 있더라도 꾸준히 증가할 것이다.

여기서 자동차의 발전과 생산은 기업이 담당하지만, 판매는 영업직원인 사람이 하는 일이다. 이 중 판매만 놓고 봤을 때 현재 그 구조 측면에 있어 혁신적이라 할 만큼 많은 변화가 일어나고 있다. 인터넷을 통한 판매 그리고 차량에 대한 설명과 판매를 서로 다른 직원이 담당하는 방식이 바로 그 예이다. 참고로, 일정 부분이긴 하나 이 같은 변화가 이미 이루어진 브랜드도 여럿 있다.

이로 인해 자동차 전반에 걸쳐 인적 판매에 대한 의존도는 차츰 낮아질 전망이며, 이는 앞으로 영업직원의 숫자가 상대적으로 줄어드는 결과를 초래할 것이다. 이 같은 상황이라면 자동차 영업직원의 장래가 다소 어둡게 느껴질 수도 있다. 하지만 차는 늘어나는 데 비해 판매 인원이 준다는 것은 영업직원에게 도리어 더 많은 기회가 만들어지는 긍정적인 현상으로 볼 수 있다. 왜냐하면, 인적 판매에 대한 의존도가 당분간은 여전히 높을 것이기 때문이다.

그런데 기회가 많아진다는 것은 영업직원이 되기 위한 경쟁이 더욱 치열해질 것임을 추가로 생각해 볼 수 있다. 경쟁이 치열해지다 보니 당연히 이전보다 높은 경쟁력을 갖춘 영업직원들 또한 늘어남으로써 정작 나에게 돌아오는 기회가 줄어드는 다소 불리한 측면 또한 만들어질 수 있다.

그렇다면, 무엇을 어떻게 해야 하는가에 대한 의문이 들것이다. 답은 의외로 간단하다. 남들과 차별화된 보다 높은 수준의 판매 경쟁력을 갖추는 것이다. 일반적으로 경쟁력이라 하면 소위 최고라 불리는 직원들로부터 배우고 최대한 이들을 따라 해야 하는 것으로 생각할 수 있다. 사실 이것은 잘못된 생각이다. 왜냐하면, 이들의 결과를 배우기에 앞서 자동차 판매의 기본기를 튼튼히 하는 것이 경쟁력의 출발이 되기 때문이다.

그럼, 자동차 영업직원으로서 갖추어야 할 기본기에는 어떤 것들이 있을까? 아마도 성실함, 열정, 인내심 등이 먼저 떠오를 것이다. 하지만 이것들은 영업직원이 갖추어야 할 기본기라기보다 영업을 떠나 무슨 일을 하든 간에 당연히 갖추고 있어야 할 기본 조건일 뿐이다. 영업직원이 진정으로 갖추고 또한 지속해서 몰두해야 할 기본기에는 대표적으로 세일즈 프로세스의 정확한 이해와 이에 대한 실천 그리고 자동차 지식과 이를 활용한 설명 스킬이 있으며, 이 두 가지가 본 자동차 세일즈 교과서의 주 내용이기도 하다.

사람들은 대체로 기본기라 하면 우선 지루하고 따분한 것으로만 생각하는 경향이 있다. 기존 영업직원 중에는 기본기라는 것을 심지어 내 수준에 맞지 않는 유치한 것으로 치부해 버리는 경우도 더러 있다. 그럼에도 영업을 처음 시작하는 사람도 마찬가지겠지만, 기존 직원의 경우 과거 영업이라는 일을 시작했을 당시 정확한 기본기를 갖추고 시작한 예가 매우 드문 것이 사실이다. 즉, 자신이 알고 있는 일반적인 지식과 주변 동료(선배)로부터 배운 것만을 바탕으로 무조건 열심히 해 왔던 것이 현재 대부분 영업직원의 현실인 것이다.

그간 전 세계를 통틀어 자동차 영업직원이 봐야 할 제대로 된 기본서 하나가 없다는 것을 저자는 안타깝게 생각해 오고 있었으며, 이것이 바로 자동차 세일즈 교과서를 출판하게 된 동기이다. 저자의 오랜 기간 자동차 세일즈, 마케팅 그리고 제품에 대한 현장 교육 경험 모두가 그대로 녹아 있는 이 책이 자동차 영업에 종사하는 모든 영업직원의 탄탄한 기본기 구축에 도움이 되기를 바란다.

사실 한 권의 책으로 모든 것을 습득하기에는 부족함이 있을 수 있다. 하지만 자동차 영업직원이 지속적인 성공을 거두기 위해 반드시 갖추어야 할 기본기 측면에 있어서만큼은 본 책이 제목 그대로 자동차 세일즈 교과서로 가지는 가치는 충분할 것이다.

튼튼한 기초 위에 쌓은 실력만이 내 삶에 성공이란 두 글자를 새길 수 있는 유일한 수단이라는 것을 잊지 말아야 할 것이다.

CHAPTER
1

자동차 세일즈 프로세스

목차

자동차 기초 공학지식

CHAPTER 1

자동차 세일즈
프로세스

세일즈
준비 단계

"좋은 재료로 나쁜 음식은 만들 수 있지만,
나쁜 재료로 결코 좋은 음식은 만들 수 없다."

윗글에서 재료를 준비, 음식을 성과로 바꾸어 이를 세일즈에 적용해보면, "세일즈 성과향상을 위해 철저한 사전 준비를 했음에도 간혹 기대 이하의 성과가 날 때도 있지만, 준비되지 않은 상태에서는 결코 높은 성과를 기대할 수 없다"로 바꾸어 볼 수 있다.

세일즈는 확률 게임이다. 훌륭한 요리를 만들기 위해 항상 좋은 재료를 준비하고 있어야 하는 것처럼, 세일즈의 성공 확률을 높이기 위해 평상시 철저한 사전 준비와 확인이라는 지속적인 과정을 유지해야 한다.

어떤 일을 하든지 간에 철저한 사전 준비는 첫째, 자신이 계획한 대로 일이 진행될 가능성을 높일 수 있으며, 둘째, 예상 가능한 위험뿐만 아니라 미처 예상치 못했던 위험까지 더욱 현명하게 대처하는 데 도움이 될 것이다. 이는 자신감과 일에 대한 동기부여로 이어져 결국 높은 성과 창출의 밑바탕이 되는 것이다.

준비라는 말의 뜻은 '미리 마련하여 갖춤'이다. 그렇다면 세일즈 준비란 '성공적인 고객 응대를 위해 우선 무엇이 필요한지를 파악하고, 그다음 이에 대한 사전 준비와 확인을 통해 고객 응대 경쟁력을 갖추고 있는 것'이라 할 수 있다.

이러한 세일즈 준비는 외적 준비와 내적 준비로 나뉜다.

1) 외적 준비

외적 준비는 세일즈를 하는 데 필요한 세일즈 도구에 관한 것이며, 여기에는 총 다섯 가지 준비 항목이 있다.

(1) 지식과 스킬

세일즈라는 상황을 떠나 누군가와 성공적인 대화를 하기 위해서는 우선, 대화에 필요한 사실과 정보를 잘 알아야 하며, 다음으로 이를 더욱 효율적으로 전달할 수 있는 스킬을 갖추어야 한다.

① 세일즈 지식

세일즈 지식의 첫 번째로 자동차의 기본 개념과 그 원리를 정확히 숙지해야 한다. 그렇다고 너무 깊이 있는 자동차 공학 지식을 요구하는 것은 아니다. 왜냐하면, 세일즈는 지식과 관련된 이성적인 측면도 중요하지만, 어찌 보면 고객의 마음을 움직일 수 있는 혜택과 연결된 감성적인 측면이 훨씬 중요하기 때문이다. 따라서 자동차란 무엇이고 엔진의 기본적인 작동 원리는 어떻게 되는지 등과 같이 고객에게 자동차를 쉽게 설명하고 또한 이를 쉽게 이해시킬 수 있을 정도의 지식만 갖추면 된다.

자동차 자체에 관한 필수 개념과 지식을 습득했다면, 그다음으로 내가 판매하는 자동차의 특징과 장점을 알아야 한다. 추가로, 자사의 서비스 정보 및 경쟁 차량의 핵심 사항 등도 사전에 숙지해야 한다.

② 세일즈 스킬

어느 한 고객이 두 명의 영업직원에게 같은 차량을 대상으로 제품 설명을 들었다 해 보자. 설명 내용 자체가 비슷했던 경우라도, 이 고객은 각각의 영업직원으로부터 전혀 다른 느낌을 받았을 것이다. 그 이유는 당연히 영업직원의 제품 지식의 숙지 정도, 경력, 스타일 등이 서로 달라서겠지만, 여기에는 서로 다른 스킬을 갖추고 있다는 것 또한 큰 부분을 차지할 것이다.

스킬이란 것은 오랜 시간 업무 경험을 통해 어느 정도까지는 스스로 익히는 것이 가능하다. 하지만 처음부터 정확한 방법의 스킬을 익히고 시작한다면 영업을 하는 기간 내내 경쟁력 있는 고객 응대에 큰 도움이 될 것이다.

스킬을 익히는 방법은 의외로 간단하다. 자신이 가지고 있는 여러 지식을 다양한 상황 특성(사용자, 사용 용도, 사용 환경, 사용 시간 등)과 연결하여 설명해 보는 것이다. 이러한 과정을 반복하다 보면, 누구나 조금만 노력하면 배울 수 있는 스킬이 아닌, 누구도 따라 할 수 없는 자신만의 설명 노하우가 자연스럽게 만들어지게 되는 것이다.

생수 한 병을 사더라도 개인에 따라 구매 용도와 목적이 모두 다를 것이다. 따라서 이를 고객에게 판매할 때는 고객 니즈에 맞는 내용과 방식으로 그 장점을 어필해야 한다. 즉, 똑같은 물건이라도 고객의 구매 욕구를 자극하기 위해서는 고객별 니즈와 상황에 맞게 설명할 수 있는 능력인 스킬을 갖추어야 한다. 만약 이러한 스킬이 없다면 아무리 깊은 지식이 있더라도 이는 큰 의미가 없기 때문이다.

따라서 앞서 언급한 지식(Knowledge)과 이에 대한 활용 능력인 스킬(Skill)을 쌓기 위해 사전에 철저히 점검하고 준비해야 한다. 그런데 이것들은 일정 수준 이상만 갖추게 되면 향후 지속적인 시간 투자가 그리 많이 필요치 않으며, 단지 가끔 되새겨 보는 정도면 충분하다. 결국, 지식과 스킬은 이를 공부하고 연습하는 매 순간 최대의 노력을 쏟아붓는 것이 최선의 방법이며, 이는 향후에 세일즈 성과향상에만 더욱 집중할 수 있는 시간을 가지는 데 큰 도움이 될 것이다.

참고로, 세일즈 노하우라는 것은 정확한 지식과 스킬에 개인의 경험이 합쳐졌을 때 비로소 만들어지는 것임을 기억하자.

(2) 세일즈 프로세스

세일즈 프로세스(Sales Process)란 고객 응대를 위해 여러 단계로 구성된 세일즈 업무 절차를 말한다. 이는 세일즈의 성과 창출을 위해 지켜 나가야 하는 하나의 큰 틀이며 세일즈 업무의 방향성을 제시하는 기준이 되는 것이다.

세일즈라는 것은 가령 계절이나 날씨, 고객 특성, 법적 규제, 제품 특성 등과 같이 수시로 변할 수 있고 또한 사전에 예측 불가한 다양한 환경요소에 영향을 받는 경우가 많으므로, 오랜 시간의 경험을 통해 검증된 프로세스를 기준으로 한 업무수행이 매우 중요하다.

따라서 이러한 프로세스는 지속적인 반복과정을 동해 자신의 몸에 마치 습관처럼 배게 해야 한다. 특히 세일즈를 처음 시작하는 사람은 프로세스를 충분히 숙지 후 이에 대한 반복을 통해 처음부터 좋은 세일즈 습관을 기를 필요가 있으며, 경력직원은 정형화된 프로세스와 자신의 해 왔던 방식을 객관적으로 비교하여 현재의 세일즈 습관을 보다 정교하게 다듬어야 한다. 수없이 검증된 기준이 아닌 자신의 경험에만 기초한 프로세스를 수행하다 보면 향후 본인의 능력이 자칫 실력이 아닌 요령으로 변질할 수도 있기 때문이다.

참고로, '세일즈 준비 단계'에서는 고객 응대와 관련된 세일즈 프로세스와 함께 회사 내부의 세일즈 업무 프로세스 또한 사전에 정확히 숙지하고 있어야 한다.

(3) 고객의 이성과 감성 모두를 자극할 수 있는 상담 보조 자료

누군가에게 무엇인가를 믿게 하는 힘은 과연 어디서 나오는 것일까?

예를 들어, 대부분 사람은 저명한 대학교수가 자신의 전문분야에 관한 어떤 말을 하게 되면 그 말을 맹목적으로 믿는 경향이 있다. 그 이유는 해당 분야의 전문가라는 인식이 믿음으로 이어졌기 때문이다.

세일즈 상담이란 기본적으로 고객을 설득해 가는 과정이다. 설득이란 상대방의 생각과 행동에 영향을 미치기 위한 의사소통 과정을 말한다. 따라서 효과적인 설득을 위해 상대방의 이성과 감성 모두를 자극하는 것이 도움이 되는데, 특히 세일즈 상담 과정에서는 더욱 그러하다.

여기서 놓치지 말아야 할 부분은 설득 시 활용하는 시각적인 자료 또한 상대방의 이성과 감성에 영향을 미칠 수 있도록 준비하는 것이다. 이를 위해 필요한 사항과 그 방법은 다음과 같으며, 이 또한 세일즈 준비 단계에서 챙겨야 할 내용 중 하나이다.

① 이성에 호소하는 설득

이성이란 '생각(사고)의 과정을 거쳐 논리적인 판단을 하는 것'을 말한다. 따라서 이성에 호소하는 설득이란 고객이 객관적인 사실과 정보를 바탕으로 논리적인 판단을 통해 영업직원에게 유리한 방향으로 의사를 결정하게 하는 것이다.

앞서 대학교수의 예를 든 바와 같이, 대부분 사람은 해당 분야의 전문가라 불리는 사람의 말이 아닌 이상 잘 믿지 않으려는 경향이 있다. 따라서 몇몇 영업직원은 회사 내부의 인증이나 각종 자격 정보 등을 자신의 명함에 명시하여 고객에게 전문가 이미지를 심어 줌으로써 세일즈 상담 자체의 신뢰성을 높이기도 한다.

또한, 사람은 일반적으로 남이 하는 말보다는 비록 그것이 같은 내용일지라도 활자로 인쇄되어 제시되는 경우 해당 내용을 더 잘 믿는 경향이 있다. 인쇄물의 출처가 각종 기사 혹은 연구기관과 같은 공신력 있는 곳의 것이라면 이에 대한 신뢰도는 급등하게 된다.

이성에 호소하는 다양한 방법 중 하나는 바로 자신만의 어프로치북(Approach Book)을 준비하여 이를 적극 활용하는 것이다. 왜냐하면, 고객에게 정확한 사실이나 정보를 제시하는 것부터 이성에 호소하는 설득은 시작하기 때문이다. 어프로치북이란 고객 상담 시 영업직원이 설명하는 내용에 대한 실증 자료 즉, 증거를 제시하는 자료들을 주제에 맞게 정리해 놓은 스크랩북을 말한다.

어프로치북에 들어가는 자료에는 자기소개, 각종 언론 매체의 기사 및 시승기, 중고차 관련 정보, 금융과 관련된 필수 정보, 개별 금융상품의 의미와 이에 대한 혜택, 구매 관련 절차, 제품과 관련된 사항(특정 옵션, 자사 및 경쟁 모델에 대한 핵심 비교 자료, 차종별 중요 셀링 포인트, 예상 가능한 고객 반론 사항 등 - 예: 트렁크에 골프백을 적재해 놓은 사진 등) 및 기타 강조할 수 있는 사항들이다.

이러한 자료들은 그 출처를 밝혀야 하며, 되도록 공신력 있는 자료일수록 좋다. 그리고 어프로치북에는 주변에서 쉽게 구할 수 있는 자료들은 들어가지 않는 것이 좋다. 예를 들면, 전시장에 비치된 브로셔나 상품 설명서, 견적서 및 각종 약정서와 같은 기존에 만들어진 형식적인 문서 등이 바로 그것이다. 어프로치북이란 고객 상담 중 고객과 나누는 상담 내용에 대한 맞춤화 증거 자료이지, 모든 자료를 모아 두는 책장은 아니기 때문이다.

어프로치북은 관리 또한 매우 중요하다. 누가 봐도 너무 낮은 품질의 스크랩 바인더는 피해야 하며, 스크랩북 내 자료를 담는 비닐종이 또한 적어도 한 달에 한 번은 새것으로 교환해야 한다. 그리고 상담 과정 중 맞춤화 자료를 고객에게 제공하기 위해 스크랩북에 들어가는 각 페이지는 약 3~5장 정도의 여유분을 항상 준비하고 있어야 한다.

판매 준비 단계에서 고객의 이성적인 측면에 호소하는 자료의 모음인 스크랩북의 전체 내용은 최소 일주일에 한 번 이상은 점검해 주어야 한다.

② 감성에 호소하는 설득

실제 세일즈에서는 고객의 이성에 호소하는 것 이상으로 중요한 것이 바로 고객의 감성을 자극하는 것이다. 왜냐하면, 사람은 무언가를 최종적으로 결정하려 할 때 이성보다는 감성에 더 큰 영향을 받기 때문이다.

감성이란 '마음속으로 상상하고 생각함으로써 갖게 되는 개인의 주관적인 감정'이다. 이성에 호소하는 것이 객관적인 사실과 정보를 바탕으로 여러 혜택과 장점들에 관한 어필이라면, 감성에 호소하는 것은 고객이 직접 느끼게 함으로써 이들의 마음에 자극을 주는 것이다.

Chapter 1 자동차 세일즈 프로세스

따라서 고객의 감성에 호소하기 위해서는 제품이나 브랜드에 대한 객관적인 사실과 정보를 구체적 상황과 연결하여 고객이 마치 그러한 상황을 실제 경험하는 듯한 상상을 할 수 있게 해 주어야 한다.

구체적인 상황과 연결한다는 것은 첫째, 고객이 자동차를 사용함으로써 마주할 수 있는 여러 일반적인 상황과 둘째, 고객의 니즈에 맞는 상황을 고객 상담 시 적극적으로 활용하는 것이다. 이를 통해 고객은 제품이나 브랜드가 주는 실제 혜택에 공감함으로써 결국 자연스럽게 구매 욕구가 상승하게 되는 것이다.

머리로 생각하고 가슴으로 이해하자는 말이 있다. 즉, 머리와 가슴 어느 하나 중요하지 않은 것이 없으므로, 고객 상담 전반에 걸쳐 이 둘을 잘 활용한다면 더욱 효율적으로 고객을 설득할 수 있을 것이다.

끝으로, 고객의 감성을 한층 더 자극하기 위해 영업직원은 말과 행동을 통해 자신의 뜨거운 심장의 열정에 더해 따뜻한 인간미까지 추가로 보여 주어야 한다.

(4) 서류가방의 정리

대부분 사람은 뭐든지 깔끔하게 정리된 것을 좋아한다. 가령 친구 집에 우연히 놀러 갔는데 친구의 방이 깔끔하게 정리돼 있는 것을 보게 된다면 자신의 기분도 좋아지지만 상대방 친구에 대한 이미지도 좋아질 것이다.

또한, 사람은 자기가 무언가를 알고 싶을 때 바로 알기를 원한다. 이때 누군가로부터 즉시 도움을 받게 된다면 그 사람에게 고마운 마음뿐만 아니라 심지어 전문가라는 이미지도 느끼게 될 것이다. 이러한 효과는 잘 관리된 서류가방의 활용을 통해서도 기대할 수 있다.

자동차를 수리하는 테크니션에게 수리 장비가 있다면, 영업직원에게는 서류가방이 있다. 영업직원에게 서류가방이란 나만의 움직이는 작은 사무실과도 같은 존재이다. 따라서 고객과 모든 만남 시 서류가방을 항상 지참해야 하며, 그 안에는 고객에게 필요한 최신의 정보가 늘 준비되어 있어야 한다.

영업직원의 서류가방에 들어가야 할 내용에는 일반적인 제품(경쟁사 제품 비교 포함)정보인 브로셔, 주요 차종별 금융상품 견적서, 금융의 이해를 돕기 위한 금융상품 소개서, 어프로치북, 계약서 및 문구류 등이다. 참고로, 개인적인 소지품(예: 향수, 손수건, 음식 등)은 절대 넣지 말아야 함을 주의하자.

서류가방은 매일 혹은 주 단위로 지속적인 업데이트와 동시에 청결함도 유지해야 한다. 왜냐하면, 특히 전시장 밖에서 고객을 만났을 때 서류가방 안에 들어 있는 모든 내용은 당장의 고객 상담뿐만 아니라 심지어 계약 체결에 필요한 세일즈 도구가 되는 것이기 때문이며, 여기에 추가하여 깔끔하게 정리된 서류가방 내부를 고객이 우연히 보게 된다면 그 고객은 해당 영업직원에 대해 신뢰와 더불어 성실한 이미지 또한 느낄 수 있기 때문이다.

참고로, 여성 영업직원은 외근을 나갈 때 자신의 소지품 등을 가지고 다니는 개인 가방과 함께 서류가방은 별도로 준비해야 한다.

(5) 판매 방법 연구 및 계획 수립

영업직원이 만나는 고객 유형에는 아직 만나지 않은 잠재고객, 현재 컨택 중인 고객 그리고 이미 출고한 고객이 있다. 세일즈 준비 단계에서는 이러한 고객 분류를 기준으로 개별 고객 특성에 맞는 응대 멘트와 필요한 판매 도구를 다음 열두 가지 항목에 따라 준비해야 한다.

① 고객이 어떤 모델을 살 것인가?

② 세부 차종은 어떤 것인가?

③ 언제 살 것인가?

④ 어떤 조건으로 살 것인가?

⑤ 고객이 할 만한 질문은 무엇인가?

⑥ 내가 컨택한 사람이 결정권이 있는가? 또는 결정에 영향을 미치는 사람은 누구인가?

⑦ 본 판매에 도움을 줄 수 있는 사람은 누구인가? (내부 + 외부)

⑧ 전반적으로 예상 가능한 고객의 반론은 무엇이며 이에 대한 응대는 어떻게 해야 하는가?

⑨ 고객이 가지고 있는 문제는 무엇이며 이에 대해 어떤 해결책을 준비해야 하는가?

⑩ 고객에게 특별히 필요한 정보(제품, 금융 등)는 무엇인가?

⑪ 다음의 컨택 혹은 약속을 잡기 위해서 무엇을 미리 준비해야 하는가?

⑫ 위 내용 외에 고객이나 상황별 특이 사항은 없는가? 있다면 어떤 해결책을 준비해야 하는가?

상황에 따라 분명히 더 많은 항목이 있을 수 있다. 그렇지만 최소 위 열두 가지 항목은 기본으로 준비해야 하며, 이는 더욱 효율적인 세일즈 프로세스 진행에 도움이 될 것이다. 또한, 세일즈를 함에 있어 위 항목에 대한 준비 과정을 여러 번 반복하다 보면 이 자체가 자신의 경험 속에 녹아들어 결국 전문적인 세일즈를 위한 튼튼한 기초체력이 될 것이다.

2) 내적 준비

내적 준비의 대상에는 세일즈 마인드와 외모(용모) 두 가지가 있다.

첫째, 세일즈 마인드의 준비는 '세일즈를 함에 있어 좀 더 적극적이며 또한 열정을 가지고 일하려고 하는 마음가짐'을 의미한다.

　세일즈를 하는 사람이라면 매사에 열정을 가지고 일해야 한다는 것은 누구나 공감하는 부분이다. 하지만 이것이 잘 지켜지지 않는 이유가 있다. 그 이유는 열정만 가지려 했지, 정작 열정이 어떻게 만들어지는지 그 과정을 잘 모르고 있기 때문이다. 이 때문에 열정이라는 것을 단순히 '무조건 열심히 하는 것'으로 착각하는 실수가 발생하는 것이다. 다시 말해, 막연히 '열심히 하자' 혹은 '최선의 노력을 다하자'처럼 마음을 다잡는 것이 열정은 아니란 것이다.

　열정이란 것이 만들어지는 데도 그 단계가 있다.

　예를 들어, 세 번째 단계인 자신감을 기준으로 설명하면, 자신감이란 항상 파이팅 넘치는 모습이며 비록 어떠한 실수를 하더라도 기죽거나 겁내지 않고 당당하게 고객을 응대하는 것을 말한다. 이러한 자신감은 우선 알고 있어야 할 것을 잘 알고

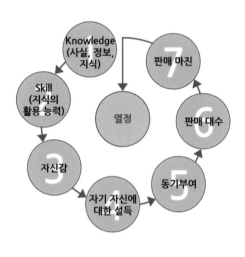

(Knowledge) 있어야 하며 이러한 것들을 잘 활용할 수 있는 능력(Skill)이 만들어진 이후에나 생겨나는 것이다. 이러한 순서 없이 만들어지는 자신감 있는 모습은 그리 오래가지 못하며, 고객에게 자칫 요령을 피우거나 심지어 건방진 모습으로 비칠 수도 있다.

　그렇다면 내적 준비 즉, 진정한 열정을 가지기 위한 마음과 행동 준비

는 어떻게 해야 하는가? 이를 위해 열정 앞의 총 7단계 중 내가 현재 어느 위치에 있는지를 먼저 냉정하게 평가해 볼 필요가 있다. 그 후 다음 단계로 넘어가기 위해 나는 무엇을 더 준비하고 신경 써야 하는지 확인하여 만약 부족한 부분이 있다면 이를 보완하고 또한 개선시키기 위한 부단한 노력이 필요할 것이다.

내적 준비를 통한 열정이 있는 사람과 없는 사람의 가장 큰 차이점은 자신의 미래에 대한 확고한 자신감이다. 좀 더 구체적으로, '나는 앞으로 최소 10년 후에도 이 자리에서 고객들에게 자신감 있게 세일즈를 할 수 있다!'에 대한 확실한 믿음 여부의 차이라 할 수 있다.

둘째, 외모(용모와 복장) 관련 부분이다.

"Beauty is a far greater recommendation than any letter of introduction."

"아름다움은 다른 어떤 것보다도 훨씬 큰 영향력을 가진다."

– 아리스토텔레스 –

아름다운 외모는 인간관계에서 그 어떤 것보다도 가장 강력한 힘을 가진다. 이러한 힘을 매력이라고도 하며, 이는 외적인 아름다움뿐만 아니라 내적인 아름다움 모두를 통해 상대방의 마음을 사로잡는 힘을 말한다. 사람은 본능적으로 아름다움을 추구하려는 욕구가 있다. 이러한 욕구에는 나 자신의 아름다움 추구뿐만 아니라 아름다운 사람들과 어울리고 싶어 하는 욕구 또한 포함된다.

따라서 매력을 만들어 내는 외모는 겉으로 드러나는 외적 외모와 사람의 성품이나 가치를 의미하는 내적 외모 모두를 일컫는 말이다. 당연히 이 둘이 모두 중요하긴 하지만, 상대방과의 첫 만남에서는 일반적으로 눈으로 쉽게 파악 가능한 외적 외모가 우선은 더욱 중요할 수 있다. 그 이유는 상대방의 겉으로 드러나는 외적 외모를 통해 서로 간의 관계가 시작하기 때문이며, 내적 외모는 이것을 파악하기 위해 오랜 시간이 걸리며 어찌 보면 심지어 평생 알기 힘들 수도 있기 때문이다.

그럼, 외모 중 인간관계가 시작되는 시점에서 더욱 중요하게 여겨지는 외적 외모 부분에 대해 좀 더 생각해 보도록 하자. 외적 외모는 당연히 사람의 타고난 생김새도 있지만, 여기에 더해 그 사람의 말과 행동 그리고 복장까지를 포함한다. 결국, 이 모든 것이 합쳐져 상대방에게 첫인상뿐만 아니라 전체적인 호감 또는 비호감을 전달하는 요소가 된다.

이러한 의미에서, 영업직원은 자신의 외모에 대한 준비 및 관리는 어떻게 해야 할까? 결론은 세련된 비즈니스맨다운 외모를 갖추어야 한다.

이를 위해 첫째, 사람의 타고난 생김새는 쉽게 바꾸기 힘든 요소이기 때문에, 용모와 복장만 잘 관리한다면 큰 문제가 되지 않는다. 둘째, 전문 용어로 그루밍(Grooming; 차림새, 옷차림)이라 부르는 헤어, 피부, 안경, 옷, 시계, 벨트, 양말, 구두 등의 선택 모두를 비즈니스 복장 기준에 맞게 갖추어야 한다. 셋째, 말과 행동을 세련되게 해야 한다.

특히 두 번째 복장의 경우에는 다소 클래식한 느낌의 비즈니스 스타일로 연출하며, 이에 대한 정보는 여러 블로그나 웹사이트에서 쉽게 찾아볼 수 있을 것이다.

추가로, 용모와 복장 관련해 가장 주의할 점으로 자신만의 멋스러운 개성을 살리는 것은 좋으나 눈에 거슬릴 수 있는 지나친 화려함은 반드시 피해야 한다. 왜냐하면, 세일즈라는 것은 비즈니스의 현장이지 화려한 패션쇼를 하는 무대가 아니기 때문이다.

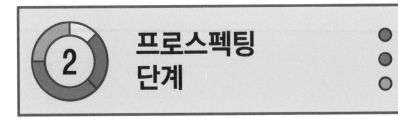

   현대를 살아가는 우리는 매일 소비라는 것을 하며 살아간다. 이러한 소
비의 대상 중 일상에서 반복하여 사용하는 치약, 비누 등과 같은 물건은 큰
고민 없이 구매하지만, 자신에게 소중한 의미가 있거나 고가의 물건 같은
경우에는 많은 고민과 시간 투자가 필요할 때가 많다. 그런데 과거와 달리
현재는 일상용품에도 고도로 차별화된 고급화 전략이 사용되고 있으며, 게
다가 개인 휴대 기기의 보급으로 인해 제품정보에 대한 접근 용이성의 증
가는 제품의 구매 의사결정 과정 자체를 더욱 복잡하게 만들고 있다.

   따라서 한 개인이 어떠한 제품을 구매하기 위해 혼자서 1) 수많은 제품
과 이에 대한 정보를 찾아보고, 2) 본인 니즈에 맞는 몇몇 제품들을 정한
후, 3) 이들에 대한 비교/분석을 통해 4) 최적의 제품을 선택하는 과정을 쉽
게 할 수만 있다면 너무나도 좋겠지만, 요즘 같은 상황에서 이는 거의 불가
능에 가깝다 할 만큼 매우 어려운 일이다.

그렇다면, 고객 입장에서 이렇게 귀찮고 심지어 매우 힘이 드는 구매 의사결정을 좀 더 편하게 하는 방법은 없는 것일까?

당연히 여러 방법이 있겠지만, 영업직원이 고객을 찾아 이들에게 구매와 관련된 의사결정 과정을 도와주는 방법을 생각해 볼 수 있다. 그렇기 위해서는 우선 고객부터 찾아야 한다. 사실 영업은 구매 의사가 있는 고객을 찾는 것뿐만 아니라, 당장은 구매 의사가 없는 고객 또한 찾는 것에서부터 시작한다. 영업 실무에서는 이 둘을 합쳐 고객을 찾는다는 표현을 쓰며, 바로 이것이 본격적인 세일즈의 출발이자 세일즈 프로세스의 두 번째 단계인 프로스펙팅(Prospecting)이다.

> 하루 세끼를 정성껏 준비해 먹는다면 최소한 하루에 세 번은 행복해질 수 있다. 하루에 열 명의 새로운 고객을 찾아 정성껏 응대한다면 금전적인 수입과 향후 또 다른 잠재고객의 창출에 대한 기대로 인해 하루에 최소 열 번은 행복해질 수 있다.
>
> 만약 열 명의 고객이 찾아오지 않는다면… 간단하다. 내가 찾아 나서면 된다.
>
> 일과가 끝나고 오늘 하루 내가 진정으로 열심히 일했는가를 생각해 본다면, 하루에 열 명의 고객과 컨택하는 것은 그리 어려운 일은 아닐 것이다.

영업을 처음 시작하는 사람은 누구나 '과연 내가 세일즈를 잘할 수 있을까? 그렇기 위해 고객은 도대체 어디서 찾아야 할까?'를 가장 크게 걱정할 것이다. 이는 '내가 프로스펙팅을 잘할 수 있을까?'와 같은 의미이다. 이 때문에 프로스펙팅은 세일즈라는 업무의 모든 과정에서 항상 필요한 것이다.

1) 프로스펙팅의 의미와 핵심 용어

프로스펙팅의 원뜻은 '지구에 존재하는 금이나 기타 여러 광물을 찾는 활동'이다. 이를 세일즈와 연결하면, '수많은 사람 중에서 우리의 제품과 서비스를 구매할 수 있는 잠재고객을 찾는 활동'이라 할 수 있다. "뿌린 대로 거둔다"란 말이 있다. 세일즈 프로세스 전 과정에서 이 말이 가장 잘 적용되는 것은 아마 프로스펙팅 단계일 것이다.

우선, 프로스펙팅과 관련하여 고객을 의미하는 용어로 자주 쓰이는 Lead와 Prospect에 대해 알아보자.

실제 세일즈 현장에서 Lead와 Prospect가 별 구분 없이 같은 의미로 사용되는 경우가 종종 있다. 하지만 이 둘의 의미는 엄연히 다르다. Sales Funnel(세일즈 깔때기) 모델에서 영업의 최종 목표인 판매 고객으로 이어지는 고객 전환 과정을 보면 이 두 용어의 차이를 쉽게 이해할 수 있다.

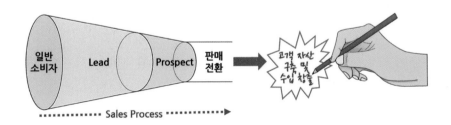

(1) Lead의 의미

Lead는 잠재고객을 의미하는 용어이다. 회사의 공식 홈페이지나 SNS 그리고 다양한 프로모션 활동을 통해 고객의 이름, 전화번호, 이메일, 직업, 거주지, 나이 연락처 등과 같은 정보를 획득한 경우 이들을 Lead라 한다.

Lead의 창출 활동은 영업직원 개인뿐만 아니라 회사의 마케팅 부서에서 주도적으로 행하는 다양한 활동을 통해서도 많이 이루어진다. 예를 들어, A라는 회사를 방문하여 시승이나 홍보 이벤트 진행 시 '시승을 해 보고 싶다', '차량 정보를 받아 보고 싶다' 등과 같은 질문지에 응답 혹은 관심을 보인 고객이 자신의 개인정보를 제공한 경우이다. 즉, 고객의 이름과 함께 최소한 연락처 정도까지만이라도 확보된 연락 가능한 고객 모두를 Lead라 한다.

(2) Prospect의 의미

Prospect란 Potential Customer 즉, 가망고객이란 뜻이다. Prospect의 사전적인 의미는 '실현 가능성 혹은 성공할 수 있는 전망'이다. 따라서 수많은 Lead 중에서 실제 판매로 연결해 나갈 가능성이 있는 고객을 Prospect라 한다. 당연히 많은 Lead를 확보하는 것이 먼저겠지만, 이들을 높은 판매 가능성을 지닌 Prospect로 만드는 것 또한 매우 중요하다 할 수 있다.

Prospect를 Lead와 비교해보면 Lead는 단순히 연락 가능한 고객임에 반해, Prospect는 이들을 대상으로 회사 또는 영업직원이 최소 1회 이상의 전화, 이메일, 방문, 직접 상담 등의 컨택이 이미 이루어졌으며, 이로 인해 당장은 아닐지라도 향후 세일즈로 연결할 가능성이 조금이라도 보이는 고객을 말한다. 참고로 고객 스스로 전시장을 방문한 경우 이를 Lead로 볼 수도 있지만, 이 경우에는 고객이 구매에 관한 관심을 두고 방문한 것이기 때문에 곧바로 Prospect로 봐도 무방하다.

2) 프로스펙팅의 이유와 목적

영업이란 사람을 만나는 직업이며 어떠한 경로를 통하든 고객과의 만남이 있어야만 제품을 판매할 수 있다. 영업직원이 만나는 고객 유형에는 크게 프로스펙팅을 통한 신규고객, 현재 상담(판매 과정) 중인 고객, 이미 판매가 이루어진 기존고객 총 세 종류가 있다.

대부분 영업직원이 많이 집중하는 유형은 현재 고객과 기존고객이다. 왜냐하면, 이들은 당장 판매를 위해 그리고 향후 재구매를 포함하여 소개를 통한 새로운 고객 창출의 원천이 되기 때문이다.

하지만 이미 고객이 된 기존고객은 아무리 잘 관리한다 할지라도 시간이 지나면 그 숫자는 반드시 줄어들게 돼 있으며, 이러한 고객으로부터 재구매나 소개 건 또한 장담할 수는 없는 일이다. 따라서 영업을 하는 사람이라면 자신의 지속적인 성장을 위해 끊임없는 신규고객 창출 활동을 통해 자신의 고객 규모를 유지 및 확장해 나가야 한다. 비단 신규직원뿐 아니라 경력이 오래된 영업직원일지라도 신규고객 창출 활동은 절대 멈추지 말아야 할 매우 중요한 세일즈 습관이 되어야 한다.

정리하면, 신규고객을 지속해서 창출해 나가야 하는 목적은 당연히 판매 증대지만, 좀 더 세부적으로 보면 상실 고객의 대체, 새로운 판매 기회 발굴을 통한 영업 영역의 확장이며, 장기적 관점에서 봤을 때 이것들이 쌓이고 쌓여 영업을 통한 삶의 만족도를 이어 갈 수 있는 초석이 되는 것이다.

3) 프로스펙팅의 방법

(1) Lead의 창출

프로스펙팅의 첫 단계가 되는 Lead(잠재고객) 창출의 원천에 대해 알아보자.

첫째, 앞서 언급했듯이 회사에서 주도적으로 진행하는 각종 BTL(이벤트, 행사 마케팅)과 ATL(광고나 홍보 마케팅) 등으로부터 수집한 고객 정보이다.

이러한 고객과 컨택을 할 때는 처음부터 너무 자세한 제품 설명보다는 고객의 정보를 얻게 된 상황(예: 행사명), 이에 대한 감사 인사 그리고 자신을 알리는 것 위주로 스크립트가 구성되어야 고객과의 관계 시작에 좀 더 도움이 될 것이다.

둘째, 고객의 관심을 유발할 목적으로 영업조직 소단위(지점 및 팀 단위)나 영업직원 개인이 운영하는 각종 SNS, 스트리밍 채널(예: 유튜브), 커뮤니티, 건물 및 각종 시설에 게시하는 전단 그리고 DM 등을 통해 얻은 고객 정보이다.

참고로, 위와 같은 활동 시 고객의 연락을 유도할 수 있는 매력적인 고객의 혜택과 함께 가능한 경우 작더라도 선물과 같은 추가 혜택 등이 명확히 표시되어 전달되어야 한다. 관심고객으로부터 연락이 오는 경우 감사 인사와 함께 고객의 혜택을 강조해야 하며, 그 이후 고객의 방문 유도 또는 영업지원의 방문 제안을 자연스럽게 해야 한다. 고객과의 만남을 적극적으로 유도하기 위해 고객이 알고 있는 혜택 이외에 추가적인 혜택이 좀 더 있다는 것을 강조하되, 추가 혜택은 너무 자세하지 않게 주제 위주로만 언급하는 것이 좋다. 또한 제시했던 모든 혜택이 언제든지 가능한 것이 아니라는 것을 자연스럽게 언급하여 고객에게 시점상의 압박감을 주는 것도 도움이 된다.

셋째, 자신의 주변 지인들 그리고 기존고객 소개를 통한 개별 고객이나 단체의 정보이다.

이 방법은 일단 소개를 받고 컨택하는 것이기 때문에 영업직원이 심리적으로 느끼는 부담감이 상대적으로 적으며, 다른 방법들보다 성공 확률 또한 높은 편이다.

하지만 이 경우 종종 하게 되는 실수는 "김칫국부터 마신다"란 속담처럼, 제일 먼저 나 자신을 알리고 신뢰를 쌓아가는 것에 치중하지 않고, 잠재고객(Lead)을 마치 가망고객(Prospect)처럼 생각하고 응대하는 것이다. 이 또한 다른 방법들과 마찬가지로 컨택의 목표가 판매라기보다는 상대방과 나 사이의 관계 형성이 그 첫 번째임을 기억해야 한다.

넷째, 텔레마케팅의 일종인 콜드 콜링(Cold Calling)으로부터 고객을 컨택하여 만남의 기회(만남의 약속)를 가지는 것이다.

Cold란 용어 자체에서 느껴지듯이, 이는 고객이 차갑고 냉담한 반응을 보일 확률이 높다는 것을 이미 알고 있는 상태에서 실시하는 잠재고객 개척 방법이다. 본 방법은 정확한 고객 데이터 선정(전화번호부, 특정 업체의 고객 가입정보 및 각종 모임이나 단체의 명부 등)이 매우 중요하며, 콜드 콜링 시 전달해야 하는 스크립트의 양, 내용, 구성에 대한 철저한 준비가 필요하다. 자신이 판매하는 제품에 따라 그 효과성에는 분명 차이가 있겠지만, 요즘과 같이 정보가 발달한 시대에는 효과가 그리 높다고는 할 수 없는 방법이다.

하지만 콜드 콜링은 고객에게 거절을 당하더라도 이를 이겨 낼 수 있는 단단한 정신력과 제한된 시간 안에 효과적으로 메시지를 전달하는 방법의 습득 측면에서 자신에게 매우 좋은 발전의 기회로 삼을 수는 있을 것이다. 단, 반드시 유의해야 할 사항으로 점점 더 강화되는 개인정보와 관련된 법적인 측면에서 콜드 콜링 대상 선정 시 신중을 기해야 한다.

다섯째, 돌입 개척이다.

돌입 개척은 자신과 연고가 없는 장소를 방문해 고객을 찾는 방법이다. 앞서 콜드 콜링보다는 잠재고객 발굴 가능성이 조금은 높다 할 수 있지만, 이 또한 성공 가능성이 낮은 것은 사실이다. 그 이유로, 나의 영업장에 누군가가 불쑥 찾아와 무언가를 홍보한다면 의심이나 불쾌감 없이 처음부터 호의적인 반응과 관심을 보일 확률은 매우 낮기 때문이다. 만약에 내가 진짜 필요한 순간에 해당 영업직원이 찾아온다면 어느 정도 관심은 보일 수 있겠지만, 이런 경우라도 추후에 자신의 주변인 또는 각종 정보 채널 등을 활용해 구매할 수 있다는 확률 또한 무시할 수 없기 때문이다.

따라서 본 돌입 개척을 좀 더 효과적으로 수행하기 위한 돌입 개척 제1원칙은 '처음부터 절대로 제품을 홍보하려 하지 말고, 제품은 단지 거들 뿐 영업직원 나 자신을 우선 알려야 한다'는 것이다.

제품보다는 사전에 철저히 준비한 영업직원의 인상, 말투, 스타일(용모) 그리고 스크립트 등을 통해 상대방에게 신뢰와 믿음을 먼저 줄 수 있어야 한다. 여기서 주의할 점은, 자기 자신을 단지 세련되고 멋지게 보이려 하는 것보다, 영업직원으로서 진정성과 신뢰감을 보여줄 수 있도록 노력해야 한다는 것이다.

본 돌입 개척은 한 달 중 일정한 날짜와 시간을 정해 놓고 꾸준히 하는 것이 중요하다. 왜냐하면, 만약 잠재고객 개척에 성공하지 못할지라도, 영업인으로서 세일즈의 감을 잃지 않고 심리적으로 초심을 다잡는 데 매우 도움이 되는 방법이기 때문이다.

사실 돌입 개척은 정기적으로 행하는 것이 중요하긴 하지만, 모든 일상 속에서 수행되어야 한다. 예를 들어, 병원에 진료를 받으러 가는 경우 이 순간만큼은 내가 고객이 된다. 이와 같은 순간을 놓치지 않고 상대방에게 나를 소개하는 것만 생활화한다면 기회라는 것은 나도 모르게 조금씩 찾아올 것이다.

추가로, 프로스펙팅의 중심이 되어야 할 점은 지역적, 인구통계학적, 사업별 등과 같이 명쾌한 기준을 가지고 시장을 세분화(Segmentation)하는 것이다. 세분화가 이루어진 후, 내가 판매하는 제품의 특성, 장점, 시장 상황이나 트렌드 등에 가장 잘 반응할 것 같은 분류 즉, 타겟팅(Targeting)을 해야 한다. 마지막으로 타겟 집단이 선정됐을 때는 나 자신과 내가 판매하는 제품을 매력적으로 어필하는 포지셔닝(Positioning)이 이루어져야 하며, 포지셔닝을 잘하기 위해 지식과 스킬 등 다양한 세일즈 역량은 기본으로 갖추고 있어야 한다. 무턱대고 열심히만 하는 것만이 프로스펙팅의 성공 요소가 아님을 기억하자.

(2) Lead를 Prospect로

판매를 발생시키기 위해 잠재고객(Lead)을 판매 가망성이 높은 고객(Prospect)으로 전환해야 하는 것은 당연하다. 그렇기 위해서는 우선, 잠재고객 특성별로 어떻게 접근해야 할지에 대한 전략을 수립해야 한다.

기본적으로 전략이라는 것을 수립할 때는 현 상황에 대한 파악과 이에 대한 분석이라는 철저한 준비가 선행되어야 하는데, 이와 관련하여 잠재고객의 특성을 다음에 소개하는 평가 방법에 근거해 우선 파악할 필요가 있다. 그 이후, 분석 결과에 따른 맞춤화된 응대 전략을 수립해야만 더욱 효과적인 실행 결과(잠재고객 → 가망고객)를 기대할 수 있을 것이다.

바로 '남'을 평가하는 방법인데, 여기서 '남'이란 단어를 'NAM'으로 바꾸어 생각해 보자.

- N(Need) A(Authority) M(Money) 평가 방법

N이란 Need의 약자로 필요성이란 의미이다. 잠재고객이 생각하는 제품의 필요성과 관련하여 고객이 지금 당장 구매가 필요한지, 아니라면 구매가 필요한 시점은 대략 언제쯤 인지를 파악하는 것이다.

A란 Authority의 약자로 권한이란 뜻이다. 이는 구매 결정 권한을 잠재고객 자신이나 배우자 또는 다른 가족 구성원 중 누가 가지고 있는지, 혹은 주변 지인 중 누가 구매 결정에 영향을 미치는지를 파악하는 것이다.

M이란 Money의 약자로 금전적으로 차량을 구매할 여력이 있는지를 파악해 보는 것이다. 이뿐만 아니라, 잠재고객의 자금 상황에 따라 어떠한 금융상품이 필요한지 파악해 보는 요소 또한 된다.

따라서 다음 표와 같이 N, A, M 요소들의 강도나 크고 작음에 따라 이를 대문자와 소문자로 구분하여, 고객별 응대 방법, 준비 사항, 화법 등을 사전에 준비하여 컨택한다면 잠재고객을 가망고객으로 전환하는데 좀 더 도움이 될 것이다.

참고로, 'NAM 평가법'을 기반으로 잠재고객 평가 내용, 응대 계획 및 진행 상황, 고객의 피드백 그리고 결과 등을 나만의 고객관리 노트(혹은 파일)에 꼼꼼히 정리하는 습관을 지닌다면 세일즈 성공 확률뿐만 아니라 자신의 세일즈 역량 향상에도 큰 도움이 될 것이다.

N	A	M	계약 성립	이상적인 고객 → 적극적인 컨택 필요(구체적인 가격과 세부 모델에 대한 각종 자료 및 구매 절차와 방법에 대한 내용 준비)
N	A	m	재방문	A급 가망고객 → 각종 금융상품을 준비하여 이를 제품의 장점들과 적절히 조합하여 설명함 금융의 개념, 상품의 종류, 상품별 장점 및 혜택, 향후 잔존가치를 활용하여 현재 차량 구매 금액의 합리성과 기존에 금융을 사용한 다른 고객의 만족 경험담에 대해 강조함
N	a	m	재방문	현시점에서 판매 가능성은 비교적 낮은 편이나, 향후 판매 성공을 위해 반드시 지속해서 관리해야 할 고객임 → 모든 구매라는 것은 필요성이 가장 큰 동기가 되므로 당장 잠재고객의 구매 가능성을 높이기 위한 노력뿐만 아니라 본 고객으로부터 주변인을 소개받을 가능성 또한 염두에 두고 꾸준히 관리함
n	A	M	재방문	A급 가망고객 → 세일즈 스킬과 영업력을 최대한 동원하여 볼 만한 고객으로 판매 가능성이 큼 → 구매의 강요보다는 지속적인 관계 형성이 중요하며, 신기술 및 트렌드 그리고 잠재고객의 현재 보유차량 대비 기술적 편의성과 감성적 만족도에 대한 정보 제공 등 꾸준한 관리가 필요함 + 적극적인 시승 체험 기회 제공
N	a	M	재방문	A급 가망고객 → 판매 가능성이 매우 높으며, 고객 대상을 결정권 있는 사람으로 옮겨 가야 함 → 구매 결정에 영향을 미치는 사람이 필요할 만한 각종 자료를 준비하여, 잠재고객이 나의 대변인으로서 명쾌한 커뮤니케이션을 할 수 있도록 정보를 제공하는 데 중점을 두고 컨택함 + 적극적인 시승 체험 기회 제공
n	A	m	계약 불가	가능성이 거의 없는 고객 → 시간 낭비!
n	a	m	계약 불가	컨택 자체의 필요성이 없음 → 시간 낭비!

3 고객과의
첫 만남 단계

1) 첫인상의 중요성

사람을 만날 때 첫인상이 중요하다는 말은 누구나 동의할 것이다. 그렇다면 첫인상이 중요하다는 이유는 무엇일까? 이와 관련된 과거 많은 연구가 있었으며, 공통된 연구 결과 중 기억해 두면 도움이 될 만한 두 가지를 소개하면 다음과 같다.

- (개인 및 상황에 따라 조금씩 다를 수는 있지만) 사람의 첫인상은 평균적으로 10초 이내에 결정된다.
- 한 번 만들어진 첫인상은 쉽게 변하지 않으며, 이는 오랜 시간 동안 상대방에 대한 편견으로 굳어진다.

인생을 살아간다는 것은 평생을 걸쳐 수많은 사람과 상호 작용을 해 가는 과정이다. 사람을 만난다는 것은 반드시 첫 만남이 있기 마련이며, 이때 당연히 첫인상이란 것이 만들어진다. 그리고 짧은 순간에 형성된 첫인상은 상대에 대한 편견으로 변하게 된다. 이는 마치 색안경을 끼고 자기가 생각한 대로만 대상을 바라보는 것과 같다. 이 세상 누구라도 호의적인 느낌이 들고 믿음이 가는, 그런 끌리는 사람들과 어울리기를 원할 것이다. 이는 판매와 구매라는 관계에 있는 영업직원과 고객 간에는 더욱 그러할 것이다.

첫인상과 관련해 주목해 볼 만한 또 다른 내용으로, 과거 1978년 미국의 미네소타 대학의 Mark Snyder와 William B. Swann의 실증 연구에서 제시한 '가설 검증의 편견'이란 것이 있다.

'가설 검증의 편견'이란, 상대방에 대한 선입견이 일단 만들어지고 나면 사람은 본인이 내린 판단(선입견)이 옳다는 것을 뒷받침할 수 있는 정보만을 선택적으로 받아들이려 하며, 자신이 가지게 된 선입견에 반대되는 정보가 들어오면 이를 의도적으로 무시하거나 혹은 쉽게 잊어버리려 한다는 것이다. 결국, 상대방에 대한 선입견이 형성되고 나면 이를 의도적으로 점점 강화해 간다는 것이다.

따라서 일상생활 속에서 껌을 한 통 사기 위해 편의점에 들러 단순히 만나고 헤어지는 점원과의 관계가 아닌, 생계를 위해 고객과의 양적인 그리고 질적인 만남을 업으로 하는 영업직원 입장에서 생각해 보면 첫인상의 중요성은 아무리 강조해도 지나치지 않을 것이다.

'사람의 단점은 지속해서 관찰되며, 장점은 갑자기 발견된다!'

전시장에 처음 들어온 고객은 매우 많은 것들이 그들의 시선에 들어오게 된다. 이에 반해, 영업직원은 고객이 들어오고 나가는 모습이 하나의 일상이기 때문에 고객이 입장하는 모습만 단순히 눈에 들어오는 경우가 일반적이다.

고객은 전시장의 입간판을 보는 순간부터 자연스럽게 브랜드에 대한 인식(인상)을 형성하기 시작하며, 전시장에 들어온 이후에는 자신이 경험하는 모든 것들을 오감을 통해 관찰 후 이를 기억하게 된다. 즉, 고객은 시설과 관련된 부분, 전반적인 청결도, 직원들의 모습(외모, 복장, 표정, 자세 등), 직원 상호 간에 이루어지는 대화나 분위기, 인사 목소리 및 전시장 내부 음악과 향기 등으로부터 매우 짧은 순간에 새로운 인식의 조합을 만들어 가는 것이다. 이후 고객은 이러한 인식을 바탕으로 입장 초반부터 자신도 모르게 선입견을 가지게 된다.

여기서 생각해 볼 만한 사실 하나는, 사람은 대체로 좋은 것보다는 부족하거나 아쉬운 것들이 시야에 더욱 잘 들어오게 된다. 따라서 고객의 인식 형성에 큰 영향을 미치는 것은 이러한 단점과도 같은 부분들일 것이다. 이는 곧 고객이 첫인상을 형성하는 것뿐만 아니라 선입견을 가짐에 있어 결정적인 요소가 된다. 이 때문에 나를 포함한 모든 직원이 전시장 내에서의 행동과 환경 점검에 항상 신경 써야 하는 이유이다.

> 좋은 첫 인상! (Good First Impression!)
> 고객과의 관계 형성! (Building Relationship!)
> 상호간의 신뢰 형성! (Mutual Trust!)
>
> ↓
>
> GOOD START!

2) 고객과의 첫 만남

고객이 전시장에 들어왔다. 인사는 언제 그리고 누가 해야 하는가? 정답은 고객을 확인한 즉시 그리고 고객을 처음 확인한 직원이 한다. 밝지만 정중한 분위기에서 고객 맞이를 잘했다면, 고객을 먼저 발견한 직원(영업직원, 리셉셔니스트, 혹은 기타 직원)은 고객에게 어떠한 질문을 해야 할까? 바로 이전에 전시장을 방문한 적이 있는지부터 파악함으로써 그 이후 프로세스를 진행해 나가야 한다. 이와 관련하여 다음에 설명하는 기본적인 고객 맞이 프로세스를 잘 숙지하도록 하자.

● 고객 맞이 프로세스

고객에게 방문 인사 후 스몰토크(Small Talk)를 실시한다. 스몰토크란, 말 그대로 무겁지 않은 작고 가벼운 주제로 고객과 대화를 시작하는 것이다. 그 목적은 특히 처음 만나는 사람과 자칫 어색해질 수 있는 분위기를 없애 상대방이 편하게 말할 수 있는 상황을 만드는 것이다.

일반적으로 날씨, 주차, 교통, 주변 특징 등과 같은 환경 관련 주제나 고객의 장점, 예를 들어 고객의 스타일, 소지품 등을 그 주제로 삼을 수 있다. 실제 현장에서 스몰토크를 하는 경우 가벼운 주제이긴 하나, 주차가 불편하지는 않았는지 혹은 날씨가 좋지 않다는 등과 같이 그 내용이 다소 부정적인 경우가 많다. 하지만 될 수 있으면 첫 만남에서는 부정보다는 긍정의 의미를 담고 있는 주제로 이야기해야 한다. 앞선 두 가지 예시를 "주차는 편하게 잘하셨나요? 다음번 방문 때 미리 연락 주시면 제가 더욱 편안하게 전시장 도착하실 수 있도록 도와드리겠습니다", "날씨가 많이 흐리죠? 이번 주말에는 나들이 가시기 좋게 날씨가 화창해진다고 합니다"와 같이 긍정의 의미로 바꾸어 볼 수 있다.

스몰토크를 잘못 사용하거나 억지로 사용하는 경우에는 오히려 분위기를 애매하게 만들 수 있으므로, 내가 하는 스몰토크에 고객이 가볍게 대답할 수 있고 또한 공감할 수 있을 만한 스몰토크 멘트를 사전에 약 3개 정도 준비하여, 나의 입에서 언제든 자연스럽게 나올 수 있도록 해야 한다. 판매와 직결되는 빅토크로 가기 위해서는 스몰토크부터 잘 시작해 나가야 한다는 것을 기억하자.

다음은 고객의 전시장 이전 방문 여부에 따른 프로세스와 이에 따른 예시 멘트이다. 지속적인 반복 연습을 통해 기본적인 응대 멘트를 머리가 아닌 몸과 입이 기억할 수 있도록 해야 한다. 단, 실전에서는 상황에 따라 응대 순서 및 멘트가 다소 바뀔 수 있음은 참고하자.

(1) 고객이 전시장을 처음 방문한 경우

(1)-1 인사 후 고객의 첫 방문 여부 질문

→ 안녕하세요? / 안녕하십니까? / 반갑습니다! 고객님, 실례지만 저희 전시장은 처음 방문이십니까? / 처음 방문이신지 여쭤 봐도 괜찮을까요?

(1)-2 이에 따른 후속 안내 진행

→ 담당(순번) 영업직원에게 인계 - 잠시만 기다려 주시면 제가 바로 담당 직원이 안내 도와드릴 수 있도록 준비하겠습니다.

→ (담당이 없는 경우) 제가 안내해 드리겠습니다. / 제가 안내 도와드려도 괜찮을까요?

(1)-3 환영 인사 및 자기소개

→ 다시 한번 정식으로 인사드리겠습니다. 저는 AA 전시장 BB 지점의 아무개 대리라고 합니다. 방문 감사드리며 조금도 불편함 없이 최대한 편

안한 상담 도와드리도록 하겠습니다.

(1)-4 음료 제안 혹은 고객의 동선 질문

→ 상담 전에 음료 서비스 먼저 도와드려도 괜찮을까요?

→ 혹시 고객님께서 궁금하신 사항이 어떤 부분이 있는지 말씀 주시면 거기에 맞게 안내 도와드려도 괜찮을까요? / 고객님, 혹시 차량부터 먼저 안내 도와드려도 괜찮을까요?

〈세일즈 멘트 예시〉

안녕하십니까? 고객님! 반갑습니다. 실례지만, 혹시 저희 전시장 방문이 처음이신지 여쭤 봐도 괜찮을까요? (처음 방문인 경우) 아~ 처음 방문이십니까? 방문 감사드립니다. 혹시 따로 찾으시는 영업직원이 없으시면 제가 오늘 고객님 상담 도와드려도 괜찮을까요? 네, 감사합니다. 그럼 다시 한번 인사드리겠습니다. 저는 오늘 고객님 상담 도와드릴 AA 전시장 BB 지점 아무개 대리라고 합니다. 다시 한번 방문 감사드립니다. 고객님께서 배려해 주시는 소중한 시간 동안 최선을 다해 상담 도와드리도록 하겠습니다. 상담 전에 간단히 음료와 다과 서비스 준비해 드릴까요? (음료 및 다과 서비스 제공 후) 고객님, 차량 상담부터 먼저 도와드려도 괜찮을까요? 제가 설명해 드리는 도중에 궁금한 사항 있으시면 언제든지 편하게 말씀 부탁드립니다.

---

(2) 고객이 이전에 전시장을 방문한 적이 있는 경우

(2)-1 인사 후 고객의 첫 방문 여부 질문

→ 안녕하세요? / 안녕하십니까? / 반갑습니다! 고객님, 실례지만 저희 전시장은 처음 방문이십니까? / 처음 방문이신지 여쭤 봐도 괜찮을까요?

(2)-2 재방문 확인 및 음료 및 다과 서비스 제안

→ 재방문이시군요. 다시 방문해 주셔서 감사드립니다. 그럼 아무개 대리 잠시 기다리시는 동안 간단한 음료와 다과 서비스 좀 도와드릴까요? (주문받은 후 테이블로 고객을 안내 후) 잠시 기다리시면 아무개 대리가 고객님 바로 응대해 드릴 것입니다. 감사합니다.

〈세일즈 멘트 예시〉

안녕하십니까? 고객님! 반갑습니다. 실례지만, 혹시 저희 전시장 방문이 처음이신지 여쭤 봐도 괜찮을까요? (재방문인 경우) 아~ 다시 찾아 주셔서 감사드립니다. 그럼 담당 영업직원이 누군지 말씀 주시면 바로 응대해 도 와드릴 수 있도록 하겠습니다. (담당 직원이 누군지 들은 후) 잠시 기다리시 는 동안 간단한 음료와 다과 서비스 준비해 드릴까요? (주문받은 후 그리고 테이블로 안내하며) 아무개 대리가 고객님 바로 응대해 드릴 수 있도록 연 락해 놓았습니다. 즐거운 상담 되십시오. 감사합니다.

---

3) 주요 체크리스트

맞이		1	고객 응대 전(혹은 근무 중) 대기 자세는 적당한가? (자세, 태도, 표정 등)

맞이	**PROCESS**	1	고객 응대 전(혹은 근무 중) 대기 자세는 적당한가? (자세, 태도, 표정 등)
		2	고객 입점 시(혹은 상황에 따라 고객 요청 시) 당직 순번 영업직원이 즉시 응대하는가?
		3	(당직 순번 영업직원이 응대 못 하는 경우) 동료 직원 (영업직원 혹은 리셉션)이 고객을 즉시 응대하고 담당 영업직원을 정중히 안내하는가?
		4	적절한 인사말로 인사와 자기소개를 하는가?
		5	인사와 동시에 시설(장소)에 대한 소개를 하는가?
		6	(긍정적인 내용으로) 스몰토크로 시작하여 자연스럽게 고객과 친밀감을 형성하는가?
		7	차량으로 고객 안내 및 동선 유도는 자연스러운가?
		8	(차량으로 이동하지 않는 경우) 고객에게 음료 서비스를 제안하고 고객이 원하는 동선대로 안내를 이어 나가는가?
	TONE & MANNER	9	바르고 정중한 인사 자세를 유지하는가?
		10	고객과의 적절한 눈 맞춤과 밝은 표정으로 고객이 환대를 받고 있다는 느낌이 들 수 있는 인사를 하는가?
		11	밝은 목소리 톤으로 인사하는가?
		12	응대하기 전 복장(외모 관련 전체)은 제대로 갖추고 있는가?

4 고객 니즈 파악 단계

1) 필요(Needs), 욕구(Wants), 수요(Demands)에 대한 개념

영업을 오래 한 직원에게 '영업을 잘하기 위해 무엇을 가장 잘해야 할까?'란 질문을 하면 아마도 대부분은 '고객의 니즈 파악을 잘하는 것'이라 대답할 것이다. 그럼, '고객의 니즈는 무엇인가?'를 추가로 물어볼 경우, 이 질문에 대해 고객의 니즈가 단지 '고객이 원하는 것'으로 대답하는 경우 또한 많을 것이다. 사실 맞는 말이긴 하다.

하지만 단순히 원하는 것이란 의미로 고객 니즈를 파악한다면 제품이 가지는 다양한 속성(특징)을 고객의 니즈와 연결하는 측면에서 그 효율성이 분명히 떨어질 것이며, 당연히 니즈에 따른 고객 응대에서도 마찬가지일 것이다.

자동차를 구매하는 고객의 니즈를 본격적으로 알아보기 전에, 일반적인 의미에서 니즈와 관련된 다양한 용어의 개념부터 알아보도록 하자. 이는 전문적인 세일즈를 위한 효율적인 고객 니즈 파악과 응대에 도움이 될 것이다.

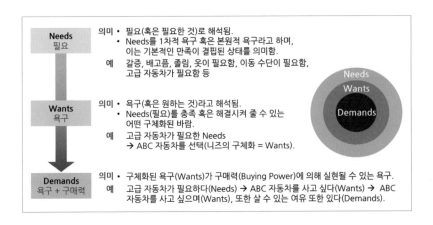

일반적으로 Needs, Wants, Demands란 용어 모두를 욕구라 하는 경우가 많다. 하지만 앞에서 보는 바와 같이 이 세 가지는 명칭뿐만 아니라 그 의미 또한 서로 다르다.

- Needs: 자동차 자체를 소유하고 싶다.

- Wants: 구체적으로 어떤 브랜드의 특정 모델을 소유하고 싶다.

- Demands: 특정 모델에 대한 소유욕과 함께 구매력까지 가지고 있다.

그럼, 세일즈에서 고객의 니즈를 파악한다는 것은 이 세 가지 중 과연 어느 것을 말하는 것일까? 이는 잠재고객과 가망고객에 따라 그리고 개별 고객의 특성과 상황에 따라 다를 수 있다.

따라서 질문과 경청 그리고 관찰을 통해 고객별로 이들이 현재 Needs,

Wants, Demands 중 어느 단계에 있는지 확인 후 이에 따른 맞춤화된 응대를 이어 나가야 한다. 왜냐하면, Needs → Wants → Demands 순으로 고객의 욕구를 관리하고 이를 발전시켜 나가는 과정이 고객 니즈에 따른 알맞은 응대이기 때문이다.

예를 들어, Needs가 없는 사람에게(자동차의 필요성을 못 느끼는 사람) Wants를 불러일으키려고 노력하는(자사의 자동차를 권하는) 응대는 실패할 확률이 높을 것이다. 만약 고객이 Wants를 가지고 있는 상황이라면(영업직원이 판매하는 브랜드의 차량을 소유하고 싶어 하는 욕구) 이를 Demands의 단계로 끌고 가기 위해(실제 구매 욕구) 각종 금전적인 구매 혜택이나 금융상품과 연관된 내용에 집중하는 것이 좀 더 성공적인 고객 응대에 도움이 될 것이다.

2) 자동차의 개념과 이를 활용한 자동차 구매 고객의 니즈

● 자동차의 기본 개념과 이에 따른 고객 니즈

자동차의 개념을 세 가지로 나누어 보면, 자동차란 첫째, 승객과 화물의 이동 수단, 둘째, 누구에게나 필요한 필수품, 셋째, 이동 수단의 개념을 넘어 자신의 개성 표현과 만족의 대상이라 할 수 있다.

따라서 자동차를 구매하는 고객의 니즈는 자동차의 기본 개념 세 가지와 연결하여 다음과 같이 총 여섯 가지 항목으로 구분할 수 있다.

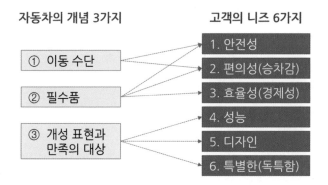

자동차의 개념 3가지	고객의 니즈 6가지

① 이동 수단

② 필수품

③ 개성 표현과 만족의 대상

1. 안전성
2. 편의성(승차감)
3. 효율성(경제성)
4. 성능
5. 디자인
6. 특별한(독특함)

(1) 효율성(경제성)

효율성이라고 하면 연비와 같은 의미로 생각하는 경우가 많다. 하지만 효율성은 당연히 좋은 연비로 인한 유지비뿐만 아니라, 고객 관점에서 자동차를 소유하는 데 필요한 비용과 관련된 모든 부분을 포함하는 용어이다. 이에 대한 항목으로 연비, 유지/관리/보수 비용, 혹시나 모를 사고 시 수리 비용, 각종 세금, 보험료, 차량 관리를 위해 고객이 투자하는 시간과 노력 등이 있다.

이것들 중 가장 비중이 높은 항목은 자동차 구매 시 고객이 쉽게 예상하지 못하는 '시간과 노력의 투자 비용'이다. 따라서 효율성이란 니즈를 설명할 때는 고객이 투자해야 할 시간과 노력 부분을 담당 영업직원이 대신 투자해 준다는 내용과 이것이 진정한 고객관리라는 것을 강조해 줄 필요가 있다.

(2) 성능

일반적으로 자동차에서 성능이라고 하면 힘이 좋다 혹은 잘 달린다는 의미로만 생각할 것이다. 하지만 성능의 진정한 의미는 안정감 있는 코너링(조향, 방향 전환) 성능이며, 마력, 토크, 제로백과 같은 출력 관련 수치는 사실 부차적인 것이다. 따라서 자동차의 성능은 안정감(Stability) 있는 코너링 성능을 1차적으로, 출력 관련 수치는 그다음에 추가하여 설명하는 것이 정확한 설명 방법이다.

(3) 디자인

자동차 디자인은 사람의 외모에 해당하는 부분이다. 멋진 외모를 가진 사람은 자신 스스로의 만족도도 높지만, 남들에게도 좋은 호감을 줄 수 있을 것이다. 따라서 자동차를 소유하려는 고객에게 디자인은 그 어느 것보다도 중요한 구매 선택 포인트(니즈)가 되는 부분이다. 효과적인 디자인 설명 방법에 대한 내용은 본 책자의 제품 설명 부분을 참고하도록 하자.

(4) 특별함(독특함)

대부분 사람은 외모, 성품, 이미지 등 그 어느 것에 있어서든 남들과 다른 특별한 사람으로 보이고 싶은 욕구가 있다. 따라서 특별함에 대한 추구는 살면서 무시 못 하는 매우 중요한 요소이다. 이것을 자동차에 적용해 보면, 특별함이란 니즈는 디자인의 차별성에 의해 대부분 만들어진다. 하지만 이에 못지않게 중요한 요소로 브랜드 이미지, 역사, 시장의 반응, 가격적인 부분, 전문기관이나 전문가의 객관적 평가나 의견, 각종 수치 그리고 심지어 사후 잔존가치 등이 있다. 따라서 특별함이라는 고객 니즈 자극을 위해서는 위에 나열한 주제에 대한 객관적인 자료를 준비하여 상담 시 이를 적극 활용하여야 하며, 필요한 부분은 주관적인 의견과 해석을 가미하여 고객 응대를 해야 한다.

(5) 승차감

자동차에서 승차감의 일반적인 정의는 '주행 중 차체의 진동(흔들림)이 발생함에도 불구하고 승객이 신체적으로 느끼는 안락함의 정도'이다. 여기서 핵심 키워드 2개는 진동(흔들림) 그리고 신체적으로 느끼는 안락함이며, 승차감의 원인이 되는 진동이 적게 발생하면 그 결과로 신체적인 안락한 느낌이 좋아진다는 것을 의미한다.

승차감에 대해 좀 더 구체적으로 이해하기 위해 추가해야 할 키워드로, 원인에 '조작의 편의성'과 '시선의 잦은 이동' 그리고 결과에 '감성적으로 느끼는 안락함'이 있다.

종합하면, 승차감이란 '진동, 조작의 편의성, 시선의 잦은 이동이란 원인이 신체적이며 감성적인 안락함에 영향을 미치는 정도'로 생각해 볼 수 있다.

여기서 승차감에 영향을 미치는 세 가지 원인인 진동, 조작의 편의성, 시선의 잦은 이동과 관련하여 생각해 봐야 할 부분이 하나 더 있다. 과연 이것들의 공통점은 무엇일까? 이것들 모두는 운전(혹은 탑승)의 피로도를 만들어 내는 요소란 것이다.

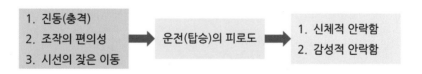

따라서 승차감에 관해 이야기할 때는 '승객이 느끼는 피로도(혹은 컨디션)'를 그 중심에 두어야 하며, 이는 안락함(승차감)의 전제조건이자 승객의 안전과도 직결되는 중요한 개념이다.

그럼, 승차감에 영향을 미치는 각각의 원인에 대해 좀 더 자세히 알아보도록 하자.

① 승객의 피로도를 만들어 내는 요소 - 진동

자동차라는 것은 무거운 물체이며, 이것은 다양한 속도 구간에서 직진, 후진 그리고 방향의 전환과 같은 움직임이 만들어지기 때문에 주행 중 진동은 지속해서 발생할 수밖에 없다.

자동차는 주행 중 그 양에는 차이가 있겠지만, 네 가지 진동이 합쳐져 순간적인 하나의 진동이 만들어진다. 이러한 진동의 종류에는 a) 차량의 정면에서 봤을 때 좌우로 기울어지는 롤링(Rolling), b) 앞뒤로 기울어지는 피칭(Pitching), c) 위아래로 움직이는 바운싱(Bouncing), d) 정면 수직축을 중심으로 좌우로 움직이는 요잉(Yawing)이 있다. 이 모두 운전의(탑승의) 피로도를 만들어 내는 요소이며, 이 중 피로도에 가장 크게 영향을 미치는 것은 좌우진동인 롤링이다.

위 내용만 놓고 보면 최고의 승차감은 주행 중 진동 자체가 아예 없는 상태라 생각해 볼 수도 있을 것이다. 하지만 진동 자체가 전혀 없다면 도로로부터 전달되는 충격을 완충시킬 수 없기에, 이는 오히려 승차감에 상당히 나쁜 영향을 미칠 것이다. 따라서 자동차에서는 어느 정도의 진동은 필요한 것이며, 이 같은 진동과 직접 관련된 부분은 타이어, 현가장치 그리고 시트이다.

참고로, 이 세 가지 조합이 너무 푹신하게 즉, 너무 소프트하게 만들어져 조합된다면 이는 진동량의 증가로 인해 오히려 승차감에 좋지 않은 영향뿐만 아니라 특히 고속 운전 시 차체의 쏠림 현상 또한 발생하여 안전성 등 다양한 부분에 부정적인 영향을 미칠 수 있다. 따라서 대부분의 자동차 제작사에서는 이들의 조합을 기본적으로 다소 하드하게 세팅하는 것이 일반적이다.

사실 자동차의 제작 컨셉에 따라 이들의 조합을 소프트와 하드의 특성 사이에서 어느 정도 수준으로 할지 결정하는 것이 매우 중요한데, 일반적으로 저속 주행이나 일반적인 도심 주행상황에서는 소프트한 특성이 그리고 고속 주행이나 스포티한 주행상황에서는 하드 한 특성이 승차감뿐만 아니라 안전성에도 크게 유리하다. 이 때문에 일부 고급차량에서는 차량 가격 상승의 이유가 되긴 하지만, 주행상황 및 특성에 따라 자동으로 또는 운전자의 임의 조작으로 현가장치를 소프트와 하드의 범위에서 가변적으로 조절할 수 있는 옵션 장치를 적용하기도 한다.

승차감과 관련하여 추가로 고려해 봐야 할 중요한 요소로 NVH라는 것이 있다.

우선, NVH는 각각 소음(N), 진동(V), 불쾌감(H)을 의미한다. 여기서 불쾌감(Harshness)이란 균일하지 못한 도로나 과속 방지턱을 지날 때 발생하는 소음(Noise)과 진동(Vibration) 또는 노면으로부터의 충격 등으로 인한 불편한 느낌을 말한다. 이 때문에 NVH는 상호 복합적인 개념의 용어로 볼 수 있다. 이 세 가지는 탑승객 중 특히 운전자에게 더 큰 불쾌감이나 피로감을 느끼게 하여 승차감뿐만 아니라 안전한 운전에도 부정적인 영향을 미치는 요소들이다.

진동인 V와 불쾌감인 H가 서로 다른 의미이긴 하나 진동과 충격이라는 측면에서 이 둘을 어느 정도 유사한 개념으로 본다면, 여기에 더해 조금 더 관심 있게 생각해 볼 부분은 바로 소음(N)이다.

자동차는 다양한 장치와 기관에 의해 작동하기 때문에 기계 간 작동 소음, 주행 중 노면으로부터 들어오는 소음 그리고 공기의 압력과 직접 대면

해 움직임으로써 발생하는 소음(풍절음) 등 어찌 보면 사람에게 거슬릴 수 있는 여러 소음이 항상 존재한다.

자동차에서 만들어지는 소리에는 크게 소음(Noise)과 사운드(Sound) 두 가지가 있다. 듣기 싫은 소리는 소음(Noise), 의도적으로 만들어 낸 소리는 사운드(Sound)라 한다.

승차감을 위해 소음과 사운드 관리가 매우 중요한 부분인데, 주행 중 발생하는 소음을 줄이기 위해 다양한 흡음과 방음 재질의 적용, 각종 기계의 작동과 마찰음의 최소화 기술, 심지어는 전체적인 구조 설계 시까지 그 노력은 다양하게 이루어지고 있다.

사운드의 경우 두 가지 관점이 있다.

첫째, 자동차에서 최선의 소음관리란 일단 소음을 최소화하는 것이며, 그다음 이를 조금 더 다듬는 작업을 말한다. 다시 말해, 승객의 귀에 거슬릴 수 있는 소음을 최대한 줄였다면, 이렇게 최소화한 소음을 튜닝(조율)하는 사운드화 작업을 말한다. 이런 작업을 통해 처음에는 소음이었던 부분이 오히려 엔진 사운드 또는 배기 사운드와 같이 특정 브랜드의 강력한 장점으로 부각되기도 한다.

둘째, 소음과 관련된 부분이 아닌 일반적인 작동과 관련된 부분을 사운드화시키는 경우 또한 있으며, 이는 탑승객을 위한 감성적인 만족과 쾌적한 주행 환경 개선에 그 목적이 있다. 예를 들어, 자동차 내부에 적용된 많은 버튼을 개별적으로 누르고 돌릴 때 나는 소리, 창문 개폐 시 나는 소리, 문을 여닫을 때 나는 소리와 같이, 어찌 보면 소음이 아닌 단순히 그냥 지나쳐도 될 법한 일반적인 작동 소리까지 세심하게 다듬는 작업을 말한다. 이는 세심한 부분까지 그 완성도를 높인다는 가치를 부여할 수 있으며, 결국 승객의 감성을 보다 자극해 주는 차별화 포인트가 된다.

②, ③ 승객의 피로도를 만들어 내는 요소 − 조작의 편의성과 시선의 잦은 이동

진동과 더불어 승객의 피로도를 만들어 내는 나머지 두 요소는 조작의 편의성과 시선의 잦은 이동이다. 이는 주행을 전적으로 책임지고 있는 운전자와 직접 연관된 부분이며, 여기에는 대표적으로 핸들링, 가속과 감속 그리고 미션 조작이 있다. 이러한 조작들은 주행을 위해 필수적임과 동시에 지속해서 이루어진다. 따라서 이것들은 감성적인 측면보다는 조작 자체의 기능적인 품질이 더욱 중요하므로, 이와 관련하여 비록 피로도가 다소 만들어질지언정 운전자가 더욱 신중하게 조작할 수 있어야 한다. 추가로, 주행 중 엔터테인먼트와 인포메이션과 관련된 조작 또한 빈번히 발생하게 된다. 이 부분 또한 운전자의 신체적인 움직임을 통해 이루어지며 동시에 시각적으로 확인이라는 과정이 동반되는 경우가 많다. 불편한 조작과 시선의 잦은 이동은 특히 장시간 운전 시 안전성뿐만 아니라 피로도에도 좋지 않은 영향을 미치게 된다.

위의 요소들은 단순히 조작 자체의 품질뿐만 아니라 사실 디자인적인 요소와 매우 밀접하게 관련되어 있다. 전면 센터페시아에 주로 배치된 각종 버튼, 계기판 및 모니터 등을 운전자가 최대한 직관적으로 파악하고 이를 더욱 쉽게 조작할 수 있도록 디자인하는 것이 그 예이다.

따라서 주행 중 운전자가 각종 버튼과 장치들을 더욱 편하게 조작하며 또한 시선의 이동을 최대한 줄이기 위해 전면 센터페시아 부분은 기본적으로 다음 열 가지 기준을 충족해야 한다.

1. 센터페시아에 적용된 버튼의 종류는 주행, 공조 그리고 인포테인먼트(Info-tainment)와 직접 관련된 버튼 위주일 것.

2. 버튼은 주행에 방해되지 않도록 최대한 조작 빈도수가 많은 기능 위주로만 배치될 것.

3. 버튼들은 가로 혹은 세로 방향처럼 일관성 있게 배치될 것.

4. 유사한 기능의 버튼들은 최대한 모여 있어야 하며, 또한 다른 기능의 버튼들과는 그 위치가 어느 정도 구분될 수 있도록 배치될 것.

5. 버튼의 형상은 되도록 음각 혹은 다소 돌출되게 디자인될 것.

6. 버튼의 크기 자체와 버튼 위에 새겨진 문자/형상은 되도록 크게 디자 인될 것.

7. 버튼 및 디스플레이 주변은 화려한 장식이나 라이팅 류의 배치를 최 소화하며, 그 주변부의 색상은 최대한 낮은 톤으로 설정될 것.

8. 계기판 혹은 모니터 등과 같은 정보 표시 디스플레이는 주행에 직접 필요한 정보만이 표시되며 이 또한 최대한 심플하게 디자인될 것.

9. 하나의 버튼은 최대한 하나의 기능만을 작동할 수 있도록 제작되어 야 하며, 불가피한 경우 하나의 버튼을 이용하여 최소의 동작으로 모든 작동이 끝날 수 있도록 되어 있을 것.

10. 모든 작동 및 조절 버튼 그리고 각종 디스플레이는 운전자가 가장 잘 볼 수 있으며 또한 가장 손쉽게 조절할 수 있도록 운전자 위주로 설 정될 것.

즉, 전면 센터페시아의 모든 구성요소는 특히 운전자가 기능적으로 가 장 편리하게 사용할 수 있어야 하며, 또한 감성적인 디자인 장점까지 가미 되어야 한다. 왜냐하면, 승차감이란 결국 승객이 느끼는 신체적 그리고 감 성적 안락함이 복합된 것이기 때문이다.

(6) 안전성

① 안전의 개념과 중요성

자동차라는 것은 기본적으로 도로 위를 움직이는 물체이며, 또한 움직이는 다른 자동차들과 항상 같이 움직이는 물체이다. 이 때문에 자동차는 항상 사고 위험 상황에 노출되어 있다고 볼 수 있다. 따라서 안전이란 자동차가 갖추어야 할 가장 중요한 첫 번째 요소일 것이며, 수많은 자동차 제작사들이 아무리 훌륭한 편의 장치를 만들어 낸다고 하더라도 이러한 장치들이 안전에 조금이라도 어긋난다면 이는 아무런 의미가 없을 것이다.

자동차에서 안전이라는 단어를 떠올릴 때 아마도 에어백이나 안전벨트 등이 우선 생각날 것이다. 결론부터 말하면 이것은 잘못된 생각일 수 있다. 왜냐하면, 안전이란 단어를 좀 더 구체적으로 생각해 보면 에어백이나 안전벨트 등은 사고를 미연에 방지하는 장치라기보다, 일단 사고가 발생했을 때 그 사고의 정도를 최소화해 주기 위한 단지 안전 보조장치이기 때문이다.

자동차의 안전 컨셉에는 사고 시점을 기준으로, 사고 전 안전 확보인 능동형 안전 시스템(Active Safety System)과 사고 후 안전 확보인 수동형 안전 시스템(Passive Safety System)이 있다.

② Active Safety(능동형 안전 시스템)

자동차에서 최고의 안전이란 사고를 최대한 미연에 방지하는 것이다. 능동형 안전(Active Safety)이란 이처럼 사고가 발생하기 전 이를 사전에 예방하는 다양한 시스템과 제작 컨셉을 의미한다. 그렇기 위해서는 우선 운전자가 운전을 보다 안전하고 편하게 할 수 있는 시스템과 환경이 구축돼 있어야 할 것이다.

그 예로, 운전자가 주행 중 시선을 최대한 도로에 집중할 수 있도록 각종 정보가 앞 유리 전방에 투영되어 나타나는 헤드업 디스플레이 그리고 운전석 전면 센터페시아에 적용된 각종 작동 버튼들 또한 간결하고 크게 설정하는 것 등이 있다.

좀 더 기계적이고 전기적인 장치를 예로 들면 수없이 많다. 제동 시 핸들이 잠기는 것을 방지하여 제동 시 조향력을 확보해 주는 ABS 장치, 제동 시점과 제동 양의 다양한 조합을 통해 수시로 변하는 도로 상황과 운전자의 운전 상황에 맞는 최적의 제동 기능을 만들어 내는 전자식 주행 안정화 시스템(Stability System), 주행 및 도로 상황을 여러 개의 레이더 센서와 카메라를 통해 감지하여 운전의 편의성뿐만 아니라 사고를 미연에 방지하는 데 도움을 주는 차선이탈 경고 시스템, 교차로 충돌 방지 시스템, 사각지대 경보 시스템, 차간 거리 및 차선 유지 기능이 포함된 크루즈 컨트롤 시스템 등이 바로 그것이다. 이와 관련된 많은 장치와 기능들은 현재도 꾸준히 개발되고 있으며 과거와는 달리 이제는 선택이 아닌 필수의 개념으로서 받아들여지고 있다.

③ Passive Safety(수동형 안전 시스템)

수동형 안전(Passive Safety)이란 사고 후 안전성 확보라는 뜻으로, 사고의 크기와 관계없이 일단 사고가 발생했을 때 이에 따른 피해를 가능한 최소화하기 위해 적용된 다양한 컨셉과 시스템 그리고 장치를 의미한다.

여기서 사고와 관련해 기억해야 할 중요한 컨셉이 하나 있다. 당연한 말이겠지만, 자동차에서 안전 개념은 자동차 피해(파손) 정도의 크기가 아닌 승객의 상해 정도가 최소화되어야 한다는 것이다. 사고라는 것은 기본적으로 그 정도가 크건 작건 간에 외부 물체와의 충돌을 의미한다. 따라서 수동형 안전 시스템에서 가장 중요한 요소는 '승객석 안으로 전달되는 충격량을 우선 최소화해 주는 것'이라 할 수 있다.

수동형 안전은 그 중요도에 따라 1차, 2차 그리고 안전 보조장치로 나뉜다.

③-1 Passive Safety(수동형 안전 시스템) – 1차 안전장치

수동형 안전에서 가장 중요한 1차 안전장치는 사람으로 치면 뼈와 연골 그리고 피부 역할을 하는 것으로 자동차에서는 외부 디자인 형상을 이루고 있는 보디 그리고 차체 프레임 부분을 포함하는 섀시를 말한다. 사고 시 외부로부터 전달되는 충격이 바로 보디와 섀시 부분에서 잘 흡수되어야 승객석 안으로 전달되는 충격량을 1차적으로 줄일 수 있기 때문이다.

따라서 자동차의 외형을 이루고 있는 보디 디자인은 감성적인 느낌만이 아닌, 충돌 시 충격을 잘 흡수하여 이를 분산(완충)할 수 있도록 기능적인 측면에서 또한 제작되어야 한다. 이를 위해 앞/뒤범퍼뿐만 아니라 다양한 부분에 충격을 잘 흡수하여 주는 크럼블 존(Crumble Zone)의 비율을 최대한 많이 적용하고 있으며 또한 다양한 재질들이 복합적으로 사용되고 있다.

섀시의 일부분인 차체(프레임)의 경우, 이를 설계할 때 가장 중심을 두어야 하는 부분은 단단함과 동시에 부드러움의 특징을 가질 수 있는 구조의 설계 그리고 사용되는 재질 사이의 조화이다. 사고 시 실내공간은 탑승자의 유일한 생존공간이 되기 때문에 견고함이라는 특성은 기본이 되며, 다른 한편으로는 승객석으로 들어오는 충격량을 최소화할 수 있는 재질의 사용과 구조를 동시에 만족해야 한다는 의미이다.

참고로, 자동차를 만들 때 가장 큰 비용과 노력이 들어가는 부분 중 하나는 단단하면서도 충격을 잘 흡수 및 분산할 수 있고 또한 가벼우며, 게다가 여유로운 실내공간의 크기 확보에 더해 다양한 장치들이 잘 설치될 수 있도록 다양한 소재를 사용하여 보디와 프레임을 설계/제작하는 것이다.

③-2 Passive Safety(수동형 안전 시스템) – 2차 안전장치

2차 안전장치란 사고 위험 사항 발생 시 운전자 스스로 안전을 도모하기 위해 조작하는 장치들을 말하며, 여기에는 대표적으로 조향 핸들, 브레이크, 변속 기어 그리고 주행 안정화(Stability) 장치가 있다.

따라서 잘 달리고 잘 정지하며 또한 정확한 조향이 이루어지는 주행 품질 그 자체는 주행 성능뿐만 아니라 안전 측면에서도 매우 중요한 요소가 되는 것이다.

③-3 Passive Safety(수동형 안전 시스템) – 안전 보조장치

1차 안전장치를 통해 승객석 안으로 들어오는 충격량을 차량 외부에서 어느 정도 최소화하고, 2차 안전장치로 운전자가 자발적으로 안전을 도모하려는 조치가 끝났다면, 이제는 승객석 안으로 이미 전달되어 버린 충격량을 최소화해 줄 필요가 있다. 다시 말해, 승객에게 직접 전달될 수 있는 충격량을 최소화해 주기 위한 안전 보조장치가 필요하다는 의미이다.

여기에는 대표적으로 전면부, 측면부, 헤드 부분 등 다양한 위치에 설치된 에어백과 각 시트에 장착된 안전벨트가 있으며, 이 외에 자동차 시트의 품질 그리고 실내에 적용된 많은 장치의 구조 및 재질 또한 안전 보조장치로서 매우 중요한 역할을 한다. 그 예로, 운전자의 경추를 보호하기 위해 전방 충돌 시 헤드레스트가 앞으로 자동으로 움직여 목 부분이 뒤로 꺾일 수 있는 것을 방지해 주는 진보된 헤드레스트 시스템, 사고 발생 시 뒤따라오는 차량에 시각적인 경고를 제공하기 위해 자동으로 비상등과 실내등이 켜지는 장치 그리고 2차 사고 방지를 위한 연료 공급의 차단, 배터리 케이블의 분리 장치 등이 있다.

위에서 종합적으로 살펴본 바와 같이, 사고 시 자동차의 단순히 부서진 정도나 에어백의 작동 여부만을 보고 자동차의 안전성 정도를 판단할 수는 없을 것이다. 왜냐하면, 자동차에서 안전이란 다양한 개념과 상황이 상호 복합적으로 작용하여 만들어지는 것이기 때문이다.

안전이라는 개념을 한 문장으로 정리하면, '안전과 관련된 모든 것의 중심은 승객이란 것에 기초하여, 최고의 안전은 사고를 미연에 방지할 수 있어야 한다는 것 그리고 혹시나 모를 사고 시에도 승객에게 전달될 수 있는 충격을 최소화해 주어야 한다는 것'이다.

3) 고객의 니즈 파악 방법

"열 길 물속은 알아도 한 길 사람 속은 모른다"라는 속담이 있다. 사람의 속마음은 참으로 알기 어렵다는 것을 강조하는 말이다.

평소에 말을 많이 하는 사람일지라도 자신의 깊은 속마음은 잘 드러내지 않는 경우를 종종 볼 수 있다. 사람은 대체로 자신의 진심이라는 것을 잘 드러내지 않으며, 또한 상황에 따라 시시각각으로 변하는 것 또한 사람의 마음이다. 이러한 사람의 마음은 마치 단단히 얼어 있는 얼음과 같아서 상대방의 마음을 무턱대고 녹이려 한다면 그 속에 들어 있는 생각을 파악하는 것은 더욱 힘들어질 것이다.

그렇다면 마치 얼음과 같이 꽁꽁 얼어 있는 사람의 마음을 최대한 잘 녹이기 위해 어떤 노력을 할 수 있을까? 크게 두 가지 방법을 생각해 볼 수 있다.

첫째, 고객과 영업직원 사이에 먼저 따뜻한 온기가 있어야 한다. 그 출발은 바로 고객의 첫 방문부터이며, 처음부터 활활 타오르는 뜨거움은 만들어 낼 수는 없으므로, 진심이 느껴지는 따뜻한 고객 맞이를 통해 작은 불씨를 우선 만들어야 한다. 그 이후 시간이 지날수록 확 타오르다 꺼져 버리는 불꽃이 아닌 지속적인 평온함을 주는 따스한 온기가 오래 유지될 수 있도록 노력해야 한다. 즉, 처음부터 끝까지 친절하고 진심 어린 고객 응대가 필요하다는 의미이다. 고객의 마음을 서서히 열어 감으로써 자연스러운 고객 니즈 파악이 가능하게 되며, 그 이후에서야 서로 간의 열정적이며 진솔한 대화를 기대할 수 있게 되는 것이다.

둘째, 막무가내로 고객의 마음을 파악하려는 노력이 아닌, 질문, 경청 그리고 관찰의 방법을 활용한다.

고객의 니즈를 파악한다는 것은 사람의 감정과 생각 즉, 마음을 읽는 것과 같다. 사람의 마음을 읽는 것이 상당히 어려운 일이긴 하나, 이를 어느 정도 파악하는 방법은 있다. 고객에게 질문하지 않으면 고객에 대해 알 수 없으며, 고객의 말에 귀 기울이지 않으면 고객에 대해 더욱 알 수 없다. 따라서 질문과 경청을 통해 우선 상대방의 마음을 파악하기 위한 단서들을 찾아내야 한다. 그리고 여기에 관찰을 통해 파악한 정보들을 잘 조합하여 결국, 고객의 니즈를 유추해야 한다. 참고로, 이러한 과정은 고객의 최초 방문 시점부터 퇴점에 이르는 모든 과정에서 지속해서 이루어져야 한다.

(1) 질문(Questioning)

고객의 무장해제 ─ 적절한 질문 타이밍 찾기 ─ 효과적인 질문의 선택 및 실시 ─ 고객의 니즈 파악 시작

　고객에게 질문하기 전 해야 할 중요한 하나는 고객이 질문을 받아도 부담스럽지 않고 편안하게 대답을 할 수 있는 분위기를 만드는 것이다. 이것을 소위 고객을 '무장해제'시킨다고 한다.

　고객은 전시장을 처음 방문할 때 두려움과 불안감으로 자신을 무장하고 오게 된다. 좀 더 구체적으로, 내가 혹시라도 속지는 않을까란 걱정과 잘못된 선택은 하지 않을까란 불안감을 가진다는 것이다.

　따라서 영업직원은 '난 당신의 적이 아니라 진심으로 도와주는 조력자입니다'라는 분위기를 만들기 위해 우선 고객이 전시장과 만나는 모든 첫 느낌 자체를 편안하게 해 주어야 한다.

　예를 들어, 고객이 전시장을 방문했을 때 전 직원이 밝은 표정으로 따뜻한 인사를 건네고, 전문가로 보이는 복장과 외모의 직원이 친절하게 자신을 소개하며, 부담스럽지 않은 가벼운 주제로 고객에게 스몰토크를 건넨다. 그리고 다소 경직될 수 있는 고객의 자세를 편안하게 해 주기 위해 차량으로 먼저 안내하기보다 편안한 라운지 느낌의 상담 테이블로 모시고, 고객에게 따뜻한 음료를 제공하여 고객의 마음보다 우선 몸 자체를 따뜻하게 해 준다면 비로소 고객에게 구체적인 질문이라는 것을 할 수 있는, 다른 표현으로 어느 정도 고객을 무장해제시키기 위한 기반이 마련되는 것이다. 모든 세일즈는 사람을 통해 이루어지는 것이기에 영업직원의 친절하고 따뜻한 마음과 함께 인간미까지 전달할 수 있다면 더욱 효과적일 것이다.

단, 만족과 행복이라는 것은 절대적인 것이 아닌 상대적인 관점에서 느끼는 것이므로 성별, 나이, 동반인 등과 같은 고객 상황과 기타 환경적인 특징에 맞게 대처해야 한다.

"제대로 질문할 줄 아는 능력이야말로 가장 중요한 정보 수집 기술이다"라는 말이 있다. 이 말의 의미는 질문하는 것이 결코 쉬운 일이 아니긴 하나, 제대로만 한다면 고객의 니즈 파악이 가능하다는 것이다.

그렇다면, 질문이라는 것이 왜 쉽지 않다고 하는 것일까?

말을 잘하지 못해서? 질문하는 스킬이 없어서? 무엇을 질문해야 하는지 잘 몰라서? 질문했을 때 고객이 대답을 잘 안 해 주면 어쩌나 하는 두려움이 앞서서? 모두 맞는 답일 수 있다. 하지만 가장 큰 이유는 바로 언제 질문을 해야 할지 그 최적의 타이밍(When)을 찾기 어렵기 때문이다.

그럼, 질문의 대상(What), 질문의 타이밍(When) 그리고 질문의 방법(How)에 대해 좀 더 구체적으로 알아보자.

① 질문의 항목

먼저, 무엇을 물어봐야 하는지인 What에 대해 정리하면 다음과 같은 주제를 생각해 볼 수 있다.

a. 선호 모델.

b. 현재 소유 차량.

c. 현재 소유 차량의 소유 기간.

d. 현재 소유 차량의 장/단점.

e. 현재 소유 차량의 처분 여부 및 계획.

f. 구매 시기.

g. 구매 예산.

h. 차량의 주요 사용 용도 또는 구매 목적.

I. 주 운전자.

j. 연간 주행거리.

k. 가족 사항(주로 동승하는 사람).

l. 삶의 방식인 라이프스타일.

고객과의 만남 초반에 위 열두 가지 중 최소 3~4개의 주제로 질문이 이루어져야 하며, 이를 바탕으로 대화를 진행하여 고객이 여섯 가지 니즈(안전성, 편의성, 효율성, 성능, 디자인, 특별함) 중 어느 것에 좀 더 관심이 있는지 파악 후 이를 고객에게 확인시켜 주어야 한다. 당연히 이후에 일어나는 대부분의 고객 상담 또한 여기에 기초하여 진행한다.

② 질문의 타이밍

그렇다면 위 열두 가지 질문 주제 중 3~4개 정도를 언제 물어볼 것인가?

최적의 질문 타이밍을 찾는 방법은 바로 영업직원 스스로 질문할 기회를 만드는 것이다.

이에 대한 대표적인 방법으로 '고객의 말 따라 하기'가 있다. 고객이 어떠한 말을 했을 때 그 문장에서 가장 비중이 있거나 핵심이 되는 단어를 그대로 따라 한 후, 이를 활용해 질문을 이어 나가는 것이다.

'고객의 말 따라 하기'는 고객 응대의 모든 과정에서 질문이라는 것을 보다 효율적으로 시작하게 해 주는 좋은 방법이 되며, 고객의 니즈를 확인/재확인 할 수 있는 수단 또한 된다.

고객이 했던 말을 그대로 인용하기 때문에, 1) 고객이 느낄 수 있는 생소함이라는 느낌을 줄여 줄 수 있으며, 2) 고객과의 공감대를 형성해 나가는 데 도움이 되고, 3) 고객은 자신이 한 말에 대한 구속력을 일정 부분 가지게 되어 결론적으로 4) 고객을 리딩하는 영업 상담을 진행해 나가는 데 도움이 된다.

따뜻함이라는 무기로 고객을 무장해제시킨 후, 적절한 타이밍을 만들어 질문을 시작하고 영업에 필요한 필수 질문들을 자연스럽게 이어 나간다면, 고객의 니즈 파악을 위한 성공적인 출발이 될 것이다.

③ 니즈 파악을 위한 영업직원의 선제 질문

고객에게 질문하는 구체적인 내용에 대해 알아보자. 이는 고객과 본격적인 상담을 시작하기 전 니즈 파악을 위해 영업직원이 주도적으로 질문을 시작하는 것이다. 이에 대한 방법으로 앞에서 제시한 필수 질문 항목을 이용하는 것과 자동차를 구매하는 니즈 여섯 가지를 이용하는 것 두 가지가 있다.

③-1 세일즈 멘트 예시 – 필수 질문 항목을 이용하는 경우

고객님, 본격적으로 제품 설명과 구체적인 상담 시작하기 전에 고객님께서 할애해 주신 소중한 시간 동안 고객님만을 위한 맞춤화 설명을 도와드리기 위해 몇 가지만 간략히 여쭤 보고 시작해도 괜찮을까요? (고객의 동의가 있고 난 후) 네, 감사합니다.

실례지만, 연간 대략적인 주행거리와 주 운전자 그리고 주요 사용 용도가 어떻게 되는지 말씀 주시면 상담 드리는 데 큰 도움이 될 것 같습니다.

③-2 세일즈 멘트 예시 - 고객의 구매 니즈 항목을 이용하는 경우

고객님, 본격적으로 제품 설명과 구체적인 상담 시작하기 전에 고객님께서 할애해 주신 소중한 시간 동안 고객님께 맞춤화된 설명 도와드리기 위해 몇 가지만 간략히 여쭤 보고 시작해도 괜찮을까요? (고객의 동의가 있은 후) 네, 감사합니다.

자동차라는 것은 기본적으로 이동 수단이기 때문에 안전하며 동시에 편안하게 이동하여야 하는 것은 기본일 텐데요, 여기에 추가로 네 가지만 더 말씀드리면 자동차 소유하시면 얼마나 편하게 이용 가능하신지를 의미하는 효율성 그리고 안정감 있게 잘 달리는 성능, 고급스럽고 멋진 이미지를 만들어 내는 디자인, 마지막으로 다른 자동차들 대비 차별화되는 특별한 부분 이렇게 볼 수 있습니다. 실례지만, 효율성, 성능, 디자인, 특별함 이 네 가지 중에서 고객님께서 조금 더 중요하다고 생각하시는 부분이 있다면 어떤 것들이 있을까요? (고객이 효율성과 디자인이 좀 더 중요하다고 답했다고 가정하고) 말씀 감사드립니다. 그럼, 자동차 소유하시면서 가장 중요한 안전성과 편의성 부분과 고객님께서 말씀 주신 효율적으로 자동차 소유하시는 부분 그리고 디자인 이렇게 총 네 가지 주제를 중심으로 상담 도와드리도록 하겠습니다. 다시 한번 소중한 말씀 감사드립니다.

위 질문에 대해 고객이 대답하는 내용 중 핵심 사항을 적어 가며 경청해야 한다. 그리고 질문이 끝나면 메모해 둔 핵심 사항에 대해 짧게 요약/정리 후 이에 대한 고객의 니즈를 좀 더 구체적으로 제시해야 한다. 또한,

이후 진행될 상담 또한 어떤 내용 위주로 전달할 것인지 간략히 제시한다. 이러한 과정을 거치고 나면, 고객은 자신이 궁금하거나 필요한 사항을 좀 더 구체적으로 말해 줄 것이다.

'모든 대화는 질문에서 시작하며, 모든 해답은 대화로부터 나온다.'

영업직원은 세일즈의 생산성을 높이기 위해 남들이 부러워하는 화려한 말솜씨보다는 우선 대화 자체를 잘하는 것이 더욱 중요하다. 화려한 말솜씨는 상대방이 볼 때 말을 잘한다는 의미일 뿐, 대화를 잘하는 것과는 다른 얘기다.

대화를 잘한다는 것은 마치 탁구게임처럼 서로 간에 전달하고자 하는 메시지를 잘 주거니 받거니 한다는 의미이다. 이를 위해 우선 질문과 관련한 What, When, How에 대해 정확한 숙지와 반복 연습을 통해 대화를 잘 시작하고 또한 매끄럽게 이어 가는 능력을 갖추어야 할 것이다.

고객의 생각과 마음을 읽을 수 있는 유일한 방법인 대화는 바로 질문에서 시작되며, 이후 경청과 관찰을 통해 이해한 정보들을 잘 조합하여 고객의 좀 더 깊은 속마음을 유추해 내기 위해 노력해야 한다. 참고로, 경청과 관찰 또한 상호 간에 이루어지는 대화의 도구 중 하나이다.

(2) 경청(Active Listening)

무언가를 들을 때 그 강도를 낮은 것에서 높은 순으로 나열해 보면, Hearing → Listening → Active Listening이다. Hearing은 단순히 내 귀에 들리는 소리를 큰 집중 없이 그냥 편하게 듣는 것이다. Listening은 상대방이 하는 말 한 마디 한 마디 집중해서 듣는 것을 말한다. Active Listening이란 집중을 넘어 상대방의 속마음과 그 의도까지 파악하기 위해 노력하여 듣는 것을 말하며 이를 경청이라 한다.

경청이란 단어를 한자로 확인해 보면 그 의미가 더욱 명확해진다.

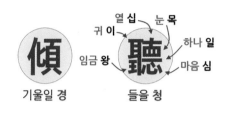

傾聽(경청)은 '1) 상대방에게 몸과 마음을 모두 기울여(傾) 집중한 상태로, 2) 왕(王)이 말을 할 때보다 더 3) 주의 깊게 들으며(耳), 단지 귀로 듣는 것뿐만이 아닌 4) 마치 열(十) 개의 눈(目)을 가지고 상대방만을 바라보는 것과 같은 신중한 태도로, 5) 상대방과 내가 하나의(一) 6) 마음(心)이 되기 위해 상대방의 마음과 생각을 이해하기 노력하여 듣는(聽) 것'으로 생각해 볼 수 있다.

참고로, 경청의 사전적 의미는 '상대의 말을 듣기만 하는 것이 아니라, 상대방이 전달하고자 하는 말의 내용은 물론이며 그 내면에 깔린 동기나 정서에 귀를 기울여 듣고, 이해된 바를 상대방에게 피드백(Feedback)하여 주는 것'이다.

위 의미에서 보듯이, 경청은 단순히 집중해서 듣는 것을 넘어, 서로 간에 공감과 이해, 더 나아가 지속적인 관계 형성을 위한 대화로 이어 갈 수 있는 매개체가 될 수 있음을 기억해야 한다.

따라서 고객을 응대하는 모든 순간 오직 고객에게만 집중할 수 있도록 내면적 그리고 주변 환경적 사전 준비를 꼼꼼히 하여야 한다. 또한, 고객이 말할 때 열심히 집중만 해서만 듣는 것만이 아니라, 공감과 맞장구 그리고 핵심 단어에 대한 중간 요약과 꼼꼼히 메모하는 것도 함께 해야 한다. 그리고 파악한 고객의 정보에 대해서는 적절한 후속 질문을 실시하여 대화를 자연스럽게 이어 나가도록 노력해야 한다.

(3) 관찰(Observation)

Hearing와 Listening의 관계와 같이, 단순히 보는 것(Look)과 관찰(Observe)은 엄연히 다른 것이다. 관찰이란 단순히 바라보는 것이 아닌 대상을 주의 깊게 살피는 것이다. 예를 들면, 고객이 어떤 차를 몰고 왔는지, 누구와 함께 왔는지, 고객이 관심 있게 보는 부분은 어떤 것인지, 혹은 상담 도중 고객의 다양한 상황(말과 행동) 등을 주의 깊게 살펴보는 것이다. 이를 통해 고객의 니즈 파악을 위한 분석과 유추에 도움이 될 만한 단서를 찾아내야 한다.

4) 고객의 구매 욕구에 대한 이해와 이를 자극하는 세일즈 스킬

사람과 동물의 수많은 차이점 중 하나는 사람은 욕구와 동기에 의해 행동하지만, 동물은 동기가 아닌 단지 욕구에 의해서만 행동한다는 것이다.

'사람은 욕구를 시작으로 구매 동기가 만들어지며, 이러한 구매 동기는 결국 구매 행동이란 계약과 출고로 연결된다.'

고객으로부터 계약이라는 행동을 이끌어 내기 위해서는 고객의 욕구 파악(니즈 파악)을 시작으로, 이를 구매 동기(Motive)로 연결할 수 있어야 한다. 다시 말해, 정확한 니즈 파악 이후 이를 구매 동기로 연결해야지만 고객이 최종적으로 실제 계약과 그 이후 출고라는 행동을 할 수 있는 확률이 높아진다는 것이다.

우선, 욕구의 뜻은 '부족함을 느껴 무언가를 가지고 싶거나 혹은 하고 싶은 생각'이다. 그렇다면 구매 욕구란 '자신에게 없는 무언가를 소유함으

Chapter 1 자동차 세일즈 프로세스

로써 자신만이 원하는 것을 이루고자 하는 생각'이 될 것이다.

그럼 이러한 욕구는 어떻게 만들어지는 것일까?

사람은 자신의 현재 상황과 자신이 희망하는 이상적인 상황과의 차이(Gap)를 발견(인식)하게 되면 기본적으로 욕구란 것이 만들어진다. 이것을 소비자 심리학에서는 '문제를 인식했다'고 한다.

예를 들어, 자동차가 없는 사람이 현실에 불편함을 느끼지 못하고 살다가(현재 상황), 차가 생김으로써 좀 더 편한 상황(이상적인 상황)을 생각(인식)하게 되면, 이 사람은 자동차 구매에 대한 욕구가 만들어진 것으로 본다. 또는, 기존에 타고 있는 차를 만족하면서 잘 타고 있다가(현재 상황) 새로운 기능, 디자인, 크기 혹은 가치 등이 부가된 새로운 차를 알게 되는 경우(이상적인 상황) 현실과의 차이를 인식하게 되어 구매 욕구가 생기는 것이다.

요약하면, 고객이 자신의 현재 상황과 이상적인 상황 사이에 차이(Gap)를 인식하게 되면 문제가 만들어졌다고 할 수 있으며, 이에 대한 인식은 바로 구매 욕구의 생성으로 연결되는 것이다. (문제의 발견/인식 = 욕구의 생성)

이것을 세일즈에 활용하는 방법은 첫째, 고객에게 욕구라는 것이 만들어지게 해 주는 것이며, 둘째, 그 욕구의 크기를 크게 해 주는 것이다.

(1) 고객에게 욕구가 만들어질 수 있도록 한다

고객의 최초 방문 시 고객에게 물어봐야 할 질문들이 있을 것이다. 바로, 주 운전자, 연간 주행거리, 현재 보유 차종, 주 운전 용도 등이다. 이러한 질문들은 바로 고객의 현재 상태를 파악하기 위한 것들이다. 이러한 질문들을 통해 고객의 전반적인 현재 상태를 파악해야 하며, 이를 바탕으로 새로운 차종이 고객의 현재 상태를 보다 개선할 수 있는 대안임을 전달해야 한다.

새로운 차량이 현재 상태보다 더 좋은, 즉 이상적인 대안임을 고객이 인식하는 순간 바로 구매 욕구는 만들어지게 된다.

따라서 고객의 현재 상태를 파악하고 이를 이상적인 상태와의 차이(Gap)를 설명하여 고객 자신이 미처 인식하지 못하고 있는 구매 욕구를 찾아 주어야 한다.

(2) 만들어진 고객의 욕구 크기를 크게 하여 준다

고객에게 현재 상태와 이상적인 상태의 차이를 발견시켜 주어 욕구라는 것을 만들어 주었다면, 그다음은 이러한 욕구의 크기를 크게 해 주어야 한다. 이는 고객이 인식하고 있는 현실과 이상과의 차이를 더욱 크게 해 줌으로써 가능하다.

이를 위해서는 첫째, 새로운 제품에 적용된 각각의 기능과 기술, 브랜드로 인한 혜택 그리고 소유로 인한 전반적인 혜택과 가치가 중요하다는 것을 강조하여 준 후, 둘째, 이에 대한 핵심 주제별로 다소 구체적인 내용 설명을 이어 나가야 한다.

참고로, 위에서 제시한 방법을 잘 활용한다면 고객이 다른 영업직원이 아닌 나라는 영업직원을 통해 구매하고 싶어하는 욕구를 상승시키는 데도 도움이 될 것이다.

5) 고객의 구매 동기

자동차를 구매하는 고객의 구매 동기는 다음과 같이 합리적 동기와 감성적 동기로 나누어 생각해 볼 수 있다.

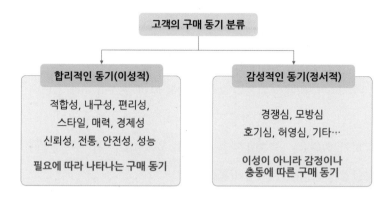

이에 대한 핵심 응대 포인트를 정리하면 다음 표와 같으며, 이것을 내가 판매하고 있는 차량과 연결해 자신만의 세일즈 멘트 그리고 추가 자료 또한 준비하여 고객 응대 시 적절히 활용해야 한다.

	적합성	나, 우리 가족, 내 상황 혹은 환경에 맞음
합리적인 동기 (이성적)	내구성	아무런 문제없이 오래 사용할 수 있음
	편리성	조작 및 사용이 편리함, A/S는 쉽게 받을 수 있음, 사용과 관련한 모든 사항
	스타일	단순하고 화려함, 매우 고급스러움, 역동적임, 내 이미지를 잘 반영함
	매력	매력적인 분위기를 만들어 줌
	경제성	유지/보수 비용, 금융 조건 및 담당 직원의 지속적인 관리
	신뢰성	제품 품질에 대한 종합적인 신뢰성, 사후 서비스에 대한 신뢰
	전통	오랜 역사와 품격
	안전성	사고 전후 모든 상황에서 내 신변을 보호해 줄 수 있음, 즉 신뢰
	성능	우수한 성능으로 나의 욕구를 채워 줄 수 있음
감성적인 동기 (정서적)	경쟁심	"누가 누가 XX를 구매했으니 나는 OO을 사야겠다!"
	모방심	"누가 샀으니까, 나도 사야지!"
	호기심	"신모델이 나왔다던데 이거라면 나의 현 상태가 더 좋아지지 않을까?"
	허영심	"이것은 누구나 살 수 있는 것이 아닌 고급/고가의 제품이지…"
	기타…	아름다움, 감성적인 흥분, 즐거움 등과 같은 동기

6) 고객이 느끼는 불안감
(고객이 지각하고 있는 위험)

자동차를 구매하는 니즈와 욕구는 어찌 보면 고객의 구매 선택에 도움이 될 만한 긍정적 측면의 사항들이다. 이러한 고객의 구매 선택을 더욱 확고히 하기 위해서는 고객이 느낄 수 있는 불리한 측면인 고객의 걱정거리나 불안감을 해소해 주는 것이 필요하다.

고객이 구매와 관련하여 가질 수 있는 걱정이나 불안감에는 어떤 것들이 있으며 이에 대한 응대 준비는 어떻게 해야 하는지 알아보도록 하자.

(1) 위험 지각(지각하고 있는 위험)의 의미

모든 고객은 제품 구매 전, 구매 이후에 해당 제품을 사용하는 과정에서 발생할 수 있는 예상치 못한 결과에 대한 불안감(위험)을 느낀다. 이것을 '지각된 위험' 또는 '위험 지각'이라 한다.

구매하려는 제품이 신제품, 자기 자신의 신체적인 안전이나 이미지와 관련된 제품, 자주 구매하지 않는 제품, 한번 구매하면 쉽게 취소하기 힘든 제품, 관심이 많은 제품 또는 고가의 제품 같은 경우에는 더욱 그러하다.

고객은 심리적으로 이러한 불안감을 해소하고 싶어 하는 욕구가 있으며, 이는 영업직원의 적극적인 설명과 도움으로 많은 해소가 가능하다. 그렇지 못할 경우, 고객은 더 많은 정보를 찾아보기 위해 구매 선택을 늦추거나, 만약 구매 동기가 강한 상태라 할지라도 아예 구매 자체를 포기해 버릴 수도 있다.

따라서 아래에 소개하는 고객이 느끼는 대표적인 불안감(위험 지각) 여섯 가지에 대해 우선 이해하고, 각각에 대한 응대 내용(멘트 및 객관적인 자료)을 사전에 준비하여 세일즈 프로세스 전 과정에 걸쳐 이를 적절히 활용해야 한다.

(2) 위험 지각의 종류와 이에 따른 응대

① 재정적(경제적) 위험

재정적 위험에는 여러 가지 경우가 있다. 그 예로, '바가지를 쓰지는 않을까?'라고 느끼는 구매 금액과 관련된 위험, '제품의 유지/보수에 너무 많은 돈이 들지 않을까?'와 같은 소유와 관련된 다양한 종류의 금전적 위험, 소유가 끝났을 때 제품의 가치 하락에 대한 위험, '내가 지불하는 금액만큼 과연 가치가 있을까?'라 느끼는 품질에 대한 위험, 할부 혹은 리스로 구매하는 경우 월 불입금과 같은 비용 지불에 대해 느끼는 부담감 등이다.

→ 다양한 금융상품, 낮은 월 불입금, 높은 잔존가치와 이에 따른 향후 중고차 가치, 다양한 서비스 프로그램과 이로 인한 혜택, 사고 시 수리비에 대비해 보험을 드는 이유, 영업직원의 지속적인 관리 등에 관해 설명해야 한다.

② 기능적 위험

기능적 위험은 '구매한 제품이 잔고장은 없을까?' 또는 고객이 기대하는 '자동차로서 아무 문제 없이 제 기능은 잘할 수 있을까?'에 대한 것이다. 재정적 위험은 가격 대비 효용이라는 측면이 강조되는 것임에 반해, 기능적 위험은 제품 자체의 성능이나 기능이 좀 더 중요한 대상이 된다.

기능적 위험의 단적인 예로, 감기약을 샀을 때 지불한 금액 대비 얼마나 빨리 감기가 나을 수 있는지 그 약효(기능 혹은 성능) 자체에 더 큰 관심을 두는 것이다. 자동차의 경우 광고나 주변 지인의 구매 경험담 또는 영업직원이 말하는 대로 '실제 그러한 기능이나 성능을 만들어 낼 수 있을까?'에 대한 위험, '잦은 잔고장이나 제품상에 문제는 있지 않을까?'에 대한 위험, '동종 경쟁 모델 대비 과연 더욱 뛰어난 성능이나 기능을 갖추고 있을까?'에 대한 위험이 대표적이다.

→ 서비스 품질과 네트워크, 많이 팔린 차량은 그만큼 품질을 인정받았다는 인식, 신제품의 경우 브랜드에 대한 믿음, 이미 구매한 기존고객의 구매 경험담, 공신력 있는 다양한 원천으로부터의 테스트 결과나 제품평 그리고 수상 이력 등과 같은 정보를 근거로 설명해야 한다.

③ 심리적 위험

심리적 위험은 '구매한 제품이 자신의 현실이나 이미지에 맞지 않으면 어쩌나?'에 대한 것이며, 이는 지극히 고객 자신의 주관적이며 개인적 측면에서 느끼는 위험이다. 예를 들어, 매우 고가의 제품을 구매했음에도 실생활에서는 다소 떨어지는 활용도로 이것을 보며 두고두고 후회하는 경우를 생각해 볼 수 있다. 만약 이러한 제품을 다음에 또 사려고 한다면 고객이 느끼는 위험은 더욱 클 것이다.

자동차의 경우, '내가 이 자동차와 이미지가 맞을까? 혹은 어울릴까?', '내 상황이나 여건에 이러한 것을 구매해도 괜찮을까?', '이걸 잘 사용은 할까? 너무 불필요한 건 아닐까?'와 같은 위험이 있다.

→ 제품 구매 후 고객이 가지는 심리적인 만족감에 대해 구체적으로 설명해야 한다. 해당 고객과 유사한 사례(상황이나 처지 등)가 있는 때 이를 적극 활용하고(경험담과 만족도) 또한 본 구매가 현재 고객의 수준을 조금 더 높일 수 있는 견인차 역할을 할 수 있다는 방향으로 설명해야 한다.

④ 사회적 위험

사회적 위험이란 자기 자신 내부의 문제가 아닌 남들의 시선과 관련된 위험이다. 남들의 시선에는 크게 두 종류가 있다. 첫째, '남들이 알아주지 못하면 어쩌지?', 둘째, (좀 과하다는 느낌에서) '남들이 나를 손가락질하지는 않을까?'이다.

자동차에서 이러한 사회적 위험은 다른 사람들로부터의 인정에 대한 걱정을 의미한다. 이러한 인정은 크게 세 가지 관점에서 첫째, '내 주변인들이 내가 이 차를 타면 인정해 줄까?', 둘째, '나와 비슷한 수준의 사회 집단에서 이 차를 타면 내가 좀 더 인정받을 수 있을까?', 셋째, '내가 이 차를 타면 사람들로부터 손가락질받지는 않을까?'이다.

→ 브랜드 혹은 해당 차종이 가지는 가치, 브랜드나 제품이 고객과 동일한 이미지로 작용하여 고객의 가치를 한 단계 올릴 수 있다는 것, 남들의 부러운 시선과 이로 인한 우월감 등을 주제로 설명해야 한다. 만약 남들에게 좋지 못한 인상을 줄 수 있는 걱정을 하는 경우 기존 출고 고객 중에 같은 직업이나 유사한 상황을 가진 고객들이 매우 만족하고 있다는 안도감 또는 필요한 경우 금융리스의 혜택(명의자 노출 안 됨) 등을 설명해야 한다.

⑤ 시간적 위험

시간적 위험이란 구매를 결정할 때 '시간이 너무 소요되지 않을까?', '이 차를 사면 타는 내내 시간 들어갈 일이 너무 많지는 않을까?' 그리고 '구매 후 사용 중 서비스 사항 발생 시 시간이 너무 소요되지 않을까?'에 대해 느끼는 위험이다. 이는 시간을 단순히 숫자 개념이 아니라, 자신이 투자하는 비용 개념으로 생각함으로써 느끼는 위험이다.

→ 고객에게 차량의 소유와 관련된 과정과 문제의 해결이 담당영업직

원인 나 또는 나의 회사가 가장 빠르고 정확하다는 인식을 심어 주며, 실제로 이를 증명할 만한 구체적인 자료를 사전에 만들어 상담 시 이를 제시하며 설명해야 한다. 가능한 경우, 나 또는 회사의 적극적인 도움으로 기존고객이 만족했던 경험을 공유한다면 더욱 도움이 될 것이다. 그리고 서비스 품질과 네트워크 설명 시 이러한 서비스 과정 모두는 담당 직원인 바로 내가 늘 같이할 것이라는 시간 비용에 대한 심리적 안정감을 줄 수 있는 설명을 해야 한다.

⑥ 신체적 위험

신체적 위험이란 말 그대로 해당 제품을 구매함으로써 자신의 신체적 상해에 대해 가지는 불안감이다. 한마디로 안전에 대한 걱정이다.

→ 안전에 대한 개념과 그 중요성을 설명 후, 내가 판매하는 자동차가 안전을 충족시켜 줄 최고의 대안임을 객관적인 정보와 함께, 가능한 경우 실제 고객체험(시승과 작동)을 통해 설명해야 한다. 또한, 기존고객의 안전에 대한 만족 경험담을 공유하는 것도 좋다. 특히 안전이라는 부분은 고객이 직접 눈으로 확인해 볼 수 있는 자료(사진, 동영상 등)를 활용하여 설명하면 매우 효과적이다.

위에 소개한 여섯 가지 고객이 생각하는 위험요소에 대해 현실적인 해결책을 미리 준비하고 있다면 더욱 빠른 세일즈가 진행될 것이며, 이는 영업직원에 대한 신뢰로 이어져 향후 재구매와 소개에 더욱 긍정적인 역할을 하게 될 것이다.

7) 고객 유형별 응대 방법

고객의 니즈를 잘 파악했고 이에 기초한 세일즈 토크와 자료 또한 잘 준비했다면, 이제는 실전 응대만이 남았다.

열 명의 고객을 만났는데 우연히도 이들 모두 똑같은 니즈를 가지고 있다고 해 보자. 이런 경우 영업직원은 열 명 모두에게 똑같은 스타일과 방식으로 응대하는 게 맞는 것일까? 당연히 아닐 것이다. 왜냐하면, 비록 고객들이 가지고 있는 니즈는 같을지언정 서로 다른 개인 특성으로 각각이 생각하는 방식과 행동 특성이 다를 수 있기 때문이다.

다음은 세일즈 과정 전체에 걸쳐 고객이 보이는 일반적인 행동 특성에 따른 영업직원의 응대 방법에 대한 내용이다. 사람 사이의 관계 측면에서 예측 불가한 상황은 분명히 발생할 수 있으나, 최소한 다음에 소개하는 내용에 기초한 고객 응대를 한다면 효과적인 응대뿐만 아니라 고객과의 관계의 형성에도 좀 더 도움이 될 것이다.

(1) 완벽주의 스타일(매사에 논리적이며 신중함)

(1)-1. 행동적 특징 단서들

· 말할 때 논리적, 구체적, 사무적 그리고 딱딱한 느낌.

· 침착하고 일정한 톤으로 이야기하며, 억양 변화가 크지 않음.

· 자신의 의견보다는 질문을 자주 하는 경향.

· 세부적이며 디테일한 내용으로 이야기함.

· 침착하면서 감정 표현이 적은 목소리 톤.

(1)-2. 핵심 응대 스킬

· WHY에 대한 대답을 선호함. → 이유에 따른 결과(과정 지향적으로).

- 필요시 '왜 이 부분이 중요하냐면…, 이 부분을 왜 설명드리냐면…' 이란 표현을 사용하여 설명을 시작함(작은 부분까지 꼼꼼히 챙기며 매사에 정확하다는 이미지의 전달).
- 상담하는 내용과 상황 하나하나에 대해 고객이 정확하게 이해할 수 있도록 함(필요시 신뢰를 줄 수 있는 구체적인 수치, 자료 그리고 데이터를 적극 활용).
- 정확한 데이터(수치) 또는 전문가의 의견이나 사실에 근거하여 체계적으로 고객을 이해시키기 위해 노력함(고객의 말에 반론이 있거나 동의하지 않는 경우 자신의 의견보다는 정확한 근거와 사실을 활용하여 응대함).
- 다소 세부적이며, 정확성에 기초하여 설명함(대충대충, 의례 그러려니, 얼버무리는 혹은 준비되지 않는 듯한 느낌을 줄 수 있는 말과 행동을 금함).
- 조언자로서 영업직원의 성실한 이미지 그리고 꾸준한 관리와 고객과의 관계를 강조함(장기간에 대한 보증을 암시) + 시간 약속 철저.
- 모르는 상황은 얼버무리지 말고 명쾌하고 솔직한 자기 입장을 표현함(자신의 미숙지에 대한 인정 → 정확히 언제까지 답변하겠다는 의사 전달).

(2) 안전제일주의 스타일(큰 변화 없이 안정을 추구)

(2)-1. 행동적 특징 단서들
- 질문을 많이 하지 않는 편이며 말을 할 때 다소 느리며 매사에 조심스러운 경향.
- 상대방을 배려하고 공감하면서 말하는 성향.
- 상대방에게 부담을 주거나 피해를 끼치고 싶어하지 않는 모습을 보임.
- 상대방의 말을 공감, 경청하며 꼼꼼히 듣는 특징.
- 누군가로부터 조언받기를 선호함.

- '안 되면 어떻게 하지?' 혹은 '안 좋으면 어떻게 하지?'란 걱정을 자주 하는 편임(전반적으로 걱정과 두려움이 다소 많은 편).

(2)-2. 핵심 응대 스킬

- HOW에 대한 대답을 선호함(원인이 어떻게 해결되는지 그리고 구체적인 방법에 대해 설명함).
- 차분하고 안정된 분위기를 이어 가며, 돌발상황은 최대한 피함.
- 객관적인 사실이나 정보를 먼저 전달 후 고객의 감정에 호소하는 내용 응대를 하면 좀 더 효과적임.
- 무시 또는 외면당하는 듯한 느낌이 들지 않게 고객에게만 집중하는 하는 모습을 보임.
- 너무 지나치지 않는 범위 내에서 실생활에 필요한 주제에 대한 내용을 자세히 설명하면 좋음.
- 경쟁사 제품 대비 장점을 강조 + 데이터(사진이나 영상), 수치를 이용하는 것도 좋음.
- 고객이 빠른 결정이 아닌 신중한 검토 후 천천히 결정할 수 있도록 여유를 줌(계약을 서둘러 진행하려는 듯한 느낌을 피함).
- 특히 제품의 기능 설명 시에는 새로운 것을 알고 익히며 적응해야 하는 어렵거나 불편한 부분이 많지 않다는 것을 먼저 언급한 후, 현재 상태보다 훨씬 편하고 안전하다는 장점을 강조하여 설명함. → 현재의 고객 상황과 비교 시 큰 어려움이나 변화 없이 더 좋은 혜택이 있음을 강조.
- 상대방을 배려하는 예의와 정중한 표현을 사용함(복장, 말투, 행동).
- 과도한 친절과 배려의 느낌이 들이 않게 행동함(지나친 친절은 고객의 의심을 만들어 냄).

· 손 편지와 같이 진심이 느껴지는 인간적인 관심표현과 공감을 줄 수 있는 응대를 함.

(3) 독불장군 스타일

(3)-1. 행동적 특징 단서들

· 상담의 주도권을 잡으려는 성향.

· 지시적 성향.

· 모든 일에 있어 빠른 진행을 좋아함.

· 자신의 생각을 중심으로 핵심만을 간단명료하게 말함.

· '그래서 결론(핵심, 요점)이 뭐죠?' 혹은 '바로 얘기해 주세요~'라는 의미의 표현을 자주 사용함.

· 상담 시 상대방의 말을 중간에 가로채거나 상대방의 말을 대충 듣는 듯한 느낌을 주기도 함.

(3)-2. 핵심 응대 스킬

· What에 대한 대답을 선호함. → 따라서 고객에게 질문 시 How가 아니라 What으로 질문함(과정보다는 결과 지향적으로).

· 상담 주제와 이에 따른 결과 위주로 빠른 진행을 이어 나감(사전에 상담 결과나 목표 또는 설명시간을 제시하면 더욱 효과적임).

· 대화 시 사적인 주제는 최대한 자제하며, 핵심 위주로 다소 공식적인 느낌의 상담 분위기를 만들어 감. → 직접적으로 간략한 요점, 핵심, 결과 위주로 소통함.

· 사교적 인사는 되도록 짧게 하며, 방문목적이나 용건에 대해 질문 후 이에 따른 응대를 바로 이어감.

· 고객이 시간을 내 준 것에 대한 감사한 마음을 표현하여 고객이 우

쭐해 하는 마음을 가질 수 있도록 함.

- 결정은 고객이 할 수 있도록 대화를 이끌어 감.
- 고객(사람) 자체보다는 사실이나 고객의 말과 생각에 동의함(예: 고객 님께서 말씀 주신 부분이 정확히 맞습니다).
- 고객의 판단이 적절, 탁월하다는 칭찬을 함(엄지 척! 느낌 전달).
- 시간 혹은 제고의 압박을 적절히 활용하여 상담함(예: 지금 아니면…).

(4) 친화주의 스타일

(4)-1. 행동적 특징 단서들

- 지시하는 듯한 말과 행동이 아닌, 설득과 의견 공유를 통해 상담 분위기나 결과를 이끌어 나가려는 성향.
- 전체적으로 상냥한 어투이긴 하나, 말의 내용은 종종 직선적이며 현실적인 내용 위주인 경우가 많음.
- 좋은 인상과 말솜씨로 즐거운 분위기를 만들어 나가려고 함.
- 자신의 영향력으로 편안하고 즐거운 분위기를 조성하려고 함.
- 자신의 권력, 평판, 혹은 지위를 직간접적으로 드러내 보이는 경향.
- 남들로부터 인정받기를 좋아함.
- 다양한 억양과 제스처를 사용함(감정 중심적).
- 감정을 표현하는 수사를 종종 사용함(예: 엄청, 진짜, 상당히, 굉장히, 아주 등).

(4)-2. 핵심 응대 스킬

- WHO에 대한 대답을 선호함(주변인의 반응을 중요하게 여김).
- 긍정적이며 활기찬 상담 분위기를 조성함.
- 고객이 불만이나 반론을 제시할 때는 고객의 말에 최대한 공감(말과

행동)한 후 이에 대한 해결책을 제시함.

· 질문이 필요할 때는 우선 고객의 의견과 생각에 대해 먼저 질문하며 이후 고객의 대답에 적극적으로 공감한 후 질문을 이어 나감.

· 고객의 의견이나 제안 등이 있을 때, 이 자체가 맞다 틀리다를 판단하는 듯한 행동을 피하며 고객을 우선 인정하는 모습을 보임.

· 공감, 칭찬, 감사 인사를 자주 사용함.

· 다른 사람들의 의견, 시선, 반응, 이목 등을 적절히 활용함.

· 지나치게 세부사항의 언급은 피하며, 핵심 주제와 이에 관한 결과나 장점을 제3자가 경험하는 관점에서 전달하면 좋음.

· 영업직원과 지속적인 관계 유지를 강조함(기존고객과의 긍정적인 경험담의 공유).

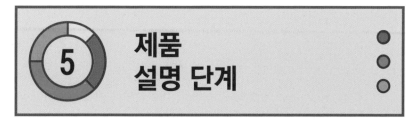

5 제품
설명 단계

1) 제품과 상품의 개념

일상생활 속에서 많이 헷갈릴 수 있는 용어인 제품(Product)과 상품 (Merchandise)의 차이점에 대해 우선 간략히 알아보자.

경영학에서 구분하고 있는 기준으로, 제품은 개인이나 기업이 생산하 여 일반 소비자가 아닌 도매업자에게 판매하기 위한 목적의 물건이며, 상 품은 개인이나 기업이 생산 또는 구매하여 일반 소비자에게 판매하기 위한 목적의 물건을 말한다.

예를 들어, 중고차업체가 중고차를 구매하여 이를 일반 소비자에게 최 대한 높은 가격으로 판매하기 위해 광택을 내고 필요한 부분을 수리하는 작업 등을 '제품화'가 아닌 '상품화'한다는 표현을 사용한다. 또한, 고객에 게 금융상담 시 용어 사용과 관련하여, 금융제품이 아닌 금융상품이란 용어를 사용하는 것이 맞다. 왜냐하면, 금융상품은 금융회사에서 금리, 납입기간과 조건, 다양한 추가 혜택 등의 조합을 통해 고객에게 직접 판매할 목적으로 만들어 낸 하나의 상품으로 볼 수 있기 때문이다.

금융상품이란 용어와 같이 자동차 또한 일반 소비자에게 판매하기 위한 물건이기 때문에 상품이란 용어를 사용하는 것이 맞긴 하지만, 원재료회사 → 제작회사 → 유통회사 → 판매회사와 같은 복잡한 과정을 거친다는 의미에서 자동차는 제품이란 용어를 사용하는 경우가 더 많다.

2) 제품의 분류 – 유형의 제품 vs 무형의 제품

(1) 유형의 제품

유형의 제품이란 눈으로 볼 수 있고, 손으로도 만질 수 있는 말 그대로 형태가 있는 제품을 말한다. 한 마디로 우리가 일상생활 속에서 사용하는 일반적인 제품이며, 자동차 영업에서는 자동차가 대표적인 유형의 제품이다.

하지만 유형의 제품을 자동차 하나로만 인식해서는 안 된다. 고객의 눈에 보이는 모든 것이 유형의 제품이며, 이는 고객 응대 측면에서 자동차만큼이나 매우 중요한 것들이다.

영업 현장에서 생각해 볼 수 있는 유형의 제품 대표적인 세 가지는, 첫째, 자동차, 둘째, 건물과 시설 그리고 이에 대한 청결함과 깔끔함, 셋째, 전시장에서 근무하고 있는 모든 인력과 관련하여, 특히 영업직원의 용모와 복장 그리고 행동이다.

고객은 브랜드를 만나는 모든 순간의 경험을 종합하여 해당 브랜드에 대한 전체적인 이미지를 형성한다. 이는 고객의 구매 결정에 지대한 영향을 미칠 뿐만 아니라 고객의 머릿속에 쉽게 변하지 않는 생각의 꾸러미인 인식으로 굳어져 현재의 구매뿐만 아니라 향후 재구매 그리고 주변인을 소개해 주는 행위에도 영향을 미치게 된다.

따라서 꾸준한 세일즈 성과의 창출을 위해 유형의 제품 관리가 중요하다. 우선, 자동차라는 제품을 중심으로 이를 고객에게 잘 설명하고 응대하는 것을 기본으로 하되, 환경적인 측면에 대한 관리와 나 자신의 경쟁력을 갖추는 것 또한 매우 중요하다는 것을 반드시 기억하자.

(2) 무형의 제품

무형의 제품은 말 그대로 눈에 보이지 않는 제품을 말한다. 대표적인 예로 보험을 들 수 있다. 보험에 처음 가입할 때 고객은 단순히 보험 설계사의 설명만을 듣거나 혹은 그 규정만을 읽어 보고 구매하는 경우가 대부분이다. 가입을 마치고 집에 돌아오면 고객 손에는 보험증권 외에는 아무것도 없다. 이것이 대표적인 무형의 제품이 갖는 특징 중 하나이다.

자동차 영업에서는 무형의 제품으로 크게 두 가지가 있다.

첫째, 고객 응대와 관련된 영업직원의 전체적인 마인드와 태도이다. 마인드와 태도라는 것이 결국 영업직원의 행동으로 보여지는 것이기 때문에 이것을 유형의 제품이라 볼 수도 있다. 하지만 이는 눈에 보이지 않는 자신의 생각이 행동으로 연결되어 표출되는 것이므로 이를 무형의 제품이라 보는 것이 맞다.

둘째, 자동차 영업에서 가장 중요한 무형의 제품은 바로 금융(Financing)이다. 금융의 의미와 종류 그리고 이에 대한 세일즈 토크는 뒤의 금융설명 부분에서 자세히 알아볼 것이지만, 그 전에 금융설명과 관련한 매우 중요한 사항 하나만 미리 언급하면 다음과 같다.

사람은 대체로 눈에 보이는 것만을 믿는 경향이 있으며, 현재 자신의 눈에 보이지 않는 것에 대해서는 당장 큰 감흥이나 확신을 하지 못하는 경우가 많다. 따라서 무형의 제품을 잘 전달하는 방법의 하나는 무형의 제품을 최대한 눈에 보일 수 있게 유형화시키는 것이다.

그렇다면 대표적인 무형의 제품인 금융을 유형화시키는 방법은 무엇일까? 바로 금융설명 시 고객에게 제시하는 자료인 견적서나 금융상품 카탈로그 등을 잘 활용하는 것이다. 하지만 이는 영업직원이라면 누구나 의례 하는 방법이다. 남들과 차별화된 영업 상담이 되기 위해서는 추가로 금융과 관련된 혜택과 과정 등에 관한 나만의 핵심 요약 페이지를 만들어 금융상담 시 이를 적극 활용해야 한다. 즉, 고객에게 앞으로 일어날 금융 관련 일들을 더욱 쉽게 이해하고 정리할 수 있게 해 주어, 결국 금융제품 선택에 대해 고객이 마음속으로 확신을 갖게 해 주어야 한다. 이것이 무형을 최대한 유형화시킴으로써 기대할 수 있는 차별화된 금융설명 경쟁력의 핵심이다.

3) 사전에 숙지하고 있어야 할 자동차 설명 지식과 스킬

(1) 효과적인 제품 설명을 위한 사전지식 네 가지

유형의 제품 중 가장 대표적인 자동차 설명을 위해 갖추어야 할 Knowledge 항목에는 어떤 것들이 있는지 알아보자. 참고로, 다음 사항은 영업을 하는 모든 기간 꾸준히 익히며, 최신 정보나 기술이 있는 경우 이를 지속해서 업데이트하여 자신의 지식수준을 항상 최신으로 유지해야 한다.

① 자동차의 기본적인 공학 지식(Basic Automotive Knowledge)

영업이라는 일이 자동차를 연구개발 또는 수리하는 직업은 아니므로 자동차 공학 지식에 대해 사실 너무 깊은 부분까지 알 필요는 없다.

하지만 고객에게 자사 또는 경쟁사 제품에 대한 지식과 이에 대한 장단점을 잘 전달하기 위해서는 영업에 필요한 범위 안에서만큼은 기본적인 공학 지식은 반드시 숙지하고 있어야 한다. 이 부분에 관해서는 본 책자의 Automotive Knowledge 부분의 내용 정도만이라도 정확히 이해하여 이를 100% 내 것으로 만들 수 있도록 하자.

참고로, 자동차 기술을 매우 깊이 있게 알고 있는 자동차 공학도 출신자나 정비사들이 영업직원이 되었을 때 기대했던 것보다 판매 실적이 좋지 못했던 사례가 꽤 많다. 그 이유를 분석해 본 결과 일이라는 것을 하다 보면 뭐든지 모르는 것보다는 아는 것이 도움되지만, 고객에게 제품 지식 자체에만 너무 집중한 나머지 혜택(Benefit) 위주의 전달이 다소 부족했기 때문이었다.

따라서 반드시 알고 있어야 할 것은 정확히 알고 있되, 이러한 지식을 바탕으로 제품을 고객의 혜택과 연결해 설명할 수 있어야 한다. 이것이 바로 제품 설명의 핵심 역량 중 하나인 제품 지식을 기반으로 한 설명 스킬인 것이다.

② 자사 자동차의 제품 지식(My Product Knowledge)

내가 판매하는 자동차에 대해 정확히 알고 있어야 한다는 것은 기본이다. 하지만 단순히 잘 아는 것을 넘어, 차종별, 보디 타입별, 크기별, 가격별, 용도별 이렇게 다섯 가지 기준에 따른 핵심 정보(예: 핵심 제원과 옵션), 주요 하이라이트 Top 10(키 셀링 포인트와 이에 대한 스토리텔링), 장점과 혜택들 그리고 특별히 강조할 만한(예: 색상, 스페셜 에디션, 특별한 금융 조건, 추가 서비스 항목 등) 사항들에 대해 정리하고 있어야 한다.

자동차 전시장에 현재 판매하고 있는 차량을 간략히 정리해 놓은 (책자 혹은 스크랩 형식으로) 제품 소개서가 있을 것이다. 하지만 이것은 누구나 활용할 수 있는 단순 보조 자료일 뿐이며, 위에 제시한 다섯 가지 기준에 맞는 사항들을 나 자신만의 자료로 만들어 이를 어프로치북에 준비하고 있어야 한다.

추가 준비 사항으로, 실제 고객 상담 시 고객이 빈번히 물어보는 대표적인 질문인 "A 모델과 B 모델은 뭐가 달라요?"에 대한 설명 자료이다. 즉, 자사의 차량 간 그리고 자사와 타사를 비교해 놓은 차종별 차이점과 각각의 특장점에 대해서도 간략히 정리해 두어야 한다. 고객이 할 수 있는 예상 가능한 질문을 알 때 이를 사전에 준비하는 것은 당연한 일이기 때문이다.

③ 경쟁사 자동차의 제품 지식(Competitors' Knowledge)

우선, 자사의 제품과 경쟁이 되는 브랜드와 세부 모델은 무엇인지부터 명확히 해야 한다. 경쟁 브랜드의 경우, 단순히 수입차는 수입차끼리 또는 국산차는 국산차끼리와 같은 단순 비교는 안 된다. 시장의 반응 즉, 고객이 선택할 수 있는 선택 대안 위주로 그리고 시시각각으로 변할 수 있는 시장 상황에 따라 경쟁 브랜드의 범위를 설정해야 한다.

경쟁 브랜드와 세부 모델이 설정된 경우, 이에 대한 주요 핵심 정보를 미리 숙지하고 있어야 하며 이 또한 추가로 어프로치북에 스크랩하고 있어야 한다. 스크랩 시 대표적인 준비 항목 열 가지는, 너무 자세하지는 않게 핵심 내용 위주로 1) 브랜드, 2) 세부 모델, 3) 제원 비교, 4) 옵션 비교, 5) 디자인 비교, 6) 안전사양 비교, 7) 실생활에 중심을 둔 편의사양 비교, 8)

경제성(효율성) 비교, 9) 가격 비교, 10) 기타 특별한 항목 비교이다. 경쟁사 비교 시 이 열 가지 항목은 고객이 직접 물어보거나 궁금해하는 전부임을 참고하자.

④ 금융 지식(Finance Knowledge)

영업을 처음 시작하는 사람이 가장 어렵게 느끼는 것 중 하나가 바로 금융 관련 지식이며, 경력직의 경우 새롭게 출시되는 각종 금융상품이나 종종 변경되는 세법 등으로 간혹 혼동을 일으키기도 한다.

자동차를 산다는 의미는 자동차 그 자체와 동시에 바로 금융을 이용한 다는 것이다. 현금 구매의 경우는 예외지만, 고객 측면에서 보면 '자동차 → 금융'이란 흐름으로 구매가 이루어지기 때문에 금융은 자동차와 동등한 중요 항목이라 볼 수 있다.

금융과 관련하여 사전에 정확히 알고 있어야 지식 네 가지는 1) 금융 관련 용어의 정확한 명칭과 개념(예: 금융, 리스, 이자, 리스크, 보증금, 선납금, 잔존가치, 유예, 경비 처리 등), 2) 자동차를 구매하는 방법(현금, 할부, 운용리스, 금융리스, 렌트, 잔가 보장형 및 기타 파생 상품), 3) 경비 처리 관련 사항, 4) 세금 관련 사항 및 기타 부가 정보이다.

위 금융 지식 내용은 Finance Knowledge 설명 부분을 참고하여 익힐 수 있도록 하자.

(2) 효과적인 제품 설명을 위한 기본 스킬 세 가지

반드시 알고 있어야 할 지식을 익혔다면, 그다음으로 마치 습관처럼 몸에 배 있어야 하는 부분으로 바로 스킬(Skill)이 있다. 스킬이라는 것은 내가 알고 있는 지식에 대한 활용 능력을 의미한다. 참고로, 스킬은 지식과는 다르게 한 번 정확히 익히고 나면 오랜 시간 동안 사용할 수 있는 것으로, 머리로 생각하는 것이 아닌 어떤 상황에서도 같은 행동을 반복할 수 있는 몸이 기억하는 기술이다.

지식에 기초하지 않은 상태에서 스킬에만 너무 집중하다 보면, 이는 자칫 요령으로 변질할 수 있으니 지식과 스킬의 조화가 매우 중요하다는 것을 잊으면 안 된다.

그럼, 효율적인 제품 설명을 위해 필수 요소가 되는 대표적인 세 가지 스킬에는 무엇이 있는지 알아보자.

① 자동차 디자인 설명 방법(Design Presentation)

자동차 디자인은 사람과 비교하면 외모와 같은 부분이다. 외모는 상대방에게 호감을 주는 출발점임과 동시에 서로 간 관계 유지에 매우 중요한 역할을 한다. 자동차 디자인은 바로 이러한 역할을 한다.

모든 사람은 자신만의 취향이란 것이 있어서 같은 사람을 보더라도 서로 다른 느낌을 가질 것이다. 따라서 모든 사람을 만족시킬 수 있는 디자인을 기대하는 것은 불가능하다 할 수 있다. 그만큼 자동차를 디자인하는 일 자체는 상당한 노력이 요구되며 또한 매우 어려운 일이다. 여기에 더해, 이러한 디자인을 여러 사람에게 설명하는 것은 더욱 힘든 일이 될 것이다.

'훌륭한 디자인은 오랜 시간 변치 않는 가치가 있다'는 디자인 기본원칙이 있다. 이 말은, 훌륭한 디자인은 고객에게 단순히 감성적인 만족을 뛰어넘어 기능적인 장점 또한 전달함으로써 오랜 시간이 지나더라도 변치 않는 만족과 즐거움을 준다는 의미이다.

따라서 고객에게 디자인이 주는 만족도와 즐거움의 가치를 전달하기 위해서는 효과적인 디자인 설명 방법의 숙지와 함께, 고객별 그리고 상황적 특성에 맞게 디자인의 장점을 감성적이며 동시에 기능적으로 전달할 수 있는 능력을 갖추고 있어야 한다.

② 6 Point Presentation

"형식이 내용을 지배한다"란 말이 있다. 이는 내가 알고 있는 지식(내용)을 어떠한 형식과 패턴으로 풀어 나가는지에 따라 그 결과가 달라질 수 있다는 뜻이다. 따라서 고객의 구매 욕구를 넘어 소유 자체의 욕구를 자극하기 위해서는 효과적인 형식에 기초한 제품 설명이 필요하다.

일반적으로 사람들은 외모 중에서 얼굴을 먼저 보고 상대방에 대한 호감 여부를 갖기 시작하며, 이것이 상호 간 인간관계가 시작되는 동기가 되는 경우가 많다. 그만큼 외모 중에서도 얼굴이 차지하는 중요도가 높다는 의미이다. 자동차의 외모 중에도 얼굴이 있다. 바로 전면부다. 따라서 자동차 디자인은 얼굴 역할을 하는 전면부를 시작으로 각각의 단계를 거쳐 마지막으로 사람으로 치면 됨됨이라 할 수 있는 엔진룸까지, 총 여섯 가지 단계(6 Point)에 맞게 설명해야 한다. (전면부 → 측면부 → 후면부 → 트렁크 → 승객석 (운전석 or 뒷좌석) → 엔진룸 순)

하지만 전시장을 방문한 고객에게 6 Point에 맞추어 설명하는 것은 시간관계상 현실적으로 불가능할 수 있으므로, 실전에서는 자동차 설명을 6 Point에 기초로 한 상태에서 임팩트 있게 3~5분 안에 끝낼 수 있는 능수능란함을 갖추어야 한다. 이를 위한 유일한 방법은 자동차를 6 Point 관점에서 완벽하게 설명할 수 있는 능력을 갖추는 것이다. 완벽한 준비만이 그때그때 필요한 만큼의 실력을 선택적으로 조합하여 발휘할 수 있기 때문이다.

위 방법에 대해서는 본 책자의 6 Point Presentation 부분을 참고하여, 이에 대한 지속적인 연습으로 어떠한 자동차를 대하건 효과적이고 효율적인 제품 설명이 될 수 있도록 해야 할 것이다.

③ 기타 제품 설명 스킬

디자인 설명 방법과 6 Point Presentation 방법에 대해 완벽히 숙지했다면, 추가로 이를 극대화할 수 있는 다양한 언어적 그리고 행동적 측면의 고객 응대 핵심 스킬을 익힐 필요가 있다.

이 방법들에 대해서도 본 책자의 제품 설명 스킬 부분에 있는 다양한 개념과 실전 응대 멘트를 통해 익힐 수 있도록 하자.

4) 실전편 – 자동차 설명 핵심 지식 및 스킬

앞에서 소개한 지식과 스킬 중 금융 지식, 자동차 디자인 설명 방법, 6 Point Presentation 그리고 기타 제품 설명 스킬에 대해 먼저 구체적으로 알아보고, 나머지 자동차의 기본적인 공학 지식 부분은 본 책자의 별도 챕터에서 더욱 자세히 알아보도록 하자.

(1) 금융 지식

고객이 자동차를 구매할 때 현금을 제외한 모든 경우는 금융을 사용하게 된다. 그만큼 금융은 자동차 영업에서 매우 중요한 필수 제품이다. 따라서 영업직원은 이와 같은 금융 지식에 대해 정확하게 알고 있어야 하는 것은 당연하며, 이러한 지식을 활용하여 고객 응대 시 다양한 종류의 금융상품을 간략히 소개하고, 고객의 상황과 요구에 맞는 상품을 제안하여 고객이 더욱 빠르고 편하게 자동차를 구매할 수 있도록 도와주어야 한다.

그렇다면 금융 지식은 어느 정도 깊게 알고 있어야 할까? 자동차 공학 지식 부분에서 언급한 바와 같이, 금융 지식 또한 영업에 필요한 범위 내에서 핵심적인 내용만 잘 숙지하고 있으면 된다. 왜냐하면, 영업직원은 자동차를 고객에게 판매하는 일을 하는 것이지 전문적인 세무사의 역할을 하는 것은 아니기 때문이다. 더욱이 거의 모든 사업자 고객들은 세무 일을 전문적으로 도와주는 세무사의 힘을 빌려 전문 세무 상담을 받을 수 있기 때문이기도 하다. 하지만 고객이 아무리 훌륭한 세무사의 도움을 받는다 할지라도 그 세무사가 자동차 금융만을 전문으로 하는 사람은 아니기 때문에 자동차에 특화된 금융 관련 사항은 영업직원이 책임지고 잘 설명할 수 있어야 한다.

금융과 관련된 영업직원의 역할 두 가지는, 첫째, 고객이 자동차를 구매하면서 더욱 편하고 쉽게 금융과 금융상품에 대해 이해하고 계약까지 할 수 있도록 도와주는 것이며, 둘째, 고객이 더욱 전문적인 금융과 이에 따른 세무 상담이 필요한 경우 세무사에게 상담받아야 할 항목과 개념 그리고 그 이유에 대해 간략히 알려 주는 범위에서 조언해 주는 것이다.

● 금융과 관련한 핵심 용어의 이해
① 금융(Financing) – 자금(돈)을 빌리는 것
금융이란 '(자)금의 융(통)'의 줄임말이며, 말 그대로 자금을 빌린다는 뜻이다. 이는 개인이나 기업이 자금(돈)이 필요한 경우 금융회사로부터 일정 기간(계약 기간) 일정 금액의 돈(원금)과 이에 대한 사용료(이자)를 지급한다는 신용(믿는) 조건으로 돈을 빌리는(대출) 것을 말한다.

돈이 필요한 사람(혹은 기업)은 자신이 필요한 만큼 돈을 빌려 필요한 물건을 사거나 투자를 하여 원하는 것을 얻게 되고, 반대로 돈을 빌려준 사람

(혹은 금융회사)은 이를 통해 이자라는 이익을 얻게 되는 것이 금융 발생 과정이다. 이처럼 금융은 상호 간에 원하는 것을 교환하게 함으로써 경제를 순환시키는 역할을 한다.

② 이자(Interest) – 빌린 돈에 대한 사용료

이자라는 것은 돈을 빌려준 사람(혹은 금융회사)에게 지불하는 금액이며, 이는 빌린 원금에 대해 일정 비율로 계산된 금액이다. 남에게 뭐든지 빌리게 되면 고맙다는 인사를 하든지 아니면 조그만 선물로 감사 표시를 해야 하는 것은 당연하다. 이처럼 이자라는 것 또한 빌린 것에 대한 보상의 목적으로 지불하는 사용료라는 의미로 생각해 볼 수 있다.

참고로, 돈을 빌려주는 사람(혹은 금융회사)에 따라 자신이 빌려준 돈에 대한 사용료를 다르게 원할 수 있다. 즉, 빌려준 돈(원금)에 대한 사용료의 비율(이자율)이 다를 수 있다는 의미이며, 금융회사나 금융상품별로 이자율이 조금씩 다른 경우가 바로 그 예이다. 이럴 경우, 어떤 금융상품을 선택할지는 소비자의 몫이며, 사실 단순히 이자율 하나만 보기보다는 해당 금융을 씀으로써 얻을 수 있는 추가 혜택과 장점이 무엇인지를 전체적인 관점에서 꼼꼼히 다져 볼 필요가 있다.

③ 리스(Lease) – 임대하여 사용한다는 의미

리스의 뜻은 돈을 받고 다른 사람에게 자신의 자산(Asset)을 빌려주는 것이며, 이를 다른 말로 임대라 한다.

참고로, 리스(Lease)와 유사한 의미로 렌트(Rent)란 용어가 있다. 이 둘은 임대라는 측면에서 비슷하기는 하나, 구체적인 의미, 임대 기간, 소유권 차원에서 약간의 차이가 있다.

첫째, 우선 두 단어의 뜻을 비교해 보면, 리스는 빌려주다/임대, 렌트는 빌린다/대여를 의미한다.

둘째, 리스의 임대 기간이 장기간이라면, 렌트는 리스보다는 다소 짧은 단기간의 성격을 가진다(통상 12개월을 기준으로 함).

셋째, 리스와 관련하여 리스 제공자는 자신의 자산(기계, 건물, 자동차 등 등)을 리스 사용자에게 일정 기간 계약을 통해 임대하고, 리스 사용자는 임대한 자산을 해당 기간 동안 자신이 관리(유지, 보수 등)하여 사용한다. 그리고 계약 기간이 끝난 후 두 당사자가 합의하면 리스 사용자는 자신이 사용했던 물건의 잔존가치 금액을 지급하고 임대해서 사용했던 물건을 자신(리스 이용자)이 소유하는 것 또한 가능하다. 이에 반해, 렌트는 어떠한 물건의 소유자(혹은 렌트회사)로부터 일정 기간 이를 빌려서 사용하고 사용이 끝나면 다시 반납하는 것이며, 물건을 빌린 사람은 단순히 빌려서 사용만 했기 때문에 자신의 소유라는 개념이 없어 사용 중 필요한 유지와 보수 등은 빌려준 사람(물건의 소유자)이 책임지고 해 주게 된다. 단, 빌려준 사람이 유지/보수를 책임지고 해야 하는 부분에 대해서는 예외조항이 있을 수 있다.

자동차에서 리스구매는 크게 운용리스와 금융리스 2개로 나뉜다. 운용리스는 개인이 금융회사로부터 차를 임대하여 사용하는 것이지만, 금융리스는 금융회사로부터 차가 아니라 자금(돈)을 빌려 차를 구매한 후 이를 이용하는 개념이다. 즉, 물건(자동차)이냐 아니면 자금(돈)이냐가 핵심적인 개념 차이가 된다. 뒤에서 구체적으로 다루겠지만, 따라서 운용리스는 렌트의 성격을 어느 정도 가지고 있으나, 금융리스는 렌트가 아닌 할부 구매의 개념을 내포하고 있다.

④ 리스크(Risk), 선납금, 보증금 - 채무변제 불이행과 이에 대한 안전장치

내가 만약 누군가에게 돈을 빌려준다면 나에게는 어떠한 리스크가 발생하게 될까? 돈을 빌려 간 사람이 나중에 이를 갚지 않으면 어쩌나 하는 걱정이 바로 그것이며, 금융거래에서는 이를 리스크(위험)라 한다. 좀 더 전문적인 의미로, 이는 돈을 빌려 간 상대방이 돈을 갚지 못하는 것에 대한 위험 즉, '채무변제 불이행'에 대한 리스크를 말한다.

금융에서 이러한 리스크를 완전히 없애기 위해서는 돈을 아예 빌려주지 않는 방법밖에 없기 때문에 돈을 빌려주는 사람 입장에서는 리스크에 대한 부담은 항상 존재한다. 그럼에도 이러한 리스크를 어느 정도 줄이는 방법은 있다. 선납금과 보증금이 바로 그것이며, 이 둘은 일정 부분이긴 하지만 리스크에 대한 안전장치 개념으로 볼 수 있다.

선납금이란 계약 기간에 내야 할 전체 금액 중 일부분을 미리 지불하고 시작하는 금액을 말한다. 선납금은 물건값의 일부를 이미 낸 것이기 때문에 계약 종료 후 이 돈은 돌려받지 못한다. 따라서 단순히 월 납입금 자체를 줄이고 싶다면 선납금이 유리할 수 있다.

보증금이란 빌린 돈을 계약 기간 잘 갚겠다고 하는 하나의 약속과 같은 것으로 쉽게 예치금 또는 담보금으로 볼 수 있다. 따라서 계약 종료 후 이 돈은 다시 돌려받을 수 있으며 또는 향후 물건의 가치인 중고차 금액에서 이미 냈던 보증금만큼을 빼고(상계하고) 내가 소유하는 것도 가능하다. 주택 전세보증금과 개념상 똑같다고 보면 된다.

⑤ 잔존가치(Resale Value, Residual Value) - 보장된 중고차 금액(가치)

줄여서 '잔가'라고도 불리는 잔존가치란, 말 그대로 남아 있는 가치란 의미이며 향후 중고차 금액을 말한다. 매매 계약서상에 통상 %로 표시되는 잔존가치는 계약 만료 후에 금융회사가 보장하는 추후 인수가격을 명시해 놓은 것으로 보면 된다.

예를 들어, 보증금 30%/36개월납/잔존가치 30%라고 되어 있는 운용리스의 경우, 계약 종료 후 이미 지급한 30%의 돈을 돌려받고 차를 반납하든지 아니면 보증금을 돌려받지 않는 대신 이 돈을 차량의 잔존가치와 상계시켜 금융회사에 추가로 내는 돈 없이 바로 타던 차량을 인수(소유)하는 것이 가능하다.

⑥ 원리금균등상환 방식 – 계약 기간 만료 때까지 매달 똑같은 금액으로 대출을 갚아 나가는 방식

원리금이란 원금과 이자의 줄임말이며, 균등이란 똑같이 나눈다 그리고 상환이란 갚는다는 뜻이다. 따라서 원리금균등상황 방식이란 계약 기간 갚아야 할 원금과 이자의 전체 합산 금액을 계약 기간(월)으로 나눈 다음 이를 매달 지불함으로써 대출을 갚아 나가는(상환하는) 방식을 말한다.

참고로, 주택을 구매하기 위해 은행에서 대출을 받아 이를 상환하는 방법으로 세 가지 방식이 주로 사용된다. 첫째, 앞에서 설명한 원리금균등상환 방식, 둘째, 대출 원금만을 계약 월 수로 나누어 계산한 금액에 매달 상환해 가면서 줄어드는 원금에 대한 이자를 합쳐 월 상환금액으로 내는 원금균등상환 방식, 셋째, 대출 원금에 대한 이자만 매달 내고 만기일에 원금을 일시에 상환하는 만기일시상환 방식이 바로 그것이다.

자동차 금융에서는 법상 원리금균등상환 방식만을 사용하고 있다는 점을 참고하도록 하자. 각각의 상환 방식에 따라 장단점들이 있긴 하지만, 원리금균등상환 방식의 가장 큰 장점은 매달 내는 월 불입금이 같으며 또한 만기일에도 추가 부담이라는 것이 없어 계획적인 금융이 가능하다는 것이다.

⑦ 신용도, 자산, 부채

신용도는 금융기관이 개인(혹은 회사)에게 대출이 가능한지, 그리고 만약 가능하다면 얼마의 대출이 가능한지에 대한 판단 기준이 되는 것이다. 만약 A라는 사람이 상당히 많은 재산이 있고 빚 또한 없다면 누구든 그 사람에게 큰 위험부담 없이 돈을 빌려줄 수 있을 것이다. 반면에, B라는 사람은 재산도 별로 없고 빚 또한 많다면 이 사람에게는 누구라도 선뜻 돈을 빌려주기가 쉽진 않을 것이다. 바로 이러한 기준을 판단해 볼 수 있는 것이 신용도의 기본 개념이다.

어느 한 개인(혹은 회사)의 신용도를 평가하기 위해 다양한 지표들이 사용되고 있는데, 이것들을 종합해 놓은 것이 바로 빚과 같은 의미인 부채이다. 따라서 개인(혹은 회사)의 부채 비율이 증가하게 되면 그만큼 신용도와 대출 한도에 부정적인 영향이 미치게 된다.

자동차에서 금융을 쓴다는 것은 대출을 받는다는 의미이다. 따라서 개인의 부채 비율이 높으면 신용도가 떨어지기 때문에 추가 대출을 받기가 쉽지 않게 된다. 이 때문에 자동차 구매를 위한 금융(대출) 승인이 부결되는 경우가 그 예이다.

참고로, 기초 금융상식으로 자산, 자본, 부채에 대한 개념과 그 관계에 대해 알아보자.

"A라는 사람의 자산 상태가 별로 좋지 않다"란 말을 들어 본 적이 있을 것이다. 여기서 핵심 단어는 '자산'이다. 그럼 자산이라는 것은 무엇일까? 자산은 내가 순수히 가지고 있는 돈(자본)인지 아니면 남에게 빌려서 가지고 있는 돈(부채)인지 그 종류와 관계없이, 내가 가지고 있는 모든 돈의 총합을 말한다. 예를 들어, 개인이나 회사가 사업을 하기 위해서는 우선 돈이라는 것이 필요할 것이다. 이때 내가 가진 돈(자본)이 부족하다면 분명히 남의 돈(부채)을 빌려야 할 것이다. 즉, 내가 가진 돈을 자본 그리고 내가 빌린 돈을 부채라 하며, 이 둘을 합친 것을 자산이라 한다(자산 = 자본 + 부채).

또 다른 예로, A와 B라는 사람 모두 사업 확장을 위해 추가로 많은 돈이 필요하며, A와 B의 현재 자산이 같다고 해 보자. 하지만 A가 B보다 부채가 많은 상황이며, A와 B 둘 다 나에게 돈을 빌리고 싶어 한다. 나는 과연 누구에게 돈을 빌려줄 수 있을까? A와 B 이 둘의 자산은 같지만, A는 B 대비 빚(부채)이 많고 자본은 적기 때문에, 아마도 재무상 좀 더 건전한 B에게 돈을 빌려줄 수 있을 것이다.

예를 하나 더 들어 보자. A라는 사람이 현재 가진 돈이 1억이고(자본), 은행에서 1억을 대출받아(부채) 집을 샀을 때 A의 자산은 2억이 된다. B라는 사람은 현재 가진 돈이 1억 5천이고(자본) 은행에서 5천을 대출받아(부채) 집을 샀을 때 B의 자산 또한 2억이다. 결국, 이 두 사람의 자산은 총 2억으로 같다. 하지만 둘 중에 자산 상태가 좀 더 좋은 사람은 누구이며, 나는 만약 둘 중 한 명에게만 돈을 빌려준다면 누구에게 돈을 빌려줄 수 있을까? 바로 B라는 사람일 것이다.

위 예들을 통해 자산, 자본, 부채의 개념과 서로 간의 관계에 대해 쉽게 이해할 수 있을 것이다.

부채의 비율을 줄일 수 있다면 신용도에 미치는 영향 또한 줄일 수 있어 (추가 대출을 받아) 또 다른 투자가 가능할 것이다. 따라서 고객과 금융상담 시 금융상품의 종류와 계약 주체(개인 혹은 회사)에 따라 부채의 책정 여부에 대해서도 추가로 설명해야 한다.

● 자동차를 구매하는 방법

① 현금 구매

말 그대로 자동차 가격 전체를 한 번에 현금으로 지급하여 구매하는 방법이다. 이 경우 어떠한 대출도 받지 않고 차를 구매했기 때문에 이자라는 것이 발생하지 않아 자동차를 구매하는 모든 방법 중 가장 차를 싸게 하는 방법이다.

② 할부 구매

할부란 물건을 먼저 받고 이 물건값을 계약 기간에 나누어 갚아 나가는 구매 방식을 말한다. 예를 들어, 물건을 살 때 신용카드를 이용해 3개월 할부로 결제하는 것과 같은 개념이다.

현금과 할부의 공통점은 구매 시점부터 그 소유권이 구매 당사자 고객(개인 혹은 회사)에게 있다는 것이다. 하지만 할부는 현금과 달리 금융회사가 고객과 자동차 판매회사 중간에서 고객에게 대출을 해준 것이므로 금융의 성격을 가진다. 따라서 할부 구매는 고객에게 부채로 잡혀 신용도에 영향을 주게 되며, 만약 또 다른 추가 대출을 받게 될 경우 총대출 한도는 기존 부채만큼 줄어들게 된다.

요약하면, 할부 구매는 고객이 대출받은 원금과 이에 대한 이자의 총금액을 계약 월수로 나누어 매달 금융회사에 대출을 갚아 나가는 방식이며, 자동차 소유권은 할부 계약 시점부터 고객(개인 혹은 회사)에 있고, 금융회사로부터 대출을 받아 자동차를 구매했기 때문에 신용도에 영향을 준다.

③ 리스구매

리스가 '임대한다'라는 의미인 것처럼, 리스구매는 기본적으로 내 소유가 아닌 타인(금융회사 즉, 리스회사) 소유의 차량을 임대해서 사용하는 것이다. 리스의 종류는 크게 운용리스와 금융리스 두 가지가 있는데, 리스의 종류에 따라 그 성격과 처리 방식 그리고 소유권 등 여러 차이점이 있다.

③-1 운용리스(Operating Lease)

운용리스란 자동차를 개인적인 용도나 업무(사업)상의 용도로 운용(Operating)하기 위해 리스사로부터 차량을 임대하여 사용하는 방식의 구매 방법이며, 바꿔 말하면 금융회사가 차를 구매하여 고객에게 이를 임대하는 성격을 가진 리스의 한 종류이다. 일반적으로 리스라 하면 대부분 운용리스와 같은 의미라 해도 무방할 정도로 많이 사용하는 리스구매 방식 중 하나이다.

운용리스는 보증금 납부금액과 상관없이 차량 금액에서 잔존가치 금액을 제외한 금액이 차량의 전체 사용료가 되며, 이는 금융회사로부터 빌려 타는 차량에 대한 사용료로 생각하면 된다. 하지만 운용리스가 빌려 탄다는 임대의 성격이 있기는 하나, 할부와 마찬가지로 금융상품이기 때문에 사용자 개인에게는 결국 (리스)부채로 잡힌다. 여기서 운용리스와 할부의 차이점으로, 할부는 개인과 회사에 모두 부채로 잡히나 운용리스는 개인에게만 부채로 잡힐 뿐 회사에는 부채로 잡히지 않는 장점이 있다. 단, 상장회사나 금융회사가 운용리스를 사용하게 되면 회사에도 부채로 잡힌다는 것을 참고하자.

운용리스 계약 만료 시 선택할 수 있는 옵션으로, 첫째, 보증금을 돌려받고 자신이 타던 차량을 반납, 둘째, 최초 계약 시 보증금과 잔존가치를 동일하게(통상 30%) 맞춘 경우 계약 만료 시 리스회사에 추가 금액 납부 없이 타던 차량을 내 소유로 인수, 셋째, 최초 계약 시 잔존가치 금액보다 보증금을 적게 내고 시작한 경우에는 남은 차량 금액(잔존가치-보증금)을 일시불로 완납하고 내 소유로 인수하거나 남은 금액에 대해 계약을 연장하여 사용하는 것이 있다. 이때 계약을 연장한다는 의미는 기존 계약의 연장이 아닌 새로운 리스 계약을 체결한다는 것이며 또한 기존에 운용리스를 사용했더라도 새로운 계약은 금융리스로 해야 함을 기억하자.

참고로, 운용리스는 금융상품에 따라 보증금이 아닌 선납금으로도 진행하는 경우도 더러 있다. 선납금 이용 시 차량 금액의 일부분을 먼저 내고 시작하는 것이기 때문에 총대출 원금이 줄어들게 되어 매달 내는 월 불입금이 작아지는 장점이 있다. 이 경우 계약 종료 후 타던 차량을 인수하는 것이 고객에게 더욱 유리하기 때문에 반납이 아닌 인수를 주로 하게 된다. 운용리스 사용 시 선납금 방식은 모든 운용리스에 적용 가능한 것이 아니므로 금융상품별로 사전에 확인하여 고객 개인의 금융 계획에 따라 진행하면 될 것이다.

③-2 금융리스(Financing Lease)

금융리스는 리스사가 자금을 제공하고, 빌리는 사람은 빌린 자금을 가지고 차를 구매하여 타는 개념의 리스구매 방식을 말한다. 할부와 금융리스는 의미상 같다고 봐도 무방하다. 따라서 계약 초기에 내는 금액이 할부와 마찬가지로 보증금이 아닌 선납금(선수금)이며 선납금을 뺀 나머지 금액을 계약 기간에 상환해 나가는 방식이다. 당연히 타던 차량은 계약 종료 후 인수해야 한다.

할부 구매와 가장 큰 차이점을 꼽자면, 차량의 소유권이 누구에게 있느냐이다. 할부와 금융리스 모두 세무상(실질적) 소유권은 모두 개인(혹은 회사)에게 있지만, 형식상(계약서상) 소유권은 할부는 계약 당시부터 개인(혹은 회사)에게, 금융리스는 리스회사가 가지고 있다. 그리고 금융리스는 계약이 종료되고 나면 형식상 소유권이 리스회사에서 개인(혹은 회사)에게 이전된다. 따라서 금융리스도 개인(혹은 회사)이 실질적인 소유권을 가지고 있다고 하는 것이 맞다. 그래서 금융리스는 운용리스와 달리 계약이 종료되고 나면 할부처럼 반납 옵션이 없으며, 자신이 타던 차량을 무조건 인수(혹은 추가 계약을 통한 연장)해야만 한다.

또한, 운용리스와 할부는 감가상각비 부분만 리스비로 손비처리(비용 처리)가 가능하나, 금융리스는 감가상각비에 더해 경과 이자를 더한 부분까지 손비처리가 가능하다는 특징이 있다.

추가로, 금융리스 또한 운용리스와 마찬가지로 금융상품이기 때문에 리스 부채가 발생하게 되며, 운용리스와는 달리 개인과 회사 모두에게 부채로 잡힌다.

실제로 신차를 구매할 때 '금융리스 대신 어차피 비슷한 개념인 할부를 사용하면 되지 않을까?' 또는 '어차피 리스로 할 바에는 계약 종료 후 다양한 옵션이(반납, 인수, 연장) 있는 운용리스를 사용하지 뭐…'란 생각을 해 볼 수 있다. 하지만 위에서 언급한 바와 같이 금융리스는 세무상 소유권이 개인에게 있긴 하지만, 계약 기간 중 형식상 소유권은 여전히 리스회사에 있으므로 이 기간에 내 소유의 차량 명의를 드러나지 않게 이용할 수 있다는 장점이 있다. 즉, 내 명의라는 것을 숨길 수 있다는 뜻이다. 왜냐하면, 금융리스는 리스회사로부터 자동차를 빌린 것이 아니라 자금을 빌렸기 때문에 이 부분이 가능한 것이다.

신차 판매 현장에서는 금융리스의 비율이 사실 굉장히 낮은 편이며, 그 대신 현금, 할부 그리고 운용리스가 거의 대부분 사용되고 있음을 참고로 알아 두자.

다음으로 금융리스에서 파생된 상품인 잔가 보장형 리스에 대해 알아보도록 하자.

최근 들어 자동차에 대한 인식이 과거와 달리 소유의 대상이 아닌 소비의 대상으로 옮겨가는 경향이 높아짐으로써 많이 이용하는 상품 중 하나가 잔가 보장형 리스상품이다. 리스회사마다 부르는 이름이 다를 수는 있으나, 이는 결국 금융리스의 파생 상품 중 하나이다. 리스회사에서 차량의 잔가를 다소 높게 잡아 줌으로써 첫째, 고객은 낮은 월 납입금으로 차량 이용이 가능하며, 둘째, 향후 중고차 금액 또한 신경 쓸 필요가 없으며, 셋째, 리스회사 입장에서는 계약 종료 시에 고객이 차량을 반납하도록 유도하는 것이 가능하다. 결국, 고객 측면에서는 낮은 월 납입금으로 차량 이용이 가능하며, 자신이 타던 차에 대한 중고차 금액을 걱정할 필요도 없으며 또한 일정 기간마다 새 차를 탈 수 있다는 장점을 누릴 수 있다.

그 원리를 살펴보면, 고객은 우선 리스회사에서 정한 선납금을 지급한다. 그리고 리스회사는 차량의 잔가를 어느 정도 높게 잡는다. 예를 들어, 차량 가격이 1억이고 선납금이 30%(3천만 원), 리스회사에서 보장하는 잔가가 50%(5천만 원)인 상품을 생각해 보자. 고객은 1억에서 8천만 원(선납금 + 잔가)을 뺀 2천만 원에 잔가 5천만 원의 이자 부분만을 더한 총금액을 월 사용료의 명목으로 납입하면 된다. 만약 계약 종료 후 인수를 원한다면 잔가인 5천만 원을 내야 한다. 하지만 이 정도 돈이면 새로운 계약을 통해 다른 신차를 타는 것이 더욱 유리하기 때문에 인수하는 경우는 극히 드물다.

추가로, 잔가 보장형 상품의 장점을 운용리스 계약 종료 후 차량을 인수함으로써 발생하는 비용과 비교해 보면, 운용리스는 월 불입금으로 이미 지불한 총금액에 더해 타던 차량을 내가 계속 소유함으로써 매년 떨어지는 (감가) 중고차 금액과 차량이 노후하여 감에 따라 소요되는 각종 유지 관리

비까지 모두 내 비용이 된다. 따라서 전체적인 총비용 측면에서 보면, 이것저것 신경 쓸 것 없이 계약 종료 후 반납해 버리면 그만인 잔가 보장형 상품의 운용리스 대비 장점이 바로 여기에 있는 것이다.

④ 렌트

보통 렌트카라 하면 여행이나 출장 혹은 특별한 경우에 잠시 빌려 타는 차량이라 생각하는 경우가 많다. 하지만 최근 들어 렌트카 번호판(허, 하, 호)의 차량을 주변에서 심심치 않게 볼 수 있다. 그만큼 렌트카가 많이 늘어났다는 뜻인데, 거기에는 분명히 이유가 있을 것이다.

사업을 하는 사람이라면 돈을 많이 버는 것이 사업의 기본 목적이다. 따라서 사업가들은 늘 다음 두 가지 사항에 대해 많은 관심을 두고 있다. 첫째, 사업의 유지나 확장을 위해 자금 확보 능력을 항상 갖추고 있는 것, 둘째, 벌어들이는 총매출 중 최대한 많은 금액을 비용(경비)으로 인정받아 그만큼 절세효과를 높이는 것이다. 이는 단순히 사업자들만의 관심 사항이 아닌 일반 개인의 경우에도 비록 사용하는 용어만 다를 뿐, 그 의미에서는 마찬가지이다.

렌트카는 할부나 리스와는 달리 100% 임대상품(정확히는 대여상품)이다. 임대란 내 자산과 상관없이 순수하게 남의 물건을 빌린다는 의미이기 때문에, 렌트카는 개인과 회사 모두에게 부채로 잡히지 않아 당연히 신용도에도 아무런 영향을 미치지 않는다. 단, 운용리스와 마찬가지로 상장회사나 금융회사에는 부채로 잡힌다.

그리고 렌트카 이용료는 100% 손비처리가 가능해(렌트비의 70%는 감가상각비, 30%는 업무 승용차 일반 비용) 그만큼 절세 혜택을 누릴 수 있다. 사업상의 목적으로 임대 시 이 부분이 비용(경비) 처리가 된다고 생각하면 된다.

렌트카의 또 다른 장점으로 보험을 꼽을 수 있다. 보험료는 별도의 납부 없이 월 렌트비에 포함되어 있으며, 렌트카는 개인 보험이 아닌 렌트카 회사의 자동차보험요율이 적용된다. 따라서 운전 초보자나, 낮은 연령대, 보험 경력이 짧은 사람 그리고 사고가 자주 나서 보험금액이 높은 사람에게는 렌트카가 유리하다. 만약 사고가 나더라도 개인의 보험 할증 또한 걱정할 필요도 없다. 하지만 렌트카를 이용하는 기간은 개인의 보험 경력이 쌓이지 않는다는 단점이 있으며, 보험금을 매우 적게 내는 사람에게는 보험금 하나만 놓고 봤을 때는 오히려 불리할 수 있다는 것 역시 고려해야 한다.

추가로, 렌트 상품에 따라 차이가 있긴 하지만 일반적으로 차량의 유지와 관리비 등이 렌트비에 포함된 경우가 많아 차량 사용 기간에 별도의 부담 없이 이용할 수 있다는 장점이 있다.

이처럼 여러 장점에도 렌트카 번호판이 '허, 하, 호'로 시작하기 때문에 여기에 민감한 사람들에게는 별로 환영받지 못하는 구매 방법이 될 수 있다. 하지만 비용 처리, 보험, 부채 등에 관심이 높은 고객에게는 매우 매력적인 차량 이용 방법이다.

따라서 영업직원은 고객이 생각하는 중요도나 관심도 또는 상황에 맞는 다양한 상품들을 꼼꼼히 비교 설명하여, 고객이 더욱 현명한 의사결정을 할 수 있도록 금융 컨설팅을 해주어야 한다.

● **자동차 소유와 관련한 각종 비용과 세금**

① **자동차 구매가격**

권장 소비자가격이라 불리는 자동차 구매가격이 어떻게 산출되는지부터 알아보자. 모든 물건은 공장도 가격(Factory Price)이란 것이 있다. 이것은 제품을 공장에서 생산하여 판매자에게 인도할 때 매겨지는 가격이다. 참고로, 수입 자동차는 수입원가를 공장도 가격으로 본다.

자동차 가격은 다음과 같이 산출된다.

편의상 공장도 가격을 1,000만 원이라고 하자. 첫째, 공장도 가격 1,000만에 개별소비세 5%가(50만 원) 붙어 10,500,000원이 된다. (영업용차량, 화물차, 경차는 면제) 둘째, 앞에서 부가된 5% 개별소비세(50만 원) 금액에 교육세 30%가(15만 원) 추가로 붙어 총 10,650,000원이 된다. 마지막으로, 이 금액에 부가가치세 10%가(1,650,000) 추가된 11,715,000원이 자동차 전시장에 가면 볼수 있는 차량 구매가격이 되는 것이다.

참고로, 상황에 따라 개별소비세가 인하 또는 면제되는 정책이 시행될 때가 간혹 있다. 이 경우, 고객 상담 시 위의 차량 구매가격 산출 과정을 이용하여 설명한다면 더욱 논리적인 설명을 할 수 있을 것이다.

② 취득세

자동차는 구매 시 최초 등록비용이 발생한다. 취득세는 2011년도까지 등록세(5%)와 취득세(2%)로 나누어 계산했지만, 그 이후부터는 취득세란 용어로 통합되었다. 취득세는 차량 구매가격에서 1.1을 나눈 후(부가가치세 10%를 뺀다는 의미) 여기에 차량의 용도와 등록하는 지역별로 서로 다른 세율을 곱한 금액으로 계산한다.

비영업용 화물차량(트럭)과 승합차는 5%(제주도 4%), 비영업용 일반 승용차는 7%(제주도 5%) 그리고 경차는 4%(제주도 3%)의 세율이 적용된다. 각 세율은 상황에 따라 감면되는 경우가 여럿 있으므로 이 부분은 필요시 다시 한번 확인해 볼 필요가 있다.

참고로, 취득세를 계산할 때 차량 구매가격에서 1.1을 나누는 이유는 부가가치세 10%만큼을 뺀다는 의미이며, 이는 순수한 차량 금액만을 대상으로 취득세를 책정하기 위해서다.

따라서 위의 ①번 자동차 구매가격 부분에서 계산해 본 최종 구매가격 11,715,000을 예로 들면, 부가가치세 10%가 적용되기 전 10,650,000원이 취득세 부가 대상 금액이 된다. 일반 승용차라 가정했을 때 견적서상에 나와 있는 총 구매비용은, 차량 구매비용 11,715,000 + (10,650,000 X 취득세 7%) = 11,715,000 + 745,500 즉, 12,460,500원이 된다. 여기에 추가로 붙는 것이 하나 더 있다. 바로 공채이다.

③ 공채

공채는 국공채의 약자이며, 교통환경을 구축하고 개선하기 위한 목적으로 국가에서 발행하는 채권의 한 종류이다. 자동차 구매 시 의무적으로 함께 구매하게 만들어 놓은 하나의 강제성 세금 같은 것이기에 차량 등록 시 공채 구매 영수증을 첨부하지 않으면 자동차 등록을 할 수 없다. 공채는 지하철이 다니는 지역은 지하철 공채, 그렇지 않은 지역은 지역개발공채라는 이름으로 구매한다.

공채 구매가격은 차종에 따라 다른데, 화물차는 보통 톤이라고 불리는 화물차의 크기, 승합차는 탑승정원 그리고 승용차는 배기량이 기준이 된다.

예를 들어, 서울에서 2,000cc 이상의 대형 승용차를 산다고 가정해 보자. 이때 채권매입률은 20%가 되며, 부가가치세를 뺀 금액의 20%에 해당하는 금액을 공채로 사야 한다. 만약 차량 금액이 1억 원이라면, 1억에서 10% 부가가치세를 뺀 9천만에 대한 20% 즉, 고객은 1천 8백만 원의 공채를 의무적으로 사야 한다.

공채는 말 그대로 하나의 채권이기 때문에 매입 후 일정 기간이 지나면 매입했던 가격에 약간의 이자가 붙은 가격으로 다시 되팔 수 있다. 그래서 공채를 하나의 투자라 보는 것이 맞다. 하지만 공채를 되팔 수 있는 시점이 등록지역에 따라 5~7년이 만기이다. 따라서 고객에게는 적지 않은 공채 매입 금액을 다소 긴 기간 동안 묶어 놔야 한다는 것이 큰 부담이 될 수 있다.

그래서 공채할인이라는 것이 생겨나기 시작했다. 공채할인이란 최초 차량 구매 시 공채를 사는 것은 맞지만, 공채를 매입과 동시에 일정한 할인율을 적용하여 곧바로 되파는 것이다. 할인율은 지역마다 약간의 차이가 있으며 평균 5% 정도로 보면 된다. 따라서 위 예에서 계산해 본 공채 매입 금액 1천 800만 원에 공채할인율 5%를 곱한 금액인 90만 원을 고객이 부담하고 공채를 즉시 처분해 버리는 것이다.

결과적으로 견적서상에 명시되는 최종 차량 구매 금액은, ① 자동차 구매가격 + ② 취득세 + ③ 공채할인 금액이 된다.

참고로, 공채는 지역과 배기량에 따라 매입이 면제되는 때도 있으니 차량 계약 시 사전에 확인해 봐야 할 사항이다.

④ 건강보험료와 국민연금

건강보험료의 부과 대상은 직장가입자와 지역가입자로 나뉜다. 직장가입자란 근로소득을 받는 소위 월급쟁이(근로소득자), 지역가입자는 개인사업자를 말한다.

첫째, 자동차를 구매함으로써 늘어난 자산으로 건강보험료가 영향을 받는 대상은 오직 지역가입자밖에 없다. 즉, 지역가입자인 개인사업자만 건강보험료가 오른다는 의미가 되며, 직장가입자의 경우 건강보험료는 자동차 구매와 상관없이 자신의 소득에 영향을 받는다.

회사는 크게 개인사업과 법인사업으로 나누어 생각해 볼 수 있다. 이 중 건강보험료에 영향을 받는 대상은 오직 개인사업자이며, 이 중에서도 대표자 본인 한 명으로 된 개인사업자 뿐이다. 예를 들어, 건강보험료 적용을 받는 직원이 한 명이라도 있는 개인사업자가 자동차를 구매하는 경우에는 건강보험료가 영향을 받지 않는다. 왜냐하면, 이 경우 개인사업자는 근로소득자로 분류되기 때문이다. 추가로 법인의 대표는 어떠할까? 법인의 대표는 단지 회사의 대표일 뿐 법인과 법인 대표의 관계는 별개이므로 이 또한 직장가입자로 분류된다. 따라서 법인의 대표가 자동차를 구매한다고 해서 본인의 건강보험료가 올라가는 것은 아니다.

직원이 없는 대표자 1인의 개인사업자라 할지라도 그 대표자가 국가유공자, 보훈대상자로서 상이판정을 받은 자 또는 장애인일 때 그리고 금융상품 중 렌트카를 이용할 때는 건강보험료가 오르지 않음을 참고하자.

둘째, 국민연금 또한 건강보험료와 마찬가지로 그 부가 기준은 재산이 아니라 소득(근로소득, 사업소득, 임대소득 등)이 된다. 국민연금이 건강보험료와 다른 점은 사업자의 종류나 형태와 관계없이 무조건 소득 기준으로만 부가된다는 것이다. 따라서 대표자 1인의 개인사업자라 할지라도 국민연금은 자동차 구매에 영향을 받지 않는다. 이런 의미에서, 개인이 주택이나 토지 등을 사서 자신의 재산이 늘었다 할지라도 국민연금은 오르지 않으며, 이에 따른 소득(예: 임대소득)이 발생했을 때에만 국민연금은 오르게 된다.

⑤ 자동차세

자동차세는 지방자치단체에서 부과하는 지방세 중 하나이며, 연간 자동차세 전체 금액을 매년 6월과 12월 두 번에 나누어 납부한다.

자동차세는 자동차를 운행하지 않고 단지 소유만 하고 있어도 부가되는 세금이며, 차종이나 차량 금액과 상관없이 순수하게 배기량에 따라 부가된다. 그 금액은 배기량에 따른 세액을 곱한 후 여기에 지방교육세 30%

가 추가되어 산정된다. 자동차세 = [(차량 배기량 X cc당 세액) + (차량 배기량 X cc당 세액) X 지방교육세 30%]

배기량에 따른 세액은 아래 표와 같다.

비영업용		영업용	
배기량	cc당 세액	배기량	cc당 세액
1000cc 이하 (경차)	80원	1,000cc 이하	18원
		1,600cc 이하	18원
1,600cc 이하 (준중형차)	140원	2,000cc 이하	19원
		2,500cc 이하	19원
1,600 초과 (중형차)	200원	2,500cc 초과	24원

예를 들어, 1998cc 일반(비영업용) 승용차의 연간 자동차세를 계산해 보자. 연간 총 자동차세는 (1998cc X 200원) + (1998cc X 200원 X 지방교육세 30%) = 399,600 + 119,880 = 519,480원이 되며, 이를 연 2회에 나누어 6월(1월~6월분)과 12월(7월~12월분)에 각각 259,740원씩 납부한다. 참고로, 자동차세는 연식이 증가함에 따라 세액이 3년 차부터 매년 5%씩 추가로 줄어들게 된다.

기억해 두면 좋을 만한 자동차세 줄이는 방법이 있다. 바로 선납이다. 연 2회에 걸쳐 부가되는 금액을 한 번에 모두 내게 되면 할인된 금액으로 납부 가능하다(1월은 10%, 3월은 7.5%, 6월은 5%, 9월은 2.5%의 할인율 적용). 사전 납부 신청은 서울의 경우 ETAX 홈페이지, 서울 이외의 지역은 WETAX 홈페이지나 차량이 등록된 담당 관공서(읍면동사무소, 시청, 구청)에 직접 방문하거나 전화로 할 수 있다.

⑥ 재산세

자동차를 구매하면 재산세가 증가한다고 생각하는 사람들이 의외로 많다. 자동차도 하나의 재산이기 때문이다. 하지만 자동차는 재산세 과세 대상이 아니다. 재산세가 부과되는 대상은 토지, 건축물, 주택, 선박, 항공기 뿐이다. 따라서 자동차를 소유하고 있다고 해서 재산세가 오르는 것이 아님을 기억해 두자.

(2) 자동차 디자인 설명 공식 및 방법

● 자동차 디자인 설명의 필수 숙지 사항 네 가지

① 디자인도 돈이다

모든 사람은 자신이 선호하는 것들이 다 달라서 어떠한 물건이든지 간에 모두가 만족하는 디자인을 기대하는 건 아마 불가능할 것이다. 그렇다면, 어떤 물건의 디자인이 소위 최고라 불리기 위해서는 비록 막대한 비용이 들긴 하겠지만 최대한 많은 사람이 좋아할 수 있는 디자인을 만드는 것이 해답일 것이다.

그럼, 최고의 디자인이란 구체적으로 어떠한 것을 말하는 것일까? 이는 단순히 '아름답다!', '멋지다!'와 같은 단어들만으로는 부족할 것이다. 왜냐하면, 이 같은 표현들은 눈에 보이는 디자인의 일부 특징만을 나타낸 것이기 때문이다.

최고의(혹은 훌륭한) 디자인이란 '오랜 시간이 지나도 그 가치가 변치 않는 디자인'을 말한다. 이는 단순히 예쁘다 혹은 멋지다는 느낌을 뛰어넘어, 오랜 시간이 지나도 쉽게 질리지 않으며 또한 지속적인 만족이라는 가치를 줄 수 있는 디자인이란 의미이다. 이것이 소위 최고라 불리는 디자인들이 진정으로 갖추고 있어야 할 공통이자 필수 요소이다.

고객 측면에서 최고의 자동차 디자인의 제품을 구매함으로써 얻게 되는 대표적인 혜택 두 가지는 첫째, 쉽게 질리지 않는다는 디자인 특성이 그만큼 남들로부터의 높은 선호도로 이어져 향후 중고로 내놓았을 때에도 지속해서 높은 자산적 가치를 가진다는 것(높은 중고차 가치), 둘째, 자신이 소유하는 약 3~5년 혹은 그 이상의 기간 동안 지속적인 만족과 즐거움의 가치를 누릴 수 있다는 것이다(소유의 만족도).

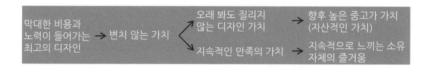

② Simple is the best!(간결하면 간결할수록 좋다)

과거에는 어떠한 물건이든지 많은 기능이 즐비해 있고 이 또한 화려하게 디자인해 놓으면 좋아 보이던 시절이 있었지만, 근래에 들어선 필요한 기능들만 배치하고 이 또한 간결하고 군더더기 없이 디자인하는 것이 더욱 높은 만족도를 만들어 낸다. 소위 말하는 덕지덕지 치장한 화려함보다 핵심적이고 임팩트 있으며 또한 여백의 미를 최대한 살리면서 간결하게 디자인하는 것이 만족을 넘어 하나의 트렌드가 되고 있다.

이렇게 간결하게 만드는 것을 '모던한 디자인'이라 한다. 참고로, 프리미엄 자동차의 첫 출발은 자동차 내/외부에 걸쳐 모던한 디자인 컨셉을 기본으로 한 상태에서, 추가로 각종 프리미엄 컨셉, 재질, 기능과 작동 장치들이 들어가는 것이다.

심플함 = 모던함

③ 디자인의 개념과 프리미엄 디자인의 의미

디자인의 정의는 무엇일까? 이를 단순히 한 문장으로 표현하기는 쉽지 않을 것이다. 왜냐하면, 디자인이란 것은 사람이나 상황에 따라 다양한 의미로 해석될 수 있기 때문이다. 하지만 좀 더 원론적으로 생각해 보면 디자인의 정의를 쉽게 떠올려 볼 수 있다. 디자인이란 '눈에 보이는 그 자체이며, 이를 통해 주관적인 느낌인 감성을 만들어 내는 것'이라 할 수 있다. 하지만 디자인은 감성, 즉 느낌이란 속성만을 가지고 있는 것이 아니다. 바로 기능 또한 가지고 있다.

프리미엄(Premium)이란 단어가 어떠한 제품에 붙기 위해서는 상대방의 감성과 이성을 동시에 자극할 수 있어야 한다. 따라서 디자인이 가진 기본적인 속성인 감성에, 기능(이성)적인 장점까지 충족된다면 프리미엄 디자인의 요건을 갖추게 되는 것이다. 따라서 고객에게 디자인을 보다 프리미엄한 느낌으로 전달하기 위해서는 감성과 기능(이성) 이 두 가지를 항상 중심에 두고 설명해야 한다.

예를 들어, 자동차 측면부의 사이드 라인은 감성적인 시각에서 차가 더길어 보이는 느낌과 함께 측면이 더욱 우아하고 날렵하게 보이는 느낌을주며, 동시에 자동차가 달릴 때 그 표면 위를 지나가는 공기의 흐름을 보다원활하게 해 주는 기능을 한다. 이처럼 감성과 기능(이성)을 동시에 자극할수 있는 디자인을 프리미엄 디자인이라 한다.

④ 자동차는 판금의 예술이다

자동차의 외장은 많은 굴곡과 라인(선)으로 만들어진다. 그 위에 여러 장치가 부착되며 마지막으로 도색이 되어 최종 디자인이 완성된다.

우리는 매일 많은 제품을 이용하며 살아간다. 곰곰이 생각해 보면 우리가 일상에서 사용하는 제품 중에 자동차만큼 많은 굴곡과 라인들로 구성된 디자인은 아마 쉽게 찾아보기 힘들 것이다.

판금이란 이러한 굴곡과 라인을 포함하는 말이다. 좀 더 구체적으로, 판금이란 자르거나 접거나 또는 구멍을 뚫거나 접합하는 방법을 통해 원하는 모양의 제품을 만드는 것을 말한다. 자동차는 자동차의 표면을 접고 구부리는 등 다양한 판금 과정을 통해 만들어진다.

이렇게 많은 판금 과정을 통해 만들어지는 자동차 디자인은 단순히 감성적인 장점뿐만 아니라 기능적인 장점까지 만들어 내는 판금의 예술 또는 판금의 결정체라 할 수 있다.

자동차 디자인은 최고의 장인의 손에 의해 태어나는
마치 섬세한 조각과 같은 판금을 통한 예술 작품이다.

● 자동차 디자인 설명 핵심 포인트

① 자동차에서 빛(Lighting)과 관련된 요소는 고급스러움(= 우아함, 아름다움 등)을 표현함

자동차에서 고급스러움은 옵션과 장치 그리고 디자인 형상으로 표현할 수 있지만, 빛과 관련된 부분을 통해서도 가능하다. 빛과 관련된 부분은 라인, 굴곡진 표면, 유광 패널, 크롬 재질 그리고 각종 라이팅 등이다.

참고로, '고급스럽다'란 의미와 유사한 표현으로 우아하다, 아름답다, 에스테틱(Aesthetic)하다, 엘레간트(Elegant)하다 등이 있으며, 상황에 맞게 이 단어들 중 하나를 선택하여 사용하면 된다.

〈세일즈 멘트 예시〉

"자동차 표면 위에 굴곡진 형상(혹은 라인들)의 적용으로 어느 위치에서 보시건 밝고 어두운 음영의 효과가 만들어져 한층 고급스러움을 느낄 수 있습니다."

"유광 패널(혹은 크롬 재질)이 적용됨으로써 은은하고 부드러운 광택(혹은 빛 반사)이 만들어져 더욱 고급스러움을 느낄 수 있습니다."

"밝게 빛나는 LED 라이트가 적용되어서 특히 야간에 보시면 상당히 고급스러운 느낌을 받으실 수 있습니다."

② 색상과 형상에 따른 디자인 특징

자동차 디자인에서 역동적인(= 스포티한, 근육질의, 날렵한) 이미지 표현을 위해 붉은색과 푸른색이 주로 사용되며, 형상으로는 벌집 모양(메쉬 타입의

형상)이 사용된다.

검은색의 경우 중후한 이미지 표현뿐만 아니라 쉽게 질리지 않으며 또한 어느 색과도 잘 어울리는 느낌을 준다.

③ 라인의 요소들이 들어감으로써 표현되는 효과

첫째, 전면과 후면부에 적용된 가로 라인은 전면/후면 폭이 좀 더 넓어 보이는 효과를 만들어 시각적으로 안정감을 주게 된다. 측면부의 라인은 차량이 훨씬 커(길어) 보이는 효과를 만들어 준다.

둘째, 각종 라인과 굴곡진 표면은 음영의 효과를 통해 고급스러운 느낌을 만들어 준다.

셋째, 자동차는 공기를 뚫고 지나가는 물체이다. 따라서 보닛과 사이드 측면에 적용된 라인들은 공기가 더욱 원활하게 지나갈 수 있도록 해 주는 하나의 틀과 같은 역할을 해 준다.

넷째, 라인의 형상이 곡선으로 된 경우 고급스러움이, 직선일 때는 역동적인 이미지가 표현된다.

④ 동일한(유사한) 디자인 컨셉의 적용

차량을 특히 전면을 봤을 때 전체적인 이미지가 안정감 있게 보이거나 조화롭게 잘 짜여 있다는 느낌을 받은 적이 있을 것이다. 그 이유는 차량의 전면 좌·우측에 설치된 헤드라이트, 하단의 안개등 그리고 그 부분을 둘러쌓고 있는 디자인 형상이 비록 100% 똑같지는 않더라고 이들 서로가 유사한 형태를 하고 있거나 라인들이 비슷한 방향으로 디자인되어 있기 때문이다. 바로 이것을 동일한 형상이 적용되었다고 하는 것이다.

요약하면, 차량의 전면부 좌·우측에 걸쳐 전제적인 형상과 라인의 방향이 유사하게 되어 있는 경우 이를 통해 시각적인 안정감과 조화로움이 느껴지는 것이다. 이러한 디자인의 장점은 오래 봐도 쉽게 질리지 않으며 또한 자동차를 소유하고 있는 기간 동안 높은 디자인 만족도를 기대할 수 있다는 것이다.

⑤ Mix & Match 디자인

Mix & Match란 섞어서 조화를 이룬다는 뜻으로, 이는 서로 다른 형상, 디자인, 재질 등이 서로 어울려 독특하고 특별한 이미지를 만들어 내는 특징이 있다.

Mix & Match 디자인은 ④번의 '동일한 디자인 컨셉'과 반대되는 것으로, 차량의 전면 좌·우측에 디자인된 부분들이 서로 일관성 없이 반대 느낌으로 되어 있는 것을 말한다.

이렇게 디자인하는 이유는 차량을 전면에서 봤을 때 일반적으로 보는 차량과는 달리 뭔가 특별한 느낌을 주기 위해서이다. 하지만 이러한 Mix & Match 디자인도 특정 부분에 과하지 않도록 포인트 있게 들어가야지, 그렇지 않으면 시간이 지나면 오히려 쉽게 질려 버리는 단점이 만들어질 수 있다.

(3) 6 Point Presentation

등산을 생각해 보자. 일반적으로 산을 오를 때는 여러 등산로 중 자신이 선호하는 코스를 주로 선택하게 된다. 만약 평상시 다니는 코스가 아닌 다른 등산로를 선택해 오르더라도 소요 시간, 힘든 정도 그리고 경치 등만 다를 뿐, 산 정상에 도착하는 것은 결국 똑같다.

예를 하나 들어 보면, 누군가가 오랜 시간에 걸쳐 기존의 모든 등산로를 완벽히 숙지한 후, 산 정상에 오르는 새로운 길을 개척해 보기 위해 수 없는 노력을 했다 해 보자. 이 사람은 본인의 노력으로 기존 등산로뿐만 아니라 다양한 길을 경험해 본 그 산만큼은 자신의 손바닥 보듯 할 것이다. 어느 날 갑자기 등산을 한 번도 안 해 본 사람이 찾아와 자신이 원하는 등산길의 종류, 소요 시간 그리고 보고 싶은 경치 등을 가장 잘 느낄 수 있는 경로 인솔을 부탁했다. 부탁을 받은 이 사람은 이미 만들어져 있는 등산로와 자신이 개척한 길을 번갈아 가며 상대방이 원하는 것뿐만 아니라 그 이상의 만족을 줄 수 있는 능수능란한 인솔이 분명 가능할 것이다.

자동차 설명이란 이러한 인솔과도 같은 것이다. 세일즈의 최종 목표는 계약 체결 그리고 출고 후 고객과의 관계 형성을 통한 지속적인 재판매와 소개라는, 즉 하루하루 산 정상에 도착하는 등산의 연속이라 할 수 있다. 세일즈라는 것은 결국 자동차를 중심으로 이루어지기 때문에 영업직원이라면 최소한 자동차만큼은 고객이 원하는 것 이상으로 설명할 수 있는 능력을 갖추고 있어야 한다. 이러한 설명 능력은 기존의 등산로를 정확히 숙지한 상태에서 새로운 등산로 개척을 위해 시도했던 부단한 노력의 결실과도 같은 것이다.

따라서 영업직원은 6 Point에 맞게 차량을 설명할 수 있는 튼실한 기본기를 갖추어야 한다. 그다음 이를 기초로 자신만의 반복된 노력을 통해 차량을 더욱 효율적으로 설명할 수 있는 노하우를 추가해야 한다. 이것이 차량 설명 전문가가 되는 유일한 방법이다.

● 6 Point Presentation 순서
차량을 효과적으로 설명하기 위해서는 6 Point에 맞는 설명이 필요하며, 각 단계는 다음과 같이 구성된다.

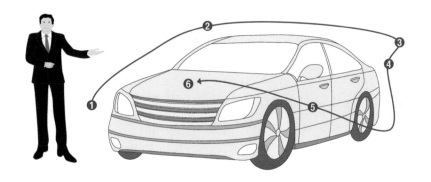

6 Point 설명이란 전면부를 시작으로 마지막 보닛까지 총 6단계를 매끄럽게 이어가는 설명 과정을 말한다. 이에 따른 장점으로, 어찌 보면 다소 딱딱할 수도 있는 차량 설명 자체를 매우 흥미로운 하나의 스토리텔링(Storytelling) 형태로 할 수 있다는 것이다.

참고로, 아래에 소개하는 각각의 포인트별 'Product PT-제품 세부 설명' 부분은 차량에 따라 설명해야 할 항목이 다를 수 있다. 따라서 이 부분에 대해서는 자신이 설명하려는 차량에 맞는 해당 항목을 선택 및 변경하여 나만의 스크립트를 구성해야 한다.

① 전면부(Front)

사람의 첫인상을 만드는 가장 중요한 요소인 얼굴이 자동차에서는 바로 전면부이기 때문에 고객에게 이 부분을 가장 먼저 설명해야 한다. 전면부의 중요한 설명 포인트는 다음과 같다.

첫째, 차량의 일반적인 정보(세부 모델명, 모델 컨셉, 해당 차량의 주요 핵심 장점 그리고 필요시 가격 관련 정보 등).

둘째, 전면부의 전체적인 디자인 컨셉(동일한 디자인 컨셉 혹은 Mix & Match

디자인 컨셉).

셋째, 사람의 눈 역할을 하는 헤드라이트 관련 항목.

넷째, 사람의 코 역할을 하는 전면 그릴 관련 항목.

다섯째, 사람의 입 역할을 하는 전면 하단 부분.

전면부 설명 시 '차량의 일반적인 정보' 부분은 필수로, 그 이외 나머지 항목은 고객의 니즈와 및 상황 맞는 2개 정도만 선택하여 설명하면 된다.

1. 전면부		
Part 1 *Introduction*	1. 인사(환영 인사 및 설명을 들어 주는 것에 대한 감사 인사) 2. 간략한 소개(장소, 차량, 영업직원)	
Part 2 *Warm-up*	3. 간략한 질문 + (영업직원)이 답함 4. 제품의 핵심 컨셉에 대한 간략한 설명 5. 제품 안내에 대한 간략한 소개(방법 및 순서, 소요 시간, 고객 요구 사항 등)	
Part 3 *Product PT*	6. 전면부 컨셉 or 비율/구조 7. 브랜드 특유의 디자인 아이덴티티 항목 1 or 2가지 8. 제품 세부 설명(최대 2 or 3) ① 프런트 범퍼 ② 전면 공기역학 관련 항목 ③ 헤드라이트 관련 항목들(+ 주간 전조등) ④ 사이드 시그널 램프(방향 지시등) ⑤ 그릴 관련 항목들	⑥ 보닛 디자인(라인, 굴곡, 공기역학) ⑦ 보닛 디자인의 안전 컨셉 ⑧ 전면 윈드 스크린 ⑨ (필요시) 핵심 주행 보조 시스템 항목
Part 4 *Bridge*	9. 연결 멘트(전면부 to 측면부) - 공기 저항을 이용 or 디자인의 일체감을 이용 or 보디 형상을 이용	

* 필요시 사람의 신체와 비교하여 이해하기 쉽게 설명함: 전면부 → 얼굴
* 자동차의 첫인상을 만드는 세부 요소: 헤드라이트 → 눈, 그릴 → 코, 전면 하단부 → 입

② 측면부(Side)

자동차의 측면부는 사람과 비교 시 키를 포함한 전체적인 몸매 그리고 그 형상이라 할 수 있다. 여기서 키는 전장, 몸매는 차량 상단의 보디 라인 (실루엣) 그리고 형상은 보디 타입별 차종을 말한다.

육상 경기 종목 중 100m 달리기 모습을 떠올려 보자. 넓은 시야에서 봤을 때, 선수들이 달리는 광경을 가장 잘 볼 수 있고 또한 가장 박진감 넘치는 감흥을 받을 수 있는 시청 각도는 아마 선수들의 앞과 뒤가 아닌 바로 측면일 것이다. 이와 마찬가지로, 자동차의 달리는 모습을 가장 잘 상상해 볼 수 있는 부분 또한 측면부라 할 수 있다.

따라서 차량의 성능 관련 항목과 함께 안전하고 편안한 주행을 만들어 내는 다양한 핵심 옵션과 장치들은 주로 측면부에서 설명돼야 한다(참고로, 이 부분은 상황에 따라 전면이나 후면 또는 실내공간에서도 설명 가능함).

2. 측면부	
Part 1 *Concept*	1. 보디 타입 종류와 특징 그리고 이에 대한 핵심적인 장점(+ 필요 시 리어 엔드) 2. 스포티(Athletic)&고급스러운(Elegant) 디자인 요소들
Part 2 *Product PT*	3. 제품 세부 설명(최대 2 or 3) ① 전체적인 핵심 치수 제원 관련 항목과 이로 인한 장점 ⑧ 그린 하우스(측면 윈도우 전체 부분) 특징 ② 측면에서 보이는 전면 디자인 ⑨ 적용된 재질과 이로 인한 특장점 ③ 타이어와 휠 관련 디자인 및 특징 ⑩ 전/후륜 서스펜션 관련 항목 ④ 브레이크 시스템 ⑪ 운전자 보조 시스템 관련 항목 ⑤ 공기역학 관련 부분과 이로 인한 장점 ⑫ 해당 브랜드/차종만의 특별한 강조 사항 ⑥ 사이드 도어의 형상(굴곡과 라인) ⑬ (사륜 적용 시) 사륜구동장치의 작동 원리와 이로 인한 주행 품질 ⑦ 측면 라인 (웨이스트 & 쇼울더 & 각종 캐릭터 라인)
Part 3 *Bridge*	4. 연결 멘트(측면부 to 후면부) - 공기 저항을 이용 or 디자인의 일체감을 이용 or 보디 형상을 이용

* 중요한 핵심 옵션들에 대해 설명함(최대 2개 이하)
* 측면부는 되도록 앞에서 뒤 방향으로 설명을 이어 나감
* 필요시 사람의 신체와 비교하여 이해하기 쉽게 설명함: 측면부 → 몸매(보디라인)

③ 후면부(Rear)

자동차 소유자가 자동차 외관 중 가장 많이 보는 부분이 전면부라면, 소유자 이외에 다른 사람이 가장 많이 보는 부분은 바로 후면부이다. 그리

고 후면부는 사람의 신체와 비교하면 뒤태라 할 수 있다.

예를 들어, 옷을 사러 갔을 때 대체로 전신 거울을 정면에서 바라본 상태에서 자신과의 어울림에 따라 옷의 구매 여부를 주로 결정하지, 자신의 뒷모습을 유심히 비춰 보는 경우는 매우 드물다. 다른 예로, 길을 걷다 우연히 마주친 사람에게 호감을 느낀 경우, 만약 지나간 뒷모습까지 멋지게 보인다면 그 사람에게 더 큰 매력을 느낄 것이다. 이처럼 자동차의 후면부는 마치 사람의 뒤태와 같이 전체적인 디자인을 완성시켜 주는 역할을 한다.

또한, 자동차의 후면부는 기능적으로 봤을 때 주행 중 후미에 따라오는 차량에 대한 제동과 방향 전환의 신호를 보냄으로써 후방과 후 측방 충돌 안전과도 직결되는 매우 중요한 부분이다.

따라서 효과적인 후면부 설명을 위해 디자인 관련 요소와 더불어 후방 충돌 안전성을 포함한 차량의 전체적인 안전 관련 사항(옵션, 장치 및 컨셉)을 강조한다면 더욱 도움이 될 것이다.

3. 후면부	
Part 1 *Concept*	1. 브랜드 혹은 해당 차량의 디자인 아이덴티티와 컨셉 & 브레이크 라이팅 형상 등
Part 2 *Product PT*	2. 제품 세부 설명(최대 2 or 3) ① 리어 엔드 디자인 (+ 스포일러 형상과 기능) ② 각종 라인과 곡선 (Athletic&Elegant Design) ③ 후면부의 디자인 특징과 장점 (감성 + 기능적인 측면) ④ 디자인의 일체감/조화로움 or Mix&Match ⑤ 브레이크 라이팅 관련 항목들 ⑥ 무게중심 구조 ⑦ 머플러 형상과 재질 • 추가 강조 포인트 - (사륜 적용 시) 사륜구동 시스템의 장점 - 각종 운전자 보조장치 및 해당 차종만의 안전, 편의, 디자인 항목과 그 장점 - 후방 충돌 안전성 - 차종(보디 타입)별 후방 디자인 및 기능과 특징
Part 3 *Bridge*	3. 연결 멘트(후면부 to 트렁크) - 사용(승객석)과 활용(트렁크) 멘트 or 이동의 풍성함

* (필요시) 중요한 핵심 옵션들에 대해 설명함(최대 2개 이하)
* 후면부는 되도록 위에서 아래 방향으로 설명을 이어 나감
* 브레이크 라이트 → 자동차 후면부의 첫 인상을 만드는 요소임을 강조함

④ 트렁크 공간

자동차를 소유하면서 가장 많이 사용하는 공간이 실내공간(승객석)이라면, 트렁크는 가장 많이 활용하는 공간일 것이다. 따라서 트렁크는 자동차의 이용 자체를 더욱 다양하게 해 주는 역할을 한다.

트렁크 설명 시 유념해야 할 네 가지는 다음과 같다.

첫째, 트렁크 개폐 방법과 편안한 사용에 대해 먼저 언급하고 트렁크 설명을 시작한다. 만약 이와 관련된 보조장치가 있는 경우 이를 직접 시연함과 동시에 구체적인 상황을 예로 들어 설명한다.

둘째, 트렁크를 연 이후에는 구체적인 트렁크 용량을 먼저 언급한다. 하지만 고객은 몇 리터의 용량이 대략 어느 정도의 크기인지 쉽게 감을 잡기 힘들 것이다. 따라서 트렁크는 1.5L 생수병이 대략 몇 병 정도 들어가는지를 추가로 언급하여 고객이 그 크기를 대략이나마 짐작할 수 있도록 해야 한다. 때에 따라 생수병이 아닌 골프백이 몇 개 들어가는지로 바꾸어 안내해도 괜찮다.

셋째, 트렁크는 몇 리터의 용량인지 그리고 이로 인해 몇 개의 생수병과 골프백이 들어가는지가 중요한 것은 맞다. 하지만 여기서 놓치지 말아야 할 것은 물리적인 크기와 더불어 트렁크 내부 공간의 형상이 어떻게 디자인되어(혹은 구성되어) 있는지 그 레이아웃 또한 매우 중요하다. 가령, 트렁크 용량이 같은 두 차량이 있을 때 한 차량은 트렁크 바닥이 평평하지 않고 약간의 경사가 져 있다면 그렇지 않은 차량 대비 실제 적재할 수 있는 물건의 양은 적어질 수 있기 때문이다. 따라서 트렁크는 물리적인 공간의 크기와 함께 내부 공간의 짜임새 있는 구성에 대한 구체적인 설명이 추가되어야 한다.

넷째, 편의성을 높일 수 있는 트렁크 내부 구성품에 대해서도 간략히 언급하여 트렁크의 활용도를 한층 더 강조해야 한다. 여기에는 그물망, 전원 소켓, 트렁크 바닥 레일과 후크(고리), 트렁크 내부 상단 또는 옆 부분에 설치된 후크(고리), 트렁크 하단에 설정된 추가 수납공간 및 기타 여분의 수납공간, 폴딩 시트 등 다양한 요소들이 있다.

4. 트렁크	
1. 순서 및 방법 / 주요 설명 항목	
Part 1 *Product PT*	① 몇 리터 인지 ② 1.5L 생수병을 이용하여 대략적인 크기에 대한 언급(필요시 골프백 적재 개수) ③ 고객에게 크기에 대한 질문 실시 ④ (고객의 답변이 부정적인 경우 이에 대한 반론 극복 답변) 이에 대한 답변 ⑤ 백팩 or 냉장고 or 장롱의 예를 들어 물리적인 크기보다 활용도가 더 중요함을 강조 ⑥ 트렁크 활용(사용)과 관련한 특징 혹은 장점의 설명 ⑦ 트렁크 내부 공간도 효율적인 수납을 위한 하나의 디자인이라는 것을 강조함 　+ (필요시) 눈에 보이지 않는 부분까지 신경 쓴 깔끔한 마감 → 프리미엄의 기준 ⑧ 동일 차종 출고 고객의 만족 경험담 전달
Part 2 *Bridge*	**2. 연결 멘트(트렁크 to 운전석 or 뒷좌석)** - 차량 사용 중 가장 많이 사용하는 공간 → 승객석

* 자동차의 실내공간(승객석 or 트렁크) 설명 공식 → 물리적인 크기도 중요함 → 하지만 제한된 공간을 얼마나 효율적으로 사용 가능한지가 더욱 중요함 → 활용성 강조!
* 트렁크 설명의 최종 결론은 동일 차종을 타는 고객들의 트렁크 사용에 대한 만족도를 전달하는 것임

⑤ 실내공간

실내공간은 2인승 차량을 제외하고, 1열 시트인 운전석/조수석(앞 좌석)과 2열 시트인 승객석(뒷좌석)으로 구성된 부분이다. 자동차를 이용하면서 가장 많이 사용하는 공간이 실내공간이기 때문에 편의성(사용성)에 대해 주된 설명을 하되, 추가로 안전성과 감성적인 부분까지 총 세 가지가 실내공간 설명의 핵심 주제가 된다.

5. 실내공간(운전석)	
Part 1 *Concept*	1. 운전자 위주(Driver Orientation)의 디자인과 레이아웃 그리고 이로 인한 장점 2. 적용된 소재, 재질, 디자인의 특장점

Part 2
Product PT
	3. 제품 세부 설명 순서 및 항목
	
	① 고객이 운전석에 탑승한 경우 (필요시) Seat Position부터 간략히 안내하며, 정확한 시트 포지션의 중요성에 대해서도 언급함
	
	  a. 시트 앞/뒤 거리 1) 사고 시 조향 안전성, 2)사고 시 충돌 안전성,
	  b. 시트 등받이 각도 3) 주행 시 정확하고 편안한 조향 환경 구축
	  c. 시트 높낮이 위치 → 스포티한 차량의 경우 시트 포지션이 더욱 중요함을
	                              강조함 (Bonus: 뒷좌석 부분에 공간 확보가 유리함)
	
	② 시트 관련 항목들
	③ 사용 및 조작 편의 옵션과 간략한 작동 방법 그리고 이로 인한 장점
	④ 주행과 직접적으로 관련된 항목들(예: 핸들 그립감, 미션, 액셀 및 브레이킹 등)
	⑤ 주행 편의 옵션 항목들(예: 모니터와 계기판, 휴대폰 무선충전 시스템, 선루프, 주행
	   보조 시스템, 휴대폰과의 네트워킹, 오디오 관련 항목 등)
	⑥ 주행 안전 옵션 항목들
	
	* 고객이 뒷좌석에 먼저 타는 경우 → 도어 개폐의 편의성, 편안한 승하차 환경,
	  뒷좌석 무릎공간(or 레그룸)으로 인한 거주공간, 각종 편의, 안전, 고급 옵션 등을 설명함

Part 3 *Bridge*	4. 연결 멘트(운전석 to 엔진룸) - 사람의 심장 역할을 하는 엔진이 위치해 있는 곳

⑥ 보닛(엔진룸)

자동차의 엔진룸은 사람의 심장 역할을 하는 엔진, 근육 역할을 하는 변속기 그리고 뼈대 역할을 하는 프레임 등 다양한 핵심장치들이 모여 있는 공간이며, 자동차 전체를 분해하지 않는 이상 유일하게 눈으로 직접 확인해 볼 수 있는 전자 및 기계 장치가 모여 있는 공간이다. 일반 고객의 경우 자동차를 소유하는 전체 기간에 보닛을 열어 보는 일은 아마도 워셔액 보충이나 배터리 방전 시를 제외하면 사실 거의 없을 것이다.

따라서 고객은 자신이 소유하게 될 자동차를 올바르게 선택하고 또한 영업직원은 고객에게 자신이 판매하는 자동차의 품질과 우수성을 이해시키기 위해 엔진룸 공간에 대한 설명은 필수적이다.

올림픽경기에서 금메달을 딴 선수들의 공통점은 무엇일까? 이들은 자기 분야에서만큼은 최고의 실력을 갖추었기에 금메달의 영예를 누릴 수 있었을 것이다. 그런데 이들이 갖춘 화려하면서도 정교한 운동 실력은 무엇보다 튼튼한 기초체력이 뒷받침되어야 가능할 것이다. 대부분 운동선수가 자신의 하루 운동 중 거의 절반 이상을 기초체력 향상에 몰두하는 것이 바로 그 이유에서이다.

자동차에도 이 같은 기초체력이란 것이 있으며, 이는 엔진룸 부분의 구성과 조합을 말한다. 왜냐하면, 엔진룸을 구성하는 소재나 재질, 개별 장치들 자체의 품질 그리고 이것들이 서로 간에 얼마나 조화로운 작동이 만들어지는지에 따라 자동차의 기본기라 할 수 있는 기초체력이 만들어지기 때문이다.

고객에게 엔진룸을 잘 설명할 수만 있다면 고객은 아마 마음에 들지 않는 다른 부분이 조금 있더라도 해당 차량에 대한 진정한 가치를 느낌으로써 구매 확신이 좀 더 상승할 것이다.

그럼에도 실제 영업 현장에서는 엔진룸에 대한 설명이 잘 이루어지지 않는 것이 대부분이다. 영업직원이 제품 설명 시 이 부분에 대한 설명을 맛깔스럽게 할 수만 있다면 고객의 구매 욕구 상승과 함께 차별화된 영업직원의 이미지 전달에도 큰 도움이 될 것이다.

참고로, 엔진룸은 설명 자체가 어려운 것이 아니라, 고객을 보닛 앞까지 유도하여 이를 열고 설명하는 그 타이밍을 잡는 것이 어려운 것이다. 따라서 제품 설명 과정 중 고객의 동선을 자연스럽게 엔진룸 쪽으로 유도하는 데 필요한 적절한 멘트에 대해서도 준비해야 한다.

6. 보닛(엔진룸)	
Part 1 *Warm-up*	1. 간략한 질문 + (영업직원이) 답함 2. 차량 사용 중 보닛을 열어 보는 경우(워셔액 주입 혹은 배터리 방전인 경우가 대부분) 3. 엔진룸의 중요성에 대해 설명(→ 엔진룸을 꼼꼼히 확인해 봐야 하는 이유)
Part 2 *Product PT*	4. 주요 설명 항목 　　① - 1 (필요시) 엔진 라인업과 성능 제원 수치에 대해 간략히 언급함 　　① - 2 (적용되어 있는 옵션에 따라 필요시) 터보 및 미션의 장점에 대해서도 언급함 　　② 구동 방식(전륜, 후륜, 사륜)과 이로 인한 장점에 대해 간략히 언급함 　　③ 엔진의 위치 관련 사항(좌우 중심, 휠 센터 중심, 위아래 무게중심) 　　④ 엔진룸 내부 구조 → 전체적인 레이아웃(+ 마운팅) 　　⑤ 보디&섀시 프레임 관련 항목 　　⑥ 구조적이며 물리적인 차량 컨셉 설명 → 기초체력의 중요성과 연결할 것! 　　⑦ 최고의 선택임을 강조

* Part 1 설명 시 아래 3가지 중 1~2가지 사항을 언급하며, 이는 고객의 동선을 엔진룸까지 유도하기 위한 멘트로 사용해도 좋음.
 - 자동차의 가장 중요한 핵심 장치가 모여 있는 유일한 공간
 - 운동 선수의 기초체력과 같이 매우 중요한 부분
 - 자동차의 진정한 가치와 그 품질까지 확인해 볼 수 있는 부분

(4) 제품 설명 스킬

제품 지식에 대해 잘 숙지하고 이를 6 Point 설명 형식에 적용할 수 있다면, 이제는 이 모든 것을 고객에게 더욱 효율적으로 전달하여 설명 효과를 극대화할 수 있는 제품 설명 스킬이 필요할 것이다.

그럼, 영업직원의 행동과 커뮤니케이션 측면에서 반드시 숙지해야 할 제품 설명 관련 핵심 스킬과 그 방법에 대해 알아보자.

- 영업직원의 고객과의 거리, 위치 및 응대 자세

① **고객과의 거리 및 위치**

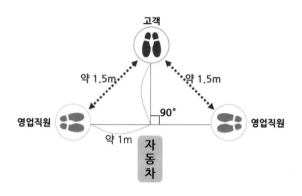

고객과 영업직원 사이의 거리는 한 보폭 정도 거리인 약 1.5m 정도를 유지해야 한다. 고객 응대 시 큰 보폭 하나(약 1.5m) 정도의 거리를 유지했다면, 그다음으로 지켜야 할 기본자세 세 가지가 있다. 첫째, 발의 위치는 고객과 직각이 되게 서야 하며 둘째, 상체만 고객 쪽으로 향하는 자세를 취한다. 차량 설명 시에는 상체를 차와 고객 방향 쪽으로 번갈아 돌려 가며 설명하면 된다. 셋째, 영업직원은 고객의 좌·우측 어디에 위치해도 상관없다. 이는 전시장 내부 환경에 맞게 하면 된다.

참고로, 기본자세 세 가지는 고객 응대 초반 시 주로 지키되, 시간이 지남에 따라 어느 정도 유연하게 대처해도 무방하다.

고객과의 거리 유지(큰 보폭 하나)와 관련하여 이에 대한 근거는 다음과 같다. 이는 단지 고객과의 거리 유지뿐만 아니라 일반적인 사회생활에도 도움이 되는 내용이기에 꼼꼼히 확인해 보도록 하자.

인류학자였던 Edward Hall은 1966년 그의 연구 저서에서 근접이론

(Proxemic Theory)의 하나인 '사회 문화적 관점에서의 거리(Distance)'에 대한 연구결과를 바탕으로, 인간관계의 공간 영역을 다음 네 가지로 분류하였다. 이는 나 자신을 둘러쌓고 있는 마치 원과 같은 영역을 형성하는 거리로서, 각각의 영역 안에 들어오는 상대방이 누구냐에 따라 심리적으로 편안함이나 불편함을 느끼는 거리 기준이 되는 것이다.

a) 친밀한 거리(Intimate Distance): 0~45cm

친밀한 거리 영역에 들어오는 사람은 부모와 자식 간 또는 연인 사이와 같이 정신적이며 신체적으로 교감이 높은 사이에서만 가능하다. 즉, 시각, 청각, 후각과 같은 모든 감각기관이 매우 밀접한 상태임에도 서로 간에 불쾌감이나 거부감이 들지 않는 사람과의 거리 영역을 말한다.

b) 사적인(개인적) 거리(Personal Distance): 45cm~1.2m

사적인 거리는 팔을 뻗으면 닿을 수 있는 정도 거리의 영역이며, 개인적으로 높은 유대감이 있거나 매우 가까운 사이의 친구나 친척 혹은 동료와 같은 사람이 들어올 수 있는 거리를 말한다. 사적인 거리도 가까운 사적인 거리와 먼 사적인 거리로 나뉘는데, 예를 들어, 어릴 적부터 매우 친한 사이의 친구는 팔을 뻗으면 바로 닿을 수 있는 약 45cm 정도, 회사나 각종 사회 활동을 통해 심리적으로 가까워진 사이면서 상호 간에 공감대가 어느 정도 형성되어 있는 사람과는 약 1.2m 정도의 거리를 유지하는 것이 좋다.

c) 사회적 거리(Social Distance): 1.2~3.7m

사회적 거리는 말 그대로 사회적 관계에 있는 사람 간에 편안함과 안정감을 느낄 수 있는 영역의 거리이다. 사회생활을 할 때 이를 잘 유지하면

서로 간에 부담감이 줄어들며 또한 서로의 영역이 침범받지 않는다는 안도감을 느낄 수 있는 장점이 있다.

사회적 거리도 약 2m를 기준으로 가깝고 먼 사회적 거리로 나뉜다. 약 1.2~2m는 상호 간 큰 부담감 없이 친근한 느낌이 필요한 비즈니스적 관계에, 2~3.7m는 서로 간의 프라이버시를 최대한 존중해 주는 상태에서 사회적 유대감이나 파트너쉽을 느낄 수 있는 거리 정도로 보면 좋을 것이다.

따라서 앞서 언급한 바와 같이 영업직원과 고객 사이의 거리는 가까운 사회적 거리의 중간 정도 되는 약 1.5m를 유지하는 것이 바로 이러한 이유 때문이다.

d) 공적인 거리(Public Distance): 3.7~7.6m

공적인 거리는 대중들 앞에서 이야기나 공연 또는 발표 등을 할 때 나와 상대방 모두가 편안함을 느끼는 영역의 거리를 말한다. 이 거리는 상대방이 나에게 혹시나 모를 공격이나 해를 끼치려 할 때 자신의 몸을 급하게 피할 수 있는 거리라 생각해 볼 수 있다.

다소 가까운 공적인 거리를 7.6m까지, 그 이상을 먼 공적인 거리로 본다.

나와 상대방이 현재 어떠한 관계이며 또한 어떠한 관계를 형성하고 싶은지에 따라 상호 간에 적정 거리를 유지해야 한다. 만약 거리가 잘 유지되지 않는다면 서로 간에 불쾌감이 들 수 있으며, 이는 자칫 다시는 만나고 싶지 않은 관계의 단절로 이어질 수도 있기 때문이다. 반대로 상대방과 적정 거리를 잘 유지한다면 좋은 관계 형성의 시작과 이를 유지 및 발전해 나갈 심리적 기반이 만들어지는 데 도움이 될 수 있음을 기억하도록 하자.

② 손의 위치 및 차량 지칭 방법

상대방에 대한 공손한 마음은 공손한 자세로부터 나온다. 제품 설명 시 손을 사용하는 경우가 많은데, 이와 관련하여 평상시 손의 위치와 손을 이용한 차량 지칭 방법에 대해 알아보자.

첫째, 평상시 손의 위치는 두 손을 가볍게 교차시킨 후 허리띠(배꼽 위치 부근) 기준 살짝 윗부분에 가볍게 올려놓으며, 손을 포개는 방법으로 '여우 남좌' 즉, 여자는 오른손 남자는 왼손이 위에 있도록 한다.

둘째, 제품 설명 시 설명하는 부분을 손으로 직접 지칭한다. 이때 유의할 사항으로 다음 네 가지가 있다.

a) 제품 지칭 시 손바닥은 위나 아래가 아닌 고객이 보이는 방향으로 향한다.

b) 되도록 모든 설명 시 차로 이동하여 설명하는 부분을 손으로 직접 지칭한 후 다시 제자리로 돌아온다.

c) 손가락은 가볍게 붙인 상태로 제품을 지칭한다.

d) 양손을 이용해 차량을 지칭하지 않는다.

셋째, 제품을 지칭하며 설명할 때 지칭하는 반대 손이 흔들거리거나 정돈되지 않는 듯한 모습은 피해야 한다. 이를 위해 제품 지칭 시 반대 손은 배꼽 위치(벨트 위), 바지 옆 재봉선, 뒤 허리 세 가지 중 하나에 위치 한다.

● 제품 관련 모든 사항은 Feature – Function – Benefit 구조로 설명함

제품과 관련된 옵션, 기능, 장치, 심지어 디자인 설명 시에도 Feature – Function – Benefit의 첫 글자를 딴 'MUG컵의 원칙'에 따라 이를 설명해야 한다.

① Feature: 이름 및 명칭 → M(뭐가)

② Function: 어떻게 적용되어 있어서/어떻게 디자인되어 있어서/어떤 작동 원리라서 → U(어떻게)

③ Benefit: 그래서 기능적인 장점 그리고/또는 감성적인 장점은? 또는 그래서 좋은 점은? → G(그래서)

예를 들면, ① M(고객님, 측면 사이드 라인이) → ② U(앞에서부터 뒤까지 끊김 없이 길게 연결되어 있어서) → ③ G(시각적으로 차량이 더욱 커 보이는 장점이 있습니다)와 같이 사용하는 것이다.

MUG 원칙에서 가장 중요한 부분으로, 고객이 결국 구매하는 것은 '그래서 나한테 좋은 게 무엇인지'인 G(그래서) 부분이며, 이것을 고객에게 명쾌하고 동시에 논리적으로 전달하기 위해 G 앞에 M과 U가 차례대로 언급되어야 함을 잊지 말자.

● 사고 상황 또는 부정적인 상황 언급 방법

자동차는 그 크기와 종류에 상관없이 사고의 가능성은 항상 존재하며, 심지어 타이어에 작은 실 펑크와 같이 사고라고 하기엔 다소 무리가 있는 어찌 보면 부정적인 사항 또한 항상 존재하기 마련이다.

고객은 이 모든 상황을 유쾌한 것이 아닌 부정적인 경험으로 받아들일 것이다. 그럼에도, 고객에게 자동차를 설명하는 과정에서 이러한 상황을 언급해야 하는 순간들이 종종 발생할 수밖에 없다. 자동차를 아직 구매하기 전 상황에서 이는 자칫 고객의 구매 욕구가 저하되는 결과를 초래할 수도 있다.

따라서 부정적인 상황을 제시할 때는 다음의 순서에 따라 언급해야 조금이나마 고객이 가질 수 있는 거부감을 줄일 수 있다.

① 쿠션 문장 혹은 단어를 사용하여 시작하며,

② 부정적인 상황을 최소화한 후,

③ 단정(종결) 형이 아닌 가능성을 열어 둘 수 있는 말로 끝냄.

예를 들어, 주행 중 전방 충돌 상황을 언급할 때, ① 고객님, 혹시라도 그러면 안 되겠지만요(쿠션) → ② 운전 중 전방에 경미한 추돌이(최소화) → ③ 있을 수도 있는데요(가능성)와 같이 언급한다. 그 이후 충돌 안정성에 대한 컨셉이나 옵션 등을 설명하면 충돌 사고와 관련된 안전성을 강조하는 설명에 훨씬 도움이 될 것이다.

● 제품 설명 중 고객 반론에 대한 응대 방법

사람은 구매 심리상 어떠한 제품을 구매하기 전에는 해당 제품의 단점이라 할 수 있는 부분에 더 큰 관심을 두지만, 일단 구매를 한 이후에는 자신의 선택이 옳았다는 것을 정당화하기 위해 제품의 부정적인 부분은 의도적으로 피하고 긍정적인 부분만을 받아들이려 한다. 따라서 고객이 제품을 구매하기 전 반론이나 불만을 제시하는 것은 지극히 당연한 일이다.

따라서 이러한 반론과 불만을 고객이 제품 구매 전 의례 하는 행동이나 아니면 구매 의도가 없어서 하는 행동이 아닌, 고객이 잘 모르는 것에 대해 알고 싶어 하는 관심이나 욕구의 표시 또는 오히려 자신의 구매 욕구를 올리기 위한 하나의 긍정적인 구매 전 행동으로 보는 것이 맞다.

고객이 반론이나 불만을 제시할 때 영업직원 대부분은 매우 공손한 자세로 "아닙니다, 고객님~"과 같은 의미의 말로 시작하는 경우가 많다. 이 말을 들었을 때 고객의 기분은 과연 어떨까? 고객은 자신이 제시한 의견(반론)에 처음 돌아오는 말이 '아닙니다'와 같은 부정적 느낌의 문장이기 때문에 '내가 틀렸나?' 또는 '내가 잘못 알고 있나?'와 같이 생각할 수 있으며, 그 이후부터는 입을 잘 열지 않는 상황이 발생할 수도 있다.

따라서 특히 고객 반론 대처 시에는 고객이 최대한 존중받고 있다는 느낌이 들 수 있도록 해야 한다. 이는 대화의 부드러운 진행과 결국 고객의 구매 욕구를 좀 더 높이는 데 도움이 될 것이다. 그 방법으로 '공감 →인정 → 반론 → 결론'이 있으며, 예를 들어 고객이 실내공간이 좁다고 말한 경우 다음과 같이 대처한다.

공감	고객의 의견에 대한 공감대 형성	아~ 작다고 느끼셨군요…
인정	고객의 의견에 대한 인정/존중	충분히 작다고 느끼실 수 있습니다
반론	구체적인 사례/사실/논리/증거를 가지고 반론 제시	하지만 or 그런데요, ……
결론	고객 반론에 대한 정리 후 **(필요시)** 추가의견 청취	따라서, ~~~라고 생각해 보실 수 있을 것 같습니다

● 제품 설명 시 사전 멘트 실시가 필요한 두 가지 경우와 실행 방법

고객 응대 시 영업직원이 해야 할 사전 멘트 종류에는 첫째, 사전 예고 멘트와 둘째, 사전 양해 멘트가 있으며 이에 대한 구체적인 의미와 각각이 필요한 경우는 다음과 같다.

첫째, 사전 예고 멘트는 영업직원이 제품 설명 과정 중 도어나 트렁크를 열고 닫을 때 또는 작동 버튼 조작 등과 같이 어떠한 행동을 취하기 전에 그 행동을 고객에게 미리 간단히 언급하는 것이다. 이를 통해 고객은 고객 응대 과정 전반에 걸쳐 영업직원으로부터 정중함과 동시에 편안함을 느

낄 수 있으며, 또한 영업직원 입장에서는 자신이 의도한 순서대로 고객을 리딩해 나갈 수 있는 확률을 높일 수 있다.

〈사전 예고 멘트 예시〉

"고객님, 잠시 문 좀 열고 설명해 드리겠습니다."

"앞에 보고 계시는 모니터에 나타나는 각종 정보와 세팅 방법에 대해 잠시 시연해 드리도록 하겠습니다."

둘째, 사전 양해 멘트이다. 이는 필요시 사전 예고 멘트 다음에 이어지는 것이며, 영업직원의 설명 과정 중 고객이 다소 불쾌감이 들거나 거슬릴 수 있는 상황에 사용한다. 이로 인해 고객은 제품 설명에 좀 더 집중할 수 있으며, 또한 고객에게 영업직원의 정중함뿐만 아니라 잘 갖추어진 경력 있는 직원에게 응대받고 있다는 느낌을 전달할 수 있다. 크게 두 가지 경우에 사용하면 좋은데, 보닛을 열고 닫을 때 그리고 트렁크를 닫을 때이다.

〈사전 양해 멘트 예시〉

"고객님, 보닛 잠시 닫고 이어서 설명 도와드려도 괜찮을까요? 닫을 때 소리가 좀 날 수 있으니 양해 부탁드립니다. 감사합니다"

"고객님, 트렁크 닫고 실내공간 바로 설명 도와드리도록 하겠습니다. 트렁크 닫을 때 잠시 소리가 날 수 있으니 미리 양해 말씀드리겠습니다. 감사합니다."

● 고객 응대 시 주의해야 할 표현

① 제품 설명 시 부정적인 의미가 담긴 단어나 내용은 영업직원이 먼저 제시하지 않음

- 트렁크가 약간 작다고 느껴지시죠? (X)
- 다른 고객님들도 작다고 많이 말씀하시는 부분인데요…. (X)
- 처음에 보시면 약간 좁다고 생각하실 수 있는데요…. (X)
- 처음에는 핸들이 무겁다고 많이들 말씀하시는데요…. (X)

② 차량 종류 설명 시 등급, 상위 또는 하위 모델이란 단어를 사용하지 않음

- 총 3개 등급으로 나뉩니다. (X) → 총 세 종류로 나뉩니다. (O)
- 일반형, 기본형 (X) → 엔트리 모델 (O)

③ 제품 설명 중 싸다 또는 저렴하다는 표현은 사용하지 않음

- 이 부분 같은 경우 향후에 매우 싼 금액으로 교체 또한 가능해서요…. (X)
- 이 부분 같은 경우 향후에 매우 경제적인 금액으로 교체 또한 가능해서요…. (O)
* '싼', '저렴한' → '경제적', '합리적', '경쟁력 있는'이란 단어로 바꾸어 사용함.

④ 제품 설명 시 100% 사실이 아닌 개인별로 다양하게 생각할 수 있는 사항 (주관적으로 보는 시각이 다를 경우)에 대해서는 단정지어 말하거나 고객의 생각을 강요하지 않음 → 가능성을 열어 두는 멘트로 바꿈

- ~라고 보시면 됩니다. (X)
- ~라고 생각해 보실 수도 있습니다. (O) (단정 짓지 말 것)
- ~라고 생각하시면 되고요. (X)
- ~라고 생각해 보실 수도 있고요. (O) (고객의 생각을 강요하지 말 것)

⑤ 신형 모델의 장점을 부각하기 위해 기존 모델의 단점을 이용하지 말 것

- 기존 모델은 시트의 구조와 재질이 신형 모델보다 좋지 않았던 것은 사실인데요, 이번에 출시된 신형 모델의 경우···. (X)
- 기존 모델도 시트 품질이나 재질에 대해 많은 고객님께서 만족하시면서 타셨는데요, 이번에 나온 신형 모델은 소재의 품질뿐만 아니라 구조 또한 매우 향상되어 현재 구매하신 많은 분들께서 더욱 만족하시는 부분입니다. (O)

⑥ 호칭 사용에 주의할 것

- 아내분 (X) → 사모님 (O)
- 아이들 (X) → 자제분 (O)

⑦ 고객의 개인적인 사항이나 민감할 수 있는 부분 그리고 금융과 관련된 사항은 이중 질문(간접 의문문)을 사용함

- 어떤 모델 보러 오셨나요? (X)
- 혹시 고려하고 계신 모델이 어떤 건지 여쭤 봐도 괜찮을까요? (O)
- 고객님 실례지만 지금 고려하고 계시는 금융상품 종류는 어떤 것이죠? (X)
- 고객님 혹시 고려하고 계신 금융상품 종류는 어떤 건지 여쭤 봐도 괜찮을까요? (O)

⑧ 고객이 사전에 무엇을 알고 있는지 질문할 경우 Know가 아니라 Hear를 사용해서 질문함

- 혹시 XXX 기능에 대해 알고 계신가요? (X)
- 혹시 XXX 기능에 대해 들어 보신 적 있으신가요? (O)

⑨ 사물 존칭어를 사용하지 않음

- 주행 중 펑크가 나시는 경우에 (X) → 나는 (O)
- 이런 차이가 나십니다. (X) → 납니다. (O)
- 연비가 나오세요. (X) → 나옵니다. (O)

- 기스가 나셔도 (X) → 나더라도 (O)

- 가격은 XXX이십니다. (X) → 입니다. (O)

● 제품 설명 중 고객과 신뢰를 형성하면 동시에 고객을 리딩하는 제품 설명 기술

1	고개 3~4번 끄덕이기 or 설명 중간중간에 고개 끄덕이기	고객에게 Yes 메시지의 전달과 동시에 고객의 Yes 마인드 유도
2	핵심 단어 혹은 부탁하는 단어에 핵심적으로 미소 짓기	주요 Selling Point에 대한 고객의 긍정적인 이해를 유도 영업직원이 의도한 설명 동선/순서로의 원활한 진행
3	공감 멘트/맞장구치기	모든 고객 응대 과정에서 의식적/무의식적으로 고객과 공감대 형성을 통한 신뢰감 구축
4	칭찬/감사 인사 하기	고객의 말하기를 유도함과 동시에(니즈 파악) 정중한 분위기 연출
5	고객이 하는 말 중 핵심 단어/말 따라 하기	고객 니즈의 확인/재확인과 더불어 고객에게 질문할 수 있는 기회 마련
6	손을 이용하여 하는 말(단어)을 그대로 표현하기	설명하는 표현 자체를 풍부하게 함과 동시에 고객의 보다 명쾌한 이해를 도움

Chapter 1 자동차 세일즈 프로세스

6

시승
단계

1) 시승의 의미와 중요성

시승을 영어로 Test Drive라 하며, 이는 말 그대로 시험 운전을 해 보는 것을 말한다. 고객은 시승을 통해 실제 차량을 다양한 환경에서 운전해 봄으로써 영업직원에게 설명 들은 부분에 대해 직접 경험해 봄으로써 자기 자신의 잠재된 구매 욕구나 동기를 스스로 확인해 보는 기회가 된다. 따라서 시승은 성공적인 차량 판매를 위해 반드시 이행해야 할 필수 과정이라 할 수 있다.

성공적인 시승이 되기 위해서는 시승의 기본 과정을 중심으로, 고객별 니즈에 맞는 맞춤화 시승이 매우 중요하다.

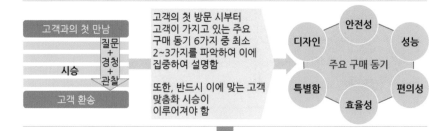

시승과 관련하여…

고객과 만나는 전 과정에서 고객의 주요 구매 동기에 FOCUS 하여
응대하는 것이 고객 응대의 제 1원칙임
시승은 고객의 구매 동기를 가장 구체화 및 명확화시켜 주는 단계임

2) 시승의 이점 일곱 가지

시승을 통한 기대효과는 다음과 같다.

(1) 신규고객 유치, 기존고객 유지 및 관리. → 브랜드와 제품에 대한 만
남의 기회.

(2) 모든 설명에 대한 실제 체험. → 고객의 구매 욕구 상승.

(3) 고객의 추가 니즈 파악 및 고객의 잠재(미발견 된) 니즈 파악 → 맞춤
화 된(Tailor-made) 고객 응대.

(4) 고객의 구매 의사 여부 파악.

(5) 적극적인 판매 유도.

(6) 출고 후 고객의 불만 최소화.

(7) 브랜드, 제품, 영업직원에 대한 PREMIUM 경험 제공 → 고객의 브
랜드/제품/담당 영업직원에 대한 홍보대사 유도.

3) 시승 프로세스 및 방법

(1) 시승 제안

시승 제안 단계는 고객의 시승 욕구를 자극하여 실제 시승까지 연결하기 위한 목적으로, 고객에게 적극적으로 시승을 제안하는 것이다. 고객이 먼저 시승을 요구하는 때도 있기는 하나 영업직원의 적극적인 시승 제안이 없다면 실제 시승 과정이 이루어지지 않는 경우가 대부분이다.

시승과 관련된 과거 연구들을 살펴보면, 시승을 경험했던 고객이 그렇지 않은 고객보다 높은 계약(구매) 의도뿐만 아니라 실제 구매율 또한 매우 높게 나타났던 결과들을 쉽게 확인해 볼 수 있다. 예를 들어, 88%의 고객은 시승을 먼저 하지 않으면 계약을 하지 않을 것이라 응답했으며(출처: Autotrader), 실제 자동차 구매자의 82%가 그들의 구매 과정에서 최소 한 번 이상의 시승을 경험했던 것으로 조사된 적도 있다(출처: ACA). 참고로, 비교하는 경쟁모델의 숫자가 많을수록 시승을 경험하는 횟수 또한 증가한다는 결과도 있다. 이를 통해 시승 과정 자체가 고객의 구매 욕구를 자극할 수 있는 하나의 강력한 수단임을 알 수 있다.

따라서 영업직원은 제품 설명이 끝난 후 시승 제안을 하는 것은 당연한 일이며, 이에 더해 세일즈 전 프로세스 과정에서 자연스럽게 시승에 대한 고객의 욕구를 자극해야만 한다. 영업직원은 시승이라는 것을 단순히 고객 응대 과정 중 하나로 생각하여 시승을 제공하는 것이 아닌, 고객이 자발적으로 시승을 요구할 수 있는 수준까지 시승 제안의 양과 질을 높여야만 한다.

고객에게 시승을 제안하는 것은 제품 설명 전, 중, 후 모두 가능하다. 그 목적은 고객의 시승 욕구를 자극하는 것이며, 이는 고객 스스로 '시승이라는 것이 당연한 거구나' 또는 '시승을 통해 구매 결정을 해 봐야겠구나'란 생각이 들게 하는 것이다.

영업직원이 제품 설명 전, 중, 후에 할 수 있는 자연스러운 시승 제안 멘트에 대한 예시는 다음과 같다.

① 제품 설명 전 시승 제안

〈제품 설명 전 멘트 예시〉

"고객님, 실례지만 지금 보시는 차량 이전에 시승은 해 보셨는지 여쭤 봐도 괜찮을까요?"

"고객님, 제가 차량 설명 간단히 드린 후 말씀 주시면 제가 시승까지 안내 도와드리도록 하겠습니다."

"자동차라는 것은 가만히 서 있는 것이 아니라 움직이는 물체이기 때문에 지금 색상과 각종 옵션을 확인해 보신 후에 도로에 나가 직접 운전해 보시면 또 다른 느낌 분명히 받으실 수 있을 것입니다. 제가 차량 설명 도와드린 후 괜찮으시다면 시승까지 이어서 도와드리도록 하겠습니다."

② 제품 설명 중 시승 제안

〈제품 설명 중 멘트 예시〉

• **직접적인 제안의 예**

"주행 중 차량 좌·우측 사각지대로 접근하는 차량을 간혹 인지하지 못하는 경우가 발생할 수도 있는데요, 이러한 상황에 대비하고자 양쪽 사이드 미러에 접근하는 차량이 있음을 알려 주는 후측방 경보 시스템이란 옵션이 적용되어 있습니다. 따라서 일반도로뿐만 아니라 고속도로에서도 매우 편안하고 안전한 주행이 가능합니다. 나중에 시승을 통해 이 기능을 도로에서 직접 확인해 보시면 그 효과를 정말 많이 느끼실 수 있을 것입니다."

• **간접적인 제안의 예**

"지금 보시는 이 디자인 부분을 실제 밖에서 보시면 훨씬 더 멋지게 보이는데요…."

"실내에서 일정한 조명에서 보시는 것보다 실제 밖에서 자연채광에서 보시면 또 다른 느낌 받으실 수 있는데요…."

③ 제품 설명 후 시승 제안

제품 설명 후 고객에게 시승의 중요성과 시승으로 인한 장점에 대해 강조함으로써 적극적으로 시승을 제안할 수 있다.

〈제품 설명 후 멘트 예시〉

· 시승의 중요성 강조의 예

"설명 들어 주셔서 감사드립니다. 한 가지 더 말씀드리면, 자동차라는 것은 실제 직접 몰아 보시면 고객님께서 미처 생각하지 못하셨던 부분까지도 확인 가능하시고요, 사실 아무리 똑같은 차라 할지라도 직접 몰아 보시면 고객님마다 모두 다 다르게 느끼십니다. 좀 더 둘러보시고 편하게 말씀 주시면 제가 시승까지 도와드리도록 하겠습니다. 참고로 지금 바로 시승도 가능합니다. 필요하시면 언제든지 편하게 말씀 부탁드립니다."

· 시승의 장점 강조의 예

"설명 들어 주셔서 감사드립니다. 앞으로 이 차를 직접 몰아 보실 기회가 많으실 수도 있지만, 지금 이곳에서 설명 간단히 받으신 후 곧바로 직접 몰아 보시면, 그냥 '마음에 드는 차'나 '새 차구나'란 느낌보다 이 차가 구체적으로 어떤 장점이 있는지 정확히 느끼실 수 있을 것입니다. 좀 더 편하게 살펴보시고 언제든 저에게 말씀 주시면 제가 고객님 모시고 시승까지 안내 도와드리도록 하겠습니다." + 시승의 혜택에 대해(필요하면) 다른 고객의 반응을 인용함.

(2) 시승 안내

시승 안내란 시승이 시작되기 전 이를 준비하고 필요한 사항을 고객과 확인하는 단계이다. 실제 영업 현장에서는 시승 안내 단계를 최소화하거나 심지어는 건너뛰는 경우도 종종 있다. 하지만 시승 안내를 철저히 하지 않으면 시승의 최종 목적인 고객의 계약 체결에 차질이 발생할 수 있으며, 무엇보다 고객의 안전뿐만이 아닌 함께 타는 영업직원의 안전에도 문제가 발생할 수 있다.

시승 안내라는 것 또한 고객과 영업직원 상호 간에 교감을 쌓아가는 과정이라 생각하고, 시승 시작 전 다음에 소개하는 여섯 가지 주제에 따른 핵심 사항을 안내해야 한다. 참고로, 이 중 일반적인 안내 사항에 대해서는 사전에 시승 안내서를 만들어 시승 전 이를 활용하면 더욱 효과적이다.

시승 코스	• 내부적으로 기존에 정해져 있는 시승 코스에 대한 소개 • 상황에 따라 고객 니즈 및 요구에 따른 맞춤화된 시승 코스 또한 가능함을 언급함
시승 시간	• 정해진 코스로 시승했을 때 일반적인 시승 소요 시간 • 상황에 따라 시승 시간이 좀 더 여유로울 수 있음을 언급
시승 방법	• 영업직원 또는 고객 중 누가 먼저 운전을 할지를 결정 • 시승 시 영업직원의 주요 역할에 대한 안내
주요 작동법	• 실제 주행과 관련된 주요 작동법(시동, 변속, ISG, 조향, 가·감속, 주행 모드 변경 버튼 등)에 대한 간략한 안내
시승 시 확인해 봐야 할 항목(옵션, 기능 등)	• 고객 니즈에 따른 주요 핵심 옵션/특장점 3가지 정도 • 해당 차량만의 핵심 옵션/특장점 3가지 정도
시승 포지션	• 정확한 시트 포지션의 중요성(+ 이유) • 시트 포지션 맞춤 방법 안내(3가지 + 사이드 미러 세팅)

시승 안내는 시승 차량 안에서 하는 것이 원칙이기는 하다. 하지만 시승 코스, 시승 시간, 시승 방법은 전시장에서, 그 외 나머지 항목은 차량에서 진행해도 무방하며, 이 또한 상황에 따라 유동적으로 실시하면 된다.

(3) 시승

실제 도로 위해서 시승이 이루어지는 단계이다. 시승 출발 전 차에 탑승한 상태에서 해야 할 필수 항목 세 가지는 다음과 같다.

① 고객에게 시승 참여에 대한 감사 인사를 건넴

"고객님, 먼저 시승 도와드릴 수 있는 기회 주셔서 다시 한번 감사 인사 드립니다."

② 영업직원의 역할에 대한 소개

"오늘 제가 고객님께서 차량을 더욱 즐겁게 체험하실 수 있도록 도와드릴 텐데요, 시승 중에는 최대한 운전에만 집중하실 수 있도록 꼭 필요한 사항에 대해서만 간단히 안내드리겠습니다. 그리고 고객님께서 혹시 시승 중에 질문 주시는 사항 있는 경우 간단히 답변 드리고, 구체적인 내용은 시승이 다 끝난 후에 좀 더 자세히 안내해 드리도록 하겠습니다"

③ 시승의 목적 및 필요시 고객에게 질문 후 주요 안전장치 또는 조작 방법에 대한 간략한 안내

"좀 전에 설명해 드린 대로 오늘 주행해 보실 코스의 특징은 가속, 감속, 코너와 작은 요철들이 있는 도로입니다. 비록 길지 않은 주행거리이기는 하나 일상생활에서 경험하실 수 있는 대부분의 운전 상황을 느껴 보실 수 있을 것입니다. 따라서 아마 시승이 끝나면 구매 결정하시는 데 좀 더 도움이 되시리라 생각됩니다. 차량의 주요 조작은 일반적인 차량과 똑같습니다. (주행 관련 핵심적인 작동 방법 설명 후) 추가적인 부분으로 운전 모드를 바꿀 수 있는 버튼이 보시는 바와 같이 앞쪽에 적용되어 있습니다. 이 부분은 시승 중간에 제가 고객님께 미리 말씀드리고 조작 도와드리도록 하겠습니다. 주행 중이라도 궁금한 사항 있으시면 편하게 말씀 부탁드립니다. 준비되셨으면 출발하도록 하겠습니다."

● 시승 관련 주의 및 고려 사항

a) 시승의 첫 운전은 영업직원이 먼저 하며, 시승 중간 안전한 지점에서 고객과 교대하여 진행하는 것이 원칙이긴 하다. 하지만 이에 관해서는 고객의 의견을 여쭌 후 고객 요구에 따라 진행하면 됨.

b) 시승 시 영업직원의 탑승 위치는 함께 타는 고객의 인원수와 상관없이 조수석에 앉는 것이 원칙이긴 함. 이에 대해 고객의 의견을 사전에 여쭈어 본 후 조수석에 탑승함(조수석 탑승 전 고객에게 반드시 양해와 감사의 멘트 실시).

참고로, 커플이나 가족 단위의 고객과 시승할 때에는 고객이 원하면 뒷좌석에 앉아도 무방함.

c) 가능한 경우 고객의 시승은 직진부터 바로 시작할 수 있도록 준비함.

d) 시승 시 고객이 차에만 집중할 수 있는 분위기를 만듦.

e) 시승 시 불필요한 대화를 자제하고 고객의 질문이나 시승 진행과 직접 관련된 사항만을 핵심적으로 안내함. 예를 들어, "전방 약 500m 앞에서부터 약 2km 정도 가속해 보실 수 있는 구간이 시작됩니다. 최대 XX 속도로 주행해 보시면서 엔진 성능 한번 느껴 보시기 바랍니다.", "전방 약 1km 앞에 과속 카메라가 있습니다.", "약 1km 앞에 보이는 사거리에서 우회전하시면 됩니다. 우측 도로 확인하시면서 가장 바깥쪽으로 차선 변경 천천

히 부탁드립니다."와 같이 필요한 사항만 핵심적으로 언급함.

f) 시승 중 라디오 및 기타 음향 장치는 OFF 하여야 하며, 사전 양해 후 특정 구간에서 일정 시간 동안 음악을 재생하여 오디오 사운드를 체크해 보는 시간은 별도로 가져야 함. 음향 체크 후 오디오를 다시 OFF 상태로 하여 고객이 최대한 주행에 집중할 수 있도록 함(필요시 고객에게 그 이유에 대해 설명함). 시승 시 준비되어 있어야 할 음악의 종류는 최소 두 가지이며, 밝고 경쾌한 느낌의 재즈풍의 음악(중음과 저음 위주)과 깊고 풍부한 음색의 차분한 클래식 음악(고음과 중음 위주)임.

g) 시승 중 고객의 운전 상황(예: 빠른 코너링, 차선 변경, 가속과 감속 등)에 대해 최소 세 가지 사항을 기억해 두었다가 시승 후 이에 대한 간략한 내용 전달과 함께 서로 의견을 교환함(가능한 경우 이를 차량의 특징과 연결하여 설명).

h) 고객의 재킷이나 코트 같은 개인 물건은 시승 중 차량 내부에 안전하게 보관될 수 있도록 안내하며, 고객의 요청 시 이를 뒷좌석이나 트렁크에 보관함.

i) 상대방에게 불쾌감을 줄 수 있는 개인 용모와 관련된 부분을 다시 한 번 점검함.

참고로, 고객이 원하는 시승 차가 없을 때는 고객에게 양해를 구한 후 엔진 스펙이 같거나 혹은 핵심 옵션이 똑같이(혹은 최대한 비슷하게) 적용된 다른 차종으로 진행할 수 있다. 만약, 고객이 이를 원치 않는다면 시승 일 정을 따로 잡아야 하며, 향후 시승은 전시장 또는 고객이 원하는 장소에서 진행할 수 있다. 고객이 자신이 원하는 다른 장소에서 시승을 원할 때는 당 일 시승을 못 한 부분에 대해 하나의 보상(혜택) 차원으로 제공하는 찾아가는 시승 서비스라는 이미지를 공손하게 내비칠 수 있도록 한다.

(4) 시승 마무리

시승 마무리란 시승이 종료되기 전 전시장 복귀를 위해 주차를 시도하는 시점부터 도착 후 고객과 시승 피드백을 종료할 때까지 이루어지는 시승 정리 단계이다. 본 단계의 핵심은 시승 종료 후 고객과 시승 경험에 대해 서로 의견을 나누는 것이다.

시승에서 가장 중요한 단계가 바로 마무리 단계인데, 그 이유는 고객의 최종 구매 의사 확인, 타 차종 비교 시 해당 차종에 대해 고객이 생각하는 장단점 파악, 고객의 구매 욕구를 상승시킬 수 있는 마지막 기회 그리고 시승 종료 후 본격적인 가격 네고(협상) 단계를 보다 원활하게 해 주는 데 도움이 되기 때문이다.

시승 마무리 과정은 다음과 같다.

① 최종 목적지 도착 전 다음 세 가지 항목에 대해 안내 및 이를 확인함

- 주차 위치 및 방법.

- 고객의 개인 소지품 확인.

- 시승이 종료 후 고객이 원하는 동선에 대한 질문과 이에 따른 안내 및 사전 조치.

② 차에서 내린 후 고객과의 시승 경험을 무한한 영광으로 여기며 이를 표현함

"고객님께 시승 도와드릴 수 있는 기회 주셔서 다시 한번 감사 인사드립니다. 시승하시느라 수고 많으셨습니다."

③ 고객의 시승 경험에 대해 자연스럽게 요약정리를 진행함

시승 과정 중 고객의 질문이 있었던 경우 이에 대해 답변하며, 시승 후 고객에게 차량 시승과 관련한 추가 질문이 있는지 물어보고 이에 답변한다. 그리고 시승 중 고객과 경험했던 운전 상황을 최대 세 가지 정도 기억해 두었다가 이에 대해 고객의 느낌을 간단히 물어보고, 이를 차량의 특성과 연결하여 설명해야 한다.

추가로, 고객의 특이한 운전 습관을 파악한 경우 이를 차량의 특성과 연결하여 설명하는 것도 좋다. 또한, 차량 구매 기준(고객의 니즈) 여섯 가지 중 최대 두세 가지 정도의 항목을 언급하고, 이를 차량의 특성과 연결하여 설명하는 것도 도움이 된다.

- 시승과 관련한 요약정리는 전시장 밖 또는 안 어디에서 진행해도 상관없으며, 상황에 따라 고객이 차량 출차를 기다리는 동안 자연스럽게 진행해도 괜찮음.

- (상황에 따라) 시승 후 고객의 최종 동선까지 담당 영업직원이 전담하여 끝까지 마무리하는 것이 좋음.

④ 끝으로 재차 감사의 인사와 함께 향후 추가적인 궁금한 사항이 있는 경우 언제든 친절히 답변해 준다는 멘트로 마무리함

> "고객님, 다시 한번 감사드립니다. 혹시라도 이후에 좀 더 궁금한 사항 있으실 때 언제든지 문의 주시면 자세히 답변 드리도록 하겠습니다. 감사합니다."

네고시에이션 단계

7

네고시에이션(이후 줄여서 네고)은 계약을 진행하기 위한 목적으로, 고객 상황에 맞는 지불 방법을 제안하고 이에 대한 협의 과정을 통해 결국 고객과 최종 가격을 타협 및 합의하는 단계이다.

우선, 네고라 하면 아마도 가장 먼저 떠오르는 단어가 가격할인인 경우가 많을 것이다. 이에 대한 현실적인 이유는 다음과 같다.

네고 과정에서 고객의 가장 큰 관심사는 대부분 가격할인이기 때문에 고객은 네고 초반부터 이 부분을 적극적으로 요구하는 경향이 있다. 심지어는 가격에 크게 민감하지 않은 고객일지라도 일단은 던져 보고 시작하는 것이 가격할인 요구이다. 이 같은 상황에서 영업직원은 오로지 가격할인에만 집중해야 하는 어쩔 수 없는 환경에 놓이게 된다. 이러한 이유로 대부분 영업직원은 네고라 하면 가격할인(Discount)을 가장 먼저 떠올리는 경우가 많은 것이 사실이며, 심지어는 네고의 모든 것이 가격할인이라 생각하는 경우도 적지 않다. 이처럼 고객과 영업직원 모두 네고 자체를 가격이라는 숫자에만 집중하는 것이 일반적인 현실이다.

하지만 네고는 기본적으로 가격을 포함하여 서로 다르게 원하고 있는 부분의 차이를 좁혀 최종 합의점에 도달해 가는 과정이기 때문에, 가격할인은 네고의 필요조건일 뿐 충분조건은 아니다. 다시 말해, 가격할인이 네고 시 매우 중요한 부분인 것은 맞지만 네고가 의미하는 모든 부분이 아닌, 단지 다양한 네고 전략 중 하나란 의미이다.

예를 들어, 고객이 현재 1,000원의 할인을 무리하게 요구하고 있다 해보자. 이때 영업직원은 고객의 할인 요구 금액을 어떻게든 900원, 아님 910, 920원처럼 조금이라도 더 줄여 보기 위해, 반대로

고객은 어떻게든 1,000원의 할인을 모두 받아 내기 위해 노력할 것이다.

이때 영업직원이 원하는 가장 만족스러운(수긍할 수 있는) 수준의 할인 금액이 960원이며, 서로 간에 힘든 네고 과정을 거쳐 결국 이 금액에서 네고가 성사되었다고 해 보자. 그럼에도, 영업직원은 '좀 더 줄여 볼걸…' 그리고 고객은 '좀 더 받아 낼걸…'과 같이, 이 네고는 모두에게 미련과 아쉬움이 남는 거래일 수 있다.

그렇다면, 영업직원은 네고 과정에서 가격할인의 폭을 좀 더 줄여 보기 위해 그리고 네고 후에는 고객이 여전히 아쉬워하는 부분을 어느 정도라도 줄여 보기 위해 추가로 어떠한 노력을 해야만 했을까? 정답은 바로 이 부분을 가치(Value)로 채워야 한다는 것이다. 당연히 사은품 성격의 각종 선물과 혜택 또한 있긴 하지만 이것들로 40원을 모두 채운다면 이는 가격할인과

다를 바 없는 것이며 결국에는 오히려 실패한 네고가 되고 말 것이다.

가치(Value)와 관련하여, 사람은 당장 내 손에 들어오는 직접적인 무언가가 없으면 큰 만족감을 느끼기 힘든 경향이 있기 때문에 네고란 것은 참으로 어려운 것이다. 심지어는, 사람은 누구나 돈 얘기가 나오면 예민해지기 마련이며, 손해를 보고 싶어 하는 사람은 아무도 없으므로 네고가 더욱 어렵게 느껴질 수 있다.

네고 단계에서 우선 인정하고 시작해야 할 것이 하나 있다. 바로 '고객의 무리한 가격할인 요구는 이전에도 계속됐으며, 앞으로도 계속된다'는 것이다. 만약 그렇다면 고객의 할인 요구에 불만만 품을 것이 아니라, 아예 이러한 과정 자체를 즐기며 이를 극복해 나가는 쪽으로 생각의 방향을 미리 정해 놓고 시작하는 것도 좋을 것이다. 당연히 즐기기까지는 못할지언정, 이것을 단순히 내가 선택한 직업의 업무 영역 중 하나라 받아들인다면 분명 남들과 다른 결과에 한 발짝 더 다가갈 수 있을 것이다.

다음에 소개하는 내용을 통해 효과적인 네고 방법과 그 스킬에 대해 알아보도록 하자.

1) 가격(Price)과 가치(Value)의 의미

세상의 모든 물건은 가격이라는 것이 매겨져 있으며, 이는 해당 물건의 '가치(Value)'를 숫자로 표시해 놓은 것이다. 여기서 가치란 단어에 집중할 필요가 있다.

일반적으로 가치라는 것은 눈에 보이는 실체가 없는 매우 추상적인 개념의 용어다. 이를 쉽게 풀어보면 가치란 '지불하는 금액 대비 개인이 주관적(심리적)으로 느끼는 만족도 혹은 중요하게 생각하는 정도'로 생각해 볼 수 있다. 따라서 같은 물건에 대해 개인마다 느끼는 가치가 서로 다른 것이다.

다른 제품들도 마찬가지겠지만, 자동차를 통해 느낄 수 있는 가치는 크게 실용적 가치와 쾌락적 가치 두 가지로 나누어 생각해 볼 수 있다.

첫째, 실용적 가치란 가성비 즉, 구매 시 지불한 금액 대비 더 많은 기능이나 안전 및 편의 장치 등이 적용돼 있어서 '소유의 실질적인 혜택을 경험함으로써 갖게 되는 만족'을 말한다.

둘째, 쾌락적 가치란 지불한 금액과는 크게 상관없이 '자신이 느끼는 즐거움이나 만족'을 말한다. 이를 다른 말로 가심비라고도 한다.

요약하면, 실용적 가치는 물리적인(사용과 관련된 실질적인) 만족도, 쾌락적 가치는 심리적인 만족도라 할 수 있다.

따라서 고객에게 가격을 이야기할 때는 단순히 숫자 그 자체에만 얽매이지 말고, 고객이 지불하는 금액 대비 실사용에서의 장점과 심리적으로 느끼는 장점을 동시에 강조해야 한다. 즉, 영업직원은 고객이 경험하게 될 높은 가치 대비 해당 차량의 가격이 매우 경쟁력 있다는 이미지를 전달해야 한다.

2) 네고의 의미

네고의 정확한 의미는 '이해관계에 있는 당사자들이 서로 다른 입장 차이를 좁히거나 해소할 목적으로 상호 간의 의사소통을 통해 각자의 전략을 실행해 가는 과정'이다.

이에 대한 의미를 좀 더 자세히 풀어서 생각해 보면 다음과 같다.

① 이해관계에 있는 당사자들	• 이해관계: 서로 손해와 이익이 엮여 있는 관계 • 당사자들: 이해관계에 있는 계약 상대방(고객 ↔ 영업직원)
② 서로 다른 입장 차이를 좁히거나 해소	• 서로 다른 입장 차이: 고객 → 할인↑, 영업직원 → 할인↓ • 좁히거나 해소: No DC 혹은 공식 프로모션 안에서 합의
③ 의사소통을 통한 전략 실행	• 의사소통: 세일즈 상담 • 전략: 네고(협상) 스킬

3) 네고의 1차 목표

네고의 1차 목표는 고객이 요구하는 할인 금액의 폭을 최대한 줄이는 것이며, 최종 목표인 계약을 하기 위해 우선 1차 목표를 달성해야 하는 것은 당연한 일이다. 이를 위한 방법으로 할인 금액 부분을 가치로 채우는 것이다. 이를 그림으로 표현하면 A 상황을 B 상황으로 만들어 가는 것이라 할 수 있다.

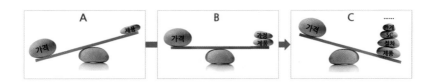

참고로, B의 상황에서 멈추지 않고 C 그림처럼 우측에 최대한 많은 돌 (가치)을 올릴 수 있다면 고객이 느끼는 가격 대비 만족의 가치는 더욱 커질 것이다.

네고의 1차 목표 달성을 위한 성공 원칙 세 가지는 다음과 같다.

① 제품의 가치(A) → 고객이 관심 있어 하는 사항(니즈 항목)을 가격의 반대편 항목에 추가할 것.

② 제품 이외의 가치(B) → 고객이 미처 생각하지 못한 것 또한 가격의 반대편 항목에 추가할 것.

③ 담당 영업직원을 통한 가치(C) → 차라는 것은 단지 타고 다니면 끝나는 것이 아닌, 차량을 약 3~5년 소유하는 동안 반드시 담당 영업직원이 함께해야 함을 강조하여 가격의 반대편 항목들을 더욱 무겁게 만들 것.

4) 네고 프로세스 및 방법

(1) 네고 준비

운동을 시작하기 전 사전 준비 운동을 철저히 한다면 운동 중 신체에 가해지는 무리뿐만 아니라 큰 부상의 위험 확률 또한 줄일 수 있으며, 심지어 운동 성과를 높이는 데도 도움이 될 것이다. 마찬가지로, 본격적인 네고를 시작하기 전 이 또한 준비 운동이라는 것이 필요하다. 이것을 네고의 준비라 한다.

Chapter 1 자동차 세일즈 프로세스

네고의 준비란 네고의 모든 과정에 필요한 정보를 사전에 확인 및 숙지하는 것을 말한다. 그 대상은 다음 네 가지이며 이는 매일 점검해야 하는 사항이기도 하다.

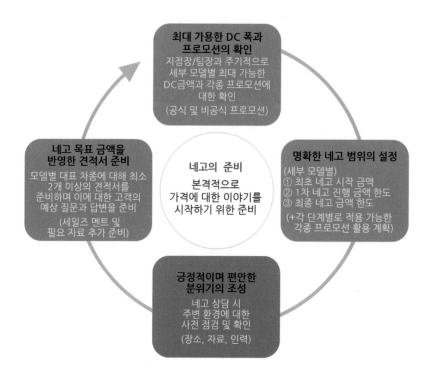

(2) 견적서 제시

견적서 제시는 다음과 같이 총 5단계를 거친다.

① 네고 시작 시점 파악

고객과의 첫 만남에서부터 환송 단계까지 일반적인 세일즈 과정 전체의 매끄러운 흐름이 세일즈 성과에 도움이 된다는 것은 당연한 것이다.

네고 단계 하나만 놓고 볼 때, 네고의 모든 과정을 매끄럽게 진행하기 위해서는 본격적인 네고를 언제 시작하면 좋을지 그 타이밍을 우선 파악해야 한다. 왜냐하면, 돈이 걸린 부분의 시작만큼은 영업직원의 다소 일방적인 리딩이 아닌 고객이 준비된 상태이거나 고객 스스로 가격에 대해 적극적으로 알고 싶어 하는 순간에 돈과 관련된 이야기를 시작하는 것이 더욱 효과적이기 때문이다.

본격적인 네고 시작 타이밍은 주변 여건에 따라 달라질 수는 있지만, 제품 설명 중 혹은 시승 후 아래 열한 가지 상황 중 약 두세 가지 정도가 충족될 때가 일반적인 최적의 네고 시작 시점이 된다.

a) 가족 동반 방문의 경우 제품 설명이나 시승 직후.

b) 특정 세부 모델과 색상을 물어볼 때.

c) 차량의 구체적인 출고 가능 시점(일자)을 물어볼 때.

d) 중고차 처리와 관련하여 구체적인 절차나 가격 등에 관해 물어볼 때.

e) 차량 구매와 관련된 각종 금융상품 및 조건을 물어볼 때(예: 현금, 할부, 리스 등).

f) 경쟁사 모델과 비교하여 구체적인 가격, 옵션 등에 관해 물어볼 때.

g) 할인율을 물어볼 때.

h) 시승 직후 구체적인 가격을 물어볼 때.

i) 차량 구매 후 차량 관리 절차와 고객의 혜택을 물어볼 때.

j) 고객이 가격표를 유심히 확인할 때.

k) 고객이 직접 계산기로 가격표의 내용을 일일이 확인할 때.

참고로, 영업직원이 앞 열한 가지 중 일부에 해당하는 반응을 고객이 보일 수 있도록 유도하여 이를 통해 자연스럽게 네고를 시작하는 것도 바람직한 방법이다.

② 네고 멘트의 시작

네고의 시작 시점을 파악했다면, 고객에게 본격적으로 계약 진행이 시작된다는 의미가 담긴 말을 건네는 것이 네고 멘트의 시작이 된다.

〈세일즈 멘트 예시〉

"고객님, 차량 관련해서 혹시 다른 궁금하신 점은 더 없으신가요? 없으시면 계약 진행 도와드려도 괜찮을까요?"

"고객님, 계약서 작성 도와드리기 전에 제가 추가로 다시 한번 확인해 드릴 부분이 있는지 여쭤 봐도 괜찮을까요?"

"고객님께서 보셨던 차량에 대해서 이렇게(각종 자료 등) 정리했습니다. 그럼, 계약 진행 도와드려도 괜찮을까요?"

"차량에 대해서 만족스러우시면 오늘 바로 계약 진행 도와드려도 괜찮을까요?"

계약 진행이라는 말을 들은 대부분의 고객은 심리적으로 약간의 부담감을 느낄 수도 있다. 하지만 이것이 네고 시에는 오히려 도움이 되는데, 그 이유는 빠른 계약 진행을 위해 네고 단계에서만큼은 고객에게 약간의 긴장감을 줄 필요가 있으며, 고객에게 현재 네고를 시작하는 순간만큼은 상담의 목적이 바로 계약이라는 것을 자연스럽게 인식시켜 줄 필요 또한 있기 때문이다.

③ 가격 제시

만약 공식적인 가격할인 프로모션이 있는 경우에도 가격을 처음 언급할 때는 소비자가격부터 제시해야 한다. 왜냐하면, 처음 제시하는 가격이 네고 출발의 기준점이 되기 때문이다. 소비자가격 제시 이후, 프로모션 내용 중 가격할인과 함께 특별한 선물 및 혜택 등이 있을 때는 공식적인 가격할인 부분과 다소 가벼운 혜택만을 먼저 제시하고, 나머지 부분은 만약 고객의 추가 할인 요구가 있을 때 이를 최대한 활용할 수 있도록 한다.

단, 고객이 조금만 관심을 가지면 알 수 있는 기본적으로 제공되는 선물이나 혜택 등은 처음부터 제시하고 시작하는 것이 좋다.

④ 고객이 원하는 구매 유형 파악 및 제안

고객의 연간 평균 주행거리, 사업자 유/무, 특별히 선호하는 구매 방법 등에 대해 질문 후 고객이 선호하거나 고객에게 필요한 구매 방법에 대해 제안한다.

⑤ 견적서 제시

현금 구매인 경우를 제외하고, 최소 두 가지 이상 서로 다른 조건의 견적서를 고객에게 제시해야 한다. 그 이유는 상대방을 설득하려 할 때 영에서 하나가 아닌 두 개의 선택 대안 중 하나를 선택하게 하는 접근 방법이 더욱 효과적이기 때문이다. 또한, 두 개 이상의 대안 중 고객 스스로 무언가를 선택하게 한다면 이는 자신이 내린 결정에 대해 일정 부분 책임감(구속력)이 들게 할 수 있기 때문이기도 하다.

견적서 제시와 관련하여, 운용리스의 경우 각각 선납금과 보증금 방식으로 서로 다른 %를(예: 20%, 30%) 적용하여 준비한다면, 총 4개의 견적서를 고객에게 제시할 수 있을 것이다. 이 네 가지 중 고객에게 가장 유리하거나 일반적으로 가장 많이 사용하는 구매 방식 두 가지를 추리고, 그 이유와 각각의 특장점을 설명한다. 그다음 나머지 2개의 최종 견적서 중 고객에게 하나를 선택하게 한다면 더욱 효과적인 견적서 제시가 될 것이다.

참고로, 할부의 경우 선납금의 %를 달리하여 총 3개의 견적서를 준비하고, 이에 대한 설명 후 나머지 2개의 최종 견적서를 제시하면 된다.

(3) 반론 응대 단계

견적서 제시 이후 가격할인이나 선물 등과 같은 고객의 추가 요구가 없다면 반론 응대 단계는 필요 없을 것이다. 하지만 이런 경우가 흔히 발생하는 것은 아니다.

네고 단계에서 반론 응대란 영업직원이 제시한 견적서 내용과 고객이 원하는 부분이 불일치되는 상황을 극복하는 것을 말하며, 이는 사실 반론 응대라기보다 상호 간 합의점에 도달하기 위해 영업직원이 고객을 설득해가는 과정으로 볼 수 있다.

네고 시 고객의 반론에 대한 응대 3원칙은 다음과 같다.

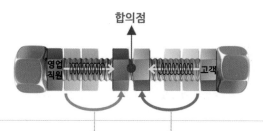

첫째, 영업직원이 늘린 만큼 고객은 줄인다.

둘째, 고객이 줄인 만큼의 부분은 가치를 통한 고객의 만족으로 채워야 한다.

셋째, 고객의 만족도를 높이는 방법에는 다양한 요소들이 있다.

고객이 요구하는 가격할인 폭을 줄이길 원한다면, 영업직원은 다른 것으로 고객이 줄인 부분을 채워야 한다. 다시 말해, 고객이 요구하는 가격할인을 100만 원에서 50만 원으로 줄이길 원한다면, 영업직원은 최소한 50만 원 이상에 상응하는 고객 만족의 가치로 이 부분을 채워 주어야 한다는 것이다.

여기에는 당연히 영업직원이 추가로 양보하는 가격할인 부분도 있으며, 이를 포함한 총 다섯 가지 방법이 있다. 고객 반론 응대 시 아래에 소개하는 방법들을 적절히 조합하여 고객이 느끼는 만족의 가치를 50만 원보다 훨씬 높여야 할 것이다.

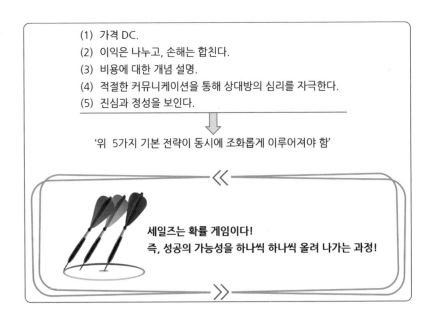

(1) 가격 DC.
(2) 이익은 나누고, 손해는 합친다.
(3) 비용에 대한 개념 설명.
(4) 적절한 커뮤니케이션을 통해 상대방의 심리를 자극한다.
(5) 진심과 정성을 보인다.

'위 5가지 기본 전략이 동시에 조화롭게 이루어져야 함'

세일즈는 확률 게임이다!
즉, 성공의 가능성을 하나씩 하나씩 올려 나가는 과정!

① 가격할인

고객이 요구하는 금액 중 일부분만을 할인해 주는 방법이다.

만약 고객이 요구하는 할인을 모두 해 준다면 모든 과정이 일사천리로 진행될 수도 있다. 하지만 여기에는 치명적인 문제가 발생할 수 있다. 다음 세 가지 질문에 대한 답을 곰곰이 생각해 보자.

빠른 계약 진행을 위해 또는 실적 하나만을 당장 올리기 위해 고객이 원하는 만큼의 할인을 그대로 수용한 경우,

a) '나에게 지금 당장 계약이라는 것을 해 주기는 할까?'

→ 추가 할인을 요구할 가능성이 높음.

b) 만약 계약을 했다면, '고객이 중간에 해약 없이 마지막 출고까지 해 줄까?'

→ 계약은 일단 해 둔 상태에서 가격쇼핑을 위해 다른 곳을 돌아다닐 가능성이 커지며, 단돈 몇 푼이라도 더 할인을 해 주는 곳을 발견하면 나와 해약 후 그곳에서 바로 계약할 것임.

c) 만약 계약 후 출고까지 했다면, '난 고객에게 지속적인 관리를 해 줄 수 있을까?'

→ 돈이 되지 않으면 당연히 향후 고객관리에 대한 이유와 동기가 없어지기 때문에, 결과적으로 해당 고객으로부터 재구매나 소개는 기대할 수 없음.

→ 고객이 만약 소개를 해 줄지라도 이를 통한 수익은 기대할 수 없음.

따라서 가격할인은 고객이 요구하는 만큼 100% 수용이 아닌 적절한 선에서 이루어져야 한다.

하지만 이 부분이 이론상으론 이해가 되긴 하나, 현실적으로 실제 행동으로 옮기기 어려운 이유는 '고객이 지금 바로 나에게 계약을 해 주지 않으

면 어쩌나' 하는 두려움이 앞서기 때문일 것이다.

결론은, 이러한 두려움을 깨야 한다. 가격할인이 아니면 고객이 떠나 버린다는 바로 그 두려움을 깨야 한다. 사실 일정 선에서 가격할인이 반드시 필요한 것은 사실이다. 하지만 모두가 아니라 일부분만 해야 한다는 것이며, 그 나머지 부분은 고객이 느낄 수 있는 다양한 요소들로 채우는 노력을 해야 한다. 무슨 노력을 해야 하는지도 모르고, 더욱이 하려는 시도도 하지 않은 상태에서 어렵다 혹은 불가능하다고 하는 것은 나 자신에 대한 비겁한 변명일 수 있다.

어느 정도 가격할인을 수용한 상태에서, 이 정도가 가격할인의 마지막이란 것을 고객에게 당당히 전달하고, 그 나머지 부분은 다음에 설명하는 내용을 최대한 활용하여 네고에 좀 더 적극적으로 대처해야 한다.

한 번에 성공하는 일은 세상에 존재하지 않는다. 다양한 방법을 시도하여 실패와 성공 경험을 바탕으로 나만의 세일즈 전략과 노하우를 찾는 과정을 꾸준히 실행해 옮길 때, 분명히 고객의 무리한 할인 요구라는 압박에서 어느 정도 자유로워질 수 있을 것이다.

② 이익은 나누고, 손해는 합친다

우선, 다음 두 가지 질문에 대해 답해 보자.

A. 회사에서 직원들의 사기 진작을 위해 예정에 없던 특별 보너스 500만 원을 지급하려 한다. 직원들에게 더욱 큰 만족감을 주기 위해서 어떠한 방법으로 보너스를 주는 것이 효과적일까?

(1) 특별 보너스 명목으로 한 번에 500만 원을 지급한다.

(2) 회사 성과급 그리고 개인 성과급 명목으로 각각 250만 원을 별도로 나누어 지급한다.

B. 회사에서 직원들의 성과향상을 위해 내년부터 시행될 새로운 급여정책이 발표되었다. 나는 다음 두 가지 정책 중 어느 것을 더욱 민감하게 받아 들일까? (300만 원을 기본 월급으로 가정)

(1) 전달 목표 달성 시 다음 달 월급 20% 증가. → 360만 원 월급 수령.

(2) 전달 목표 미달성 시 다음 달 월급 10% 삭감. → 270만 원 월급 수령.

위 A와 B 질문에 대한 답은 모두 2번이다. 아래 Prospect 이론의 가치함수 그림을 보면 그 이유를 쉽게 이해할 수 있다.

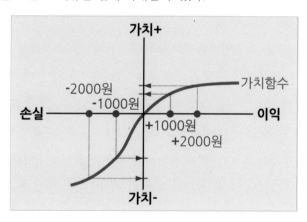

질문 A에서 (1), (2) 모두 500만 원의 특별 보너스를 받는 것은 똑같다. 하지만 회사에서 500만 원을 한 번에 주는 것보다, 250만 원씩 두 번에 걸쳐 주게 되면 직원들은 체감적으로 그 만족도를 조금 더 크게 느낄 수 있을 것이다. → 이익은 나누어서 제시해야 함.

(가치함수를 보면, 2,000원 이익일 때 가치의 크기가 1,000원이 이익일 때 가치의 2배가 되지 않는다. 즉, 이익이 증가함에 따라 그 만족도는 체감하므로 2,000원을 한 번에 주는 것보다 1,000원씩 두 번에 나누어 주는 것이 더욱 효과적이다.)

질문 B의 경우, 사람은 이익보다 손실에 더 민감하므로 기본급 300만 원에 20%가 추가된 360만 원을 받는 것보다 늘 받아 왔던 300만 원에서 10%가 삭감된 270만 원을 받는 것에 더욱 민감하게 반응할 것이다. → 사람은 이익보다는 손실에 더욱 민감하게 반응함.

(가치함수를 보면, 똑같은 금액인 1,000원에 대한 이익과 손실이 발생할 경우, 손실 시 느끼는 가치가 더 크다는 것을 알 수 있다. 즉, 비록 같은 금액일지라도 이익보다 손실에 더욱 민감하게 반응한다는 것이다.)

Prospect 이론과 관련하여 또 다른 예로, 놀이동산에 놀러 갔을 때 자유이용권을 사는 이유에 대해 생각해 보자. 놀이기구를 타기 위해 그때그때 내는 돈을 다 합치면 아마도 자유이용권 1장 가격보다 적든지 아니면 비슷할 것이다. 그럼에도 자유이용권을 사는 이유는, 놀이기구를 타기 위해 한 번의 큰돈을 내는 것보다 탈 때마다 돈을 내는 것을 더욱 민감하게 느끼기 때문이다. → 사람은 여러 번의 손실을 한 번의 큰 손실보다 더욱 크게 체감하므로 될 수 있으면 여러 손실이 있는 경우 이를 묶어서 한 번에 제시해야 함.

따라서 고객과 네고 시 고객이 느끼는 손실, 예를 들어 차량 구매 시 소요되는 각종 비용 등은 부대비용이란 명목 하나로 묶어서 제시하고, 고객에게 혜택으로 돌아갈 수 있는 항목들은 될 수 있으면 모두 나열해서 전달해야 한다. 이로 인해, 고객이 체감적으로 느끼는 손실은 최소화시키고, 이익을 통한 만족도는 조금이나마 높일 수 있게 된다.

즉, '이익은 나누고, 손실은 합친다'라는 원칙을 가격 네고 과정에서 반드시 기억하고 이를 적극적으로 활용해야 하며 특히, 고객이 요구하는 할인 금액을 가격할인이 아닌 다른 혜택들로 채워 나가야 할 때 활용하면 좀더 도움이 될 것이다.

〈세일즈 멘트 예시〉

1. 이익은 항목별로 나누어서 제시한다.

"고객님, 이번 달은 공식적으로 특별 프로모션이 200만 원까지 지원되며, 추가로 XX 금융상품을 사용해 주셔서 감사의 의미로 100만 원의 추가 할인 혜택까지 적용됩니다. 이뿐만 아니라, 견적서 하단 부분에 적어 드린 바와 같이 보스턴백, 우산, 키링 및 각종 차량 관리용품 모두 지원해 드릴 것이고요, 여기에 더해 최고급 선팅, 블랙박스, 하이패스 그리고 ○○년 동안 소모품까지 또한 모두 제공해 드릴 것입니다. 여기서 끝이 아닙니다. 특별히 이번 달에는, 저희 딜러사를 통해 구매해주시는 고객님께만 XX까지 추가로 지원해 드리는 부분도 함께 생각해 보시면 꽤 많은 혜택을 이번 구매로 받으실 좋은 기회라고 생각합니다. 사실 이보다 더 큰 부분은 지금 당장은 솔직히 체감적으로 못 느끼실 수 있겠지만, 어찌 보면 방금 말씀드렸던 항목들을 모두 합친 것보다 훨씬 더 큰 부분을 차지할 것입니다. 바로 제가 고객님께서 차량 사용하시는 전체 기간에 아무런 신경 쓰실 일 없이, 단지 편하고 즐겁게만 차 이용하실 수 있도록 관리해 드리는 부분입니다. 아마 제일 오랫동안 그리고 가장 크게 느끼실 수 있는 혜택이 아닐까 생각됩니다. 이것이 바로 차는 어느 전시장(혹은 딜러사)에서 그리고 누구에게 구매하는지가 중요하다는 말의 의미이기도 합니다. 특히 다른 물건 대비 자동차는 더욱 그러합니다."

2. 될 수 있으면 손실은 합쳐서 하나의 항목으로 제시한다.
"견적서 보시면 구매 시 필요한 비용 XXX 원으로 간단히 정리해 드렸고요,"

가격 네고 뿐만 아니라 일반적인 고객 상담 시에도 알아 두면 도움이 될만한 Prospect 이론의 핵심 내용에 대해 좀 더 알아보자.

첫째, 손실 회피성이다. 이 말의 의미는 이익과 손해의 금액이 같을 때, 이익을 봤을 때 느끼는 행복감보다 손해를 입었을 때 느끼는 고통이 약 2배 정도 더 크다는 것이다. 따라서 사람은 이득보다 손실에 더 민감해하므로 손실을 회피하려는 성향을 가진다. 예를 들어, 자신에게 같은 금액의 이익(+1,000원)과 손실(-1,000원)이 발생했을 때, 이익(+)보다는 손해(-)를 경험했을 때 더욱 큰 고통(가치 변동의 크기)을 느끼는 것이다.

둘째, 민감도 체감성이다. 사람은 이익이나 손실의 가치가 작을 때는 작은 변화에도 민감하게 반응하지만, 그 가치가 커지면 변화에 대해 느끼는 만족감이나 슬픈 정도가 둔해진다는 것이다. 앞의 가치함수 그래프를 보면, -1,000원 좌측과 +1,000원 우측으로 갈수록 초록색 가치함수의 기울기가 양쪽 모두 점점 작아지는(평평해지는) 것을 확인해 볼 수 있다. 자신의

Chapter 1 자동차 세일즈 프로세스

주택 가격이 1억에서 2억으로 오른 사람이 11억에서 12억으로 오른 사람보다 더 큰(즐거운) 감정 변화를 느끼는 예를 생각해 볼 수 있다.

셋째, 준거점(판단이 되는 기준) 의존성이다. 사람은 처음에 기준점을 어디에 두는지에 따라 느끼는 감정의 크기(정도)가 다르다. 예를 들면, 두 명의 학생 모두 이번 달 기말시험에서 90점이란 높은 점수를 맞았는데, A 학생은 기존에 받아 왔던 95점에서 5점 떨어진 점수이며, B 학생은 85점에 5점 오른 점수라 해 보자. 이 두 학생의 이번 달 시험 점수는 비록 같을지언정, B 학생이 느끼는 즐거운 감정이 더욱 클 것이다. 또 다른 예로, A 학생은 기존 90점을 받다가 이번 시험에서 95점을 받았고, B 학생은 80점에서 85점을 받았다고 해 보자. 이 경우, B 학생이 느끼는 기쁜 감정이 A 학생보다 더욱 클 것이다. 왜냐하면, 점수의 크기보다는 판단의 기준이 되는 점수가 다르기 때문이다.

③ 비용에 대한 개념 설명

비용(Expense)이란 용어는 일반적으로 어떤 일을 함에 있어 무언가가 지출된다는 의미이며, 개인적인 관점에서는 어떤 것이 마이너스가 된다는 의미로 생각해 볼 수 있다.

비용은 크게 세 가지 요소로 구성된다. 금전적인 비용인 돈, 무언가를 얻거나 이루기 위해 육체적 그리고 정신적으로 애를 쓰는 노력, 끝으로 내가 투자하는 시간이다. 예를 들면, 고객은 자동차를 사기 위해 우선 돈이란 것이 필요할 것이다. 또한, 자동차 매장을 방문해서(육체적) 이것저것 따져가며 비교해 보는(정신적) 노력 그리고 이를 위해 투자해야 하는 시간이 필요할 것이다. 따라서 앞으로 비용이란 단어를 떠올렸을 때는 단지 금전적인 부분인 돈만을 생각할 것이 아니라, 노력과 시간이라는 부분도 함께 고려해야 한다.

그럼, 자동차를 소유하는 데 필요한 비용 항목에는 어떤 것들이 있는지 알아보도록 하자. 여기에도 크게 세 가지가 있다. 첫째, 구매할 때 드는 구매비용, 둘째, 내 차가 된 이후에 필요한 소유(유지)비용, 마지막으로 내 차로서 소유가 끝난 이후에 발생하는 처분비용이다.

위 각각의 비용 항목은 비용 자체의 의미인 돈, 노력, 시간 세 가지 관점에서 또 한 번 나누어 볼 수 있다. 결국, 자동차를 소유하기 위해서는 고객 입장에서 다음 표와 같이 총 아홉 가지의 비용이 발생한다는 것을 알 수 있다.

구매비용	소유비용(유지비용)	처분비용(중고차 비용)
① 구매하는 데 드는 시간적 비용	④ 소유하기 위해 필요한 시간적 비용	⑦ 처분하는 데 필요한 시간적 비용
② 구매하는 데 드는 노력적 비용	⑤ 소유하기 위해 필요한 노력적 비용	⑧ 처분하는 데 필요한 노력적 비용
③ 구매하는데 드는 금전적 비용	⑥ 소유하기 위해 필요한 금전적 비용	⑨ 처분하는 데 필요한 금전적 비용

위 비용의 항목 중 가장 핵심이 되는 고객이 차량을 소유함으로써 발생하는 비용인 소유(유지)비용에 대해 구체적으로 알아보자.

자동차라는 것은 한번 구매하면 평균적으로 3~5년 정도 소유하게 되며, 이 기간 동안 어찌 보면 회사나 집 다음으로 가장 많은 시간을 보내는 공간일 수 있다. 이러한 자동차는 결국 하나의 소모품이기 때문에 사용하는 과정 측면에서 여러 가지 신경 쓸 일들이 생각보다 빈번히 발생하게 된다. 이것이 바로 고객 입장에서 가장 크게 느낄 수 있는 소유비용의 의미이다.

여기서 눈여겨봐야 할 부분은 소유비용 중 ④번과 ⑤번이다. 고객이 자동차를 구매하는 시점에는 현재 구매하고 있는 상황에만 집중한 나머지 정작 본인의 차가 된 이후 제일 중요한 소유비용에 대해서는 간과하는 경우가 많다. 따라서 이 부분에 대한 중요성을 고객에게 적극 강조해 줄 필요가 있다. 참고로, ⑥번 소유에 필요한 금전적 비용에는 유류비, 보험료, 자동차세, 유지/관리(Maintenance)비, 혹시나 모를 사고 시 수리비 총 다섯 가지가 있으며, 이는 자동차를 소유하는 사람이라면 당연히 부담해야 하는 비용일 뿐이라는 것을 참고하자.

고객에게 견적서 제시 후 가격 네고 시, 지금 당장 조금의 할인보다 향후 3~5년이란 긴 시간 동안 고객이 지불해야 할 ④번과 ⑤번의 비용 부분을 담당 영업직원이 대신 지불해 준다는 내용을 전달한다면 고객은 과연 어떤 느낌을 받을까?

이에 대해 영업직원이 잘 설명만 한다면 고객은 아마도 자동차를 소유하는 동안 따로 시간을 내서 귀찮고 신경 쓰이는 일을 하지 않아도 된다는 생각을 분명히 가질 것이다. 바로 이 내용으로 고객을 설득해야 한다. 즉, 구매비용 측면에서 고객이 100만 원의 추가 할인으로 느낄 수 있는 순간의 혜택보다, 고객이 소유하게 될 차량을 다소 긴 시간 동안 담당 영업직원이 잘 관리해 준다는 혜택을 강조하는 설명이 필요하다는 것이다. 이것이 소위 말하는 고객관리의 진정한 의미이며, 최고라 불리는 영업직원들의 공통적인 성공 비결이 바로 여기 있다 해도 과언이 아닐 것이다.

영업을 하는 사람이라면 누구나 최고가 되고 싶은 욕심과 포부를 가지고 있을 것이다. 하지만 최고가 되는 사람은 극히 일부분이다. 왜냐하면, 영업직원 입장에서 고객이 부담해야 할 소유비용을 대신 지불해 주는 고객관리가 말처럼 그리 쉽지는 않기 때문이다. 그 이유는 간단하다. 고객이 귀찮아하는 것이면, 나도 똑같이 귀찮기 때문이다.

이처럼 고객관리라는 것은 생각만 할 뿐 누구나 할 수 없기에, 진정한 의미의 고객관리를 지속해서 실천하는 사람만이 향후 영업을 통한 달콤한 열매 맛을 볼 수 있을 것이다.

④ 적절한 커뮤니케이션을 통해 상대방의 심리를 자극한다

최초 견적서 제시 이후 고객이 할 수 있는 주된 반응은 대체로 다음 네 가지이며, 이에 대한 응대 예시 멘트는 다음과 같다.

a) 가격이 비싸다는 반응

공감 | 고객님, 가격이 다소 비싸다고 느끼셨군요.

인정 | 네, 그렇게 생각하실 수 있습니다.

반론 | 하지만 가격이라는 것은 상대적인 것이라 생각합니다. 사실 어떤 물건이건 간에 가격이 비싸다 혹은 싸다고 하는 기준은 가장 먼저 제품이 가진 가격 대비 품질인 가성비에 따라 달라질 수 있을 것 같습니다. 지금 보고 계신 모델 같은 경우에는 요즘 가장 인기 있는 모델이기 때문에 세부 모델이나 특정 색상을 원하신다면 서둘러서 계약을 해 주셔야 하는 모델이기도 합니다. 그리고 옵션이라든지 다른 서비스 부분까지 생각해 보시면 가격이 비싸다기보다는 오히려 매우 경쟁력 있는 가격이라 생각됩니다.

종결 | 따라서 단순히 가격만 보시지 마시고 전체적인 부분까지 고려해 보시면 고객님께서 충분히 만족하실 만한 가격이라 생각됩니다.

b) 자신의 지불 가능한 금액보다 높다는 반응

공감 | 아… 생각하신 금액보다 차량 가격이 좀 높은 편이군요….

인정 | 고객님들 상담드리다 보면 차는 마음에 들어 하시는데 예산을 초과하는 경우가 종종 있긴 합니다.

반론 | 고객님, 실례지만 차량 구매하신다면 금액 지불은 어떻게 하실지 생각하고 계신 것이 있으신가요? 일반적으로 현금 구매 아니면 할부나 리스를 대부분 이용하시는데요, 만약 사업자 가지고 계시면 운용리스를 주로 사용하십니다.
(고객이 사업자를 가지고 있으며, 리스상품을 고려하고 있는 경우)
고객님께서도 잘 아시겠지만, 리스란 기본적으로 대여한다는 의미입니다. 이러한 리스상품도 다양하게 있습니다. 현재 고객님께서 보고 계신 차량 금액이 예산보다 다소 높다고 말씀 주셨기 때문에, 고객님께 딱 맞는 금융 프로그램을 추천해 드리면 잔가라 불리는 중고차 금액이 보장되는 상품이 있습니다.
(잔가 보장 상품의 특징/장점 그리고 이로 인한 추가 혜택에 대한 설명 후) 그래서 현재 고객님과 비슷한 고민을 하시는 분들께 이 상품 권해 드리면 상당히 만족하신다는 말씀 많이 듣곤 합니다.

종결 | 결론적으로 차량 구매를 더욱 가볍게 느끼실 수 있는 잔가 보장형 금융상품 사용을 추천해 드리고요, 월 불입금 이나 향후 신경 쓰셔야 할 전체적인 부분까지 생각해 보시면 매우 큰 장점을 누리실 것입니다. 심지어는 본 상품을 이용하시게 되면 지금 보시는 모델보다 하나나 두 단계 더 높은 차량까지도 훨씬 가벼운 느낌으로 이용도 가능하십니다.

c) 다른 곳에서는 XXX원 정도 할인해 준다는 반응

공감 아, 고객님 XXX원 정도 할인된다는 말씀을 들어 보신 거군요….

인정 네, 간혹 그렇게 말씀 주시는 고객분들이 계시긴 합니다.

반론 결론부터 말씀드리면, 지금 보시는 차량은 말씀 주신 XXX원까지 공식 프로모션이 지원되고 있지는 않습니다.
하지만 이번 달 같은 경우에는 AAA 금융상품을 이용해 주시게 되면 특별 프로모션 YYY원이 추가로
지원되는 금액이 있고요, 좀 전에 보여 드린 견적서에 이미 정확히 반영해 드렸습니다.
그만큼 믿고 진행해 주시길 바라는 마음에서 처음부터 고객님께 최대한 모든 부분 적용해서 말씀을 드렸습니다.
그리고 감사의 의미에서 BB와 CC의 선물이 추가 지원되는 부분 또한 견적서 아랫부분에 항목별로 작성해
드렸으니까요, 이 부분까지 자세히 확인해 보시면 앞으로 차량 사용하시는 데 부족함 없으실 것으로 생각됩니
다.
사실 고객님께서 보고 계시는 금액보다 더 중요한 것은 앞으로 제가 고객님께서 차량 타시는 동안 전혀 불편함
없으시도록 관리해 드리는 부분입니다. 이 부분을 고객님께 당장 보여 드릴 수 없어 개인적으로 매우 아쉽긴
합니다.

종결 얼마까지 할인이 된다는 부분보다, 그 이상으로 편하게 차 사용하실 수 있도록 견적서상에 나와 있는
항목들에 더해 추가로 향후 제가 고객님과 차량을 관리해 드린다는 고객님께 대한 약속 부분까지 같이 고려해
주시면 감사드리겠습니다. 고객님께 진정한 고객관리가 무엇인지 한번 꼭 보여 드리고 싶습니다.
(필요시 기존 고객들의 만족 경험담 추가 언급)

d) 얼마를 더 해줄 수 있는지 요청하는 반응

공감 고객님, 가격이 조금 높다고 생각하신거군요.

인정 네, 충분히 그렇게 생각하실 수 있구요,

반론 근데, 지금 제가 보여 드린 가격이 정식 가격에서 현재 특별히 진행되고 있는 공식적인 프로모션이 적용된
금액입니다.
따라서 지금 보신 가격이 최종 가격입니다. 사실 가격이라는 것이 어느 물건이건 간에 그 금액에 맞는 가치를
충분히 하는 것으로 생각합니다.
단지 자동차만 구매하신다고 보지 마시고, 구매하신 이후에 다양한 고객님의 혜택 중 가장 큰 것이 바로 제가
고객님 차량을 끝까지 관리해 드린다는 것입니다. 자동차만큼은 대략 3~5년 동안 타시면서 거의 완벽하게
믿고 맡길 수 있는 저의 노력까지 한번 고려해 봐 주시면,

종결 좀 전에 말씀 드렸던 금액이 최종 가격이 아니라, 지금 고려하시는 차량을 오랫동안 가장 행복하게 타실 수
있는 가장 매력적인 금액이라 생각해 봐 주시면 어떠실지 생각됩니다.

⑤ 진심과 정성을 보인다

사람을 만나는 과정에서 상대방의 진심과 정성을 느낀다면 당장은 어떠한 관계를 맺지 않더라도 오랜 시간 그 사람이 생각날 것이며, 다음번 기회가 되면 한 번은 꼭 다시 찾게 될 것이다.

따라서 영업직원은 고객과의 첫 만남부터 외모, 말투, 행동 그리고 눈빛 모두에서 진심과 정성이 느껴지는 모습을 보여야 한다. 앞으로 고객님께 잘하겠다 또는 정성을 다해 고객님의 차를 잘 관리해 드리겠다는 말의 진정성은 화려한 언변이 아닌 영업직원의 태도에 의해 전달되기 때문이다. 모든 세일즈 과정에서도 그렇지만, 고객과의 네고 시에는 이 부분에 더욱 신경 써야 한다.

a) 고객 요구에 끝까지 정성을 다하는 영업직원의 모습

고객과의 네고 시 대화 마지막 부분에는 고객의 추가 요구 사항이 실현될 수도 있다는 여지를 남겨 두어야 한다. 여기서 중요한 것은 그 여지를 실현해 줄 사람은 내가 아닌 팀장이나 지점장 같은 나의 윗사람이라는 것을 언급하고, 본인이 할 수 있는 최대한 노력을 다하겠다는 느낌을 전달해야 한다. 윗사람과 협의해 보는 약간의 시간이 지난 후, 내가 상당한 노력을 들여 얻어 낸 결과라는 의미 전달과 함께 고객에게 추가 혜택을 제시한다면 고객은 자신의 요구 사항이 100%는 충족되지 않더라도 아마 최종 제안을 받아들여 그 순간 네고가 종결될 가능성이 높아질 것이다.

b) 과감한 No! 그리고 이로 인한 영업직원의 진심 어린 고객에 대한 조언

최종 네고 단계에서 고객과 더는 이견이 좁혀지지 않을 때, 과감히 No! 할 수 있는 용기를 가져야 한다. 영업직원 입장에서 No는 '당신이 요구하는 조건으로는 솔직히 계약이 힘들다'는 의미가 된다. 하지만 이때 영업직원이 고객에게 반드시 전달해야 하는 메시지는 '혹시라도 조금 더 낮은 가격으로 다른 곳에서 차를 구매할 수 있다면, 차량을 소유하는 동안 발생할 수 있는 여러 불편함은 고객이 그만큼 직접 감수해야 한다는 것'이다. 추가로, 요즘은 이전에 없었던 새로운 각종 편의 및 안전장치 그리고 다양한 새로운 컨셉의 차들이 많이 출시되기 때문에, 과거와 달리 차를 구매한 순간부터 담당 영업직원의 도움이 많이 필요하다는 메시지 또한 적절히 활용한다면 고객을 설득하는 데 좀 더 도움이 될 것이다.

c) 진심의 어필

고객의 추가 요구 사항을 더는 수용하기 힘들 때 객관적인 현실 상황을 솔직하게 말하는 게 오히려 도움이 될 때도 있다. 이 경우 두 가지 주제가 순차적으로 전달되어야 하는데, 첫째, 세일즈라는 비즈니스 상황, 둘째, 영업직원의 역할과 이로 인한 정당성이다.

우선, 세일즈 비즈니스라는 것은 '영업직원이 일정 시간 동안 한 명의 고객만을 대상으로 하는 1:1 응대의 전 과정'을 말한다. 따라서 비록 짧은 시간이었을 수는 있지만, 이 시간 동안 영업직원 입장에서 상대방이 되는 고객만을 위해 최대한 노력을 다해 응대했다는 의미를 전달해야 한다.

그다음, 앞으로 고객을 응대하고 관리하기 위해서는 영업직원도 어느 정도는 수입이 있어야 한다는 내용과 영업직원도 사회생활을 하는 입장에서 생계를 위해 최소한의 수입은 있어야 한다는 의미를 전달해야 한다. 생계라는 단어를 사용하면 영업직원 입장에서 다소 비굴해지는 것 아닌가란 생각이 들 수 있다. 하지만 이것은 비굴함이나 자존심과 관련된 문제가 아니라, 비즈니스맨으로서 당당히 어필할 수 있는 정당하고 합당한 보상에 대해 언급이란 것을 기억하도록 하자.

참고로, "고객님, 실례지만 영업직원 입장에서 한 번 생각해 주시면…", "실례지만, 고객님께서도 사업체를 운영하시다 보면, 사실 비록 작더라도 수입이라는 것은…", "실례지만, 고객님께서 사업체를 운영한다고 생각해 보시면, 사실 비록 작더라도 수입이라는 것은…"과 같이 고객을 최대한 영업직원 입장으로 감정이입시킬 수 있는 멘트를 중간에 사용하면 더욱 도움이 될 것이다.

(4) 네고 마무리 단계

네고의 마무리 단계는 고객과 모든 네고 과정을 마치고 최종적으로 계약서를 작성하는 것을 말한다.

계약서를 작성하기 위해서는 우선 네고라는 것을 끝내야만 한다. 네고를 하다 보면 상호 간에 '좋습니다! 계약합시다!'라는 의미의 신호를 주고받을 때도 있지만, 사실 그렇지 못한 경우가 더 많다. 이런 경우 영업직원은 고객에게 이쯤에서 네고를 끝내 보려는 시도인 네고의 종결을 유도하는 질문이 필요하다. 이것을 Test Closing이라 한다.

이러한 Test Closing은 네고가 어느 정도 진척되었다고 판단되는 상황이나 혹은 더는 진척이 보이지 않을 때 사용하면 도움이 된다.

Test Closing 스킬 네 가지를 소개하면 다음과 같다.

① 시점의 지정법

"사람이 무엇인가를 소유하고 싶어 하는 것은 그것을 간단히 손에 넣을 수 없기 때문이다."

– 독일의 철학자 짐멜(Georg Simmel) –

고객에게 지금 결정하지 않으면 같은 조건(가격, 색상 및 세부 모델)으로 나

중에는 구매하기 힘들 수 있다는 것을 인식시켜 네고의 종결을 유도하는 방법이다. 바로 지금이라는 시간의 압박을 강조하여, 지금이 최고의 기회라는 것 그리고 지금이 아니면 이 조건은 받기 힘들다는 것 두 가지를 활용하는 것이다. 이 방법을 활용할 때에는 반드시 고객에게 제시한 조건들을 항목별로 먼저 언급하고 시작해야 한다.

참고로, '이번 주말까지' 또는 '이번 달 말까지'처럼 바로 지금이 아니더라도 가까운 미래의 특정한 시점을 언급하는 것도 괜찮다.

② 시점의 변화법

네고의 주제를 현재가 아닌 구매 후 차량 소유 기간으로 그 시점을 바꾸는 것이다. 어느 곳에 가서 차량을 구매하더라도 차량 자체가 다른 건 아니다. 하지만 지금 이곳에서 이 조건으로 구매할 경우 향후 고객이 겪을 수 있는 힘들고 귀찮은 부분을 줄일 수 있다는 의미를 전달하는 것이다.

영업직원이 소속되어 있는 전시장(혹은 딜러사나 판매점)에서 구매할 경우 누릴 수 있는 혜택, 가령 고객 소재지와 전시장(서비스센터와)의 인접성, 언제든지 편하게 문의/부탁할 수 있는 편의성, 위급한 상황 발생 시 빠르게 응대나 조치를 받을 수 있다는 신뢰성 등을 강조하는 것이다.

이를 통해 고객에게 추가 가격할인으로부터 얻게 되는 현재의 만족도가 향후 정서적이며 물리적인 비용 소진보다 더 낮다는 것을 인지할 수 있게 하는 것이 목표이다.

③ 혜택의 대체법

고객과 네고 막바지까지 합의에 잘 도달하지 못하는 경우 고객이 원하는 추가적인 가격할인을 수용하는 것이 아닌, 작은 혜택 하나를 추가 제시함으로써 네고 종결을 유도하는 방법이다.

이때 고객에게 제시하는 혜택은 큰 것이 아닌 비록 작고 소소하기는 하나, 실질적이어야만 한다. 만약 큰 것을 제시한다면 고객은 '분명히 뭔가 더 있을 거야!' 혹은 '거봐, 버티니까 더 나오지'란 생각을 하게 될 것이며, 네고의 종결은 점점 더 멀어질 수도 있다.

작은 혜택을 추가로 제시하여 고객이 '이제 더 나올 것이 없나 보다. 그냥 이거까지만 받고 끝내자'란 생각을 하도록 유도하는 것이 목표이다.

④ 대안의 추가 제시법

고객이 최종 결정을 내리지 못하고 머뭇거릴 때 또는 더는 네고가 불가능하다고 판단될 때, 영업직원이 제시한 조건 중에서 대상 차량 자체나 금융 조건 또는 제안한 혜택을 바꾸어 원래의 조건과 새롭게 제시한 대안 중 고객이 하나를 선택하게 하는 것이다.

기존의 제안과 새로운 제안 중 고객이 직접 결정할 수 있는 선택권을 줌으로써 고객은 현재 정체된 생각의 틀에서 어느 정도 벗어날 수 있는 자유로움과 2개의 대안 중에서 하나를 직접 선택할 수 있다는 생각을 하게 될 것이다. 이때 주의할 점은, 고객 본인이 현재의 분위기를 리드할 수 있다는 느낌을 들게 해야 한다. 이를 통해 고객은 환기된 분위기 속에서 이전보다는 쉬운 결정을 할 수 있는 생각의 여유가 생길 것이다.

일단 고객 스스로가 선택이라는 것을 한다면 자신이 선택한 결정에 더욱 순응할 것이며 또한, 영업직원 입장에서는 고객이 무엇을 선택하든지 간에 결국 계약이라는 목적 달성을 할 수 있다.

이상 핵심적인 Test Closing 스킬에 대해 알아보았다. 고객과 최대한 빠른 네고 진행을 할 수 있도록 위 네 가지 방법을 적절히 조합하여 이를 나만의 스타일과 언어로 다듬어야 할 것이다.

고객이 전시장을 처음 방문한 당일에 계약서까지 작성하는 경우가 사실 그리 많은 건 아니지만, 한정판이나 특별 프로모션, 고객 개인 성향 또는 다양한 판매 상황 등에 따라 당일 계약이 종종 이루어지기도 한다. 따라서 고객의 첫 방문 때부터 계약을 성사시켜야 한다는 목표를 가지고 상담에 임해야 한다. 만약 고객의 방문 당일에 계약하지 못했을 때는 최대한 서둘러 계약을 성사시킬 수 있도록 노력해야 한다. 왜냐하면, 자동차라는 것은 자주 사는 물건이 아니므로 고객 입장에서 많은 생각과 고민의 시간이 필요한 건 맞지만, 이러한 시간도 길어질수록 계약 확률이 떨어질 수 있기 때문이다.

세일즈 전 단계를 통틀어 네고 단계가 고객과 영업직원 모두에게 어찌 보면 물리적인 시간과 감정소비 측면에서 가장 힘든 순간일 수 있다. 이 과정의 성공 여부가 계약과 직결되는 최종 관문이라 여기고, 1) 당일 만남 당일 계약, 2) 계약 연기 시 최대한 빠른 시간 안에 계약서 작성을 한다는 목표와 의지를 항상 갖추고 이를 실제 행동으로 옮겨야 한다.

세일즈를 잘한다는 것은 계약을 많이 하는 것도 있지만, 세일즈 프로세스를 빨리 진행해 나가는 것 또한 해당하는 것임을 기억하도록 하자.

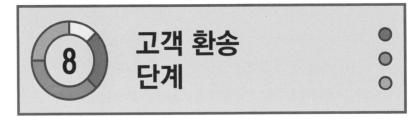

고객과의 첫 만남을 시작으로 세일즈 상담이 마무리 단계까지 왔다면 끝으로 고객 환송만이 남았다. 미국 속담에 "끝이 좋으면 모든 것이 좋다 (All's well that ends well)"는 말이 있다. 이 말은 일뿐만이 아닌 인생을 살면서 만나고 헤어짐을 반복하는 모든 인간관계에도 적용되는 말일 것이다.

세일즈 관점에서 고객 상담 과정 전체를 하나의 작품으로 본다면, 고객 환송 단계는 세일즈라는 작품의 완성도를 끌어올릴 수 있는 마지막 기회의 순간일 것이다. 세일즈에서 기회라는 것은 쉽게 찾아오지 않는다. 이렇게 소중한 기회가 다시없을 마지막이라면, 영업직원은 이 순간을 더욱 값지게 활용해야 할 것이다.

고객과의 첫 만남부터 정성과 열정을 가지고 순조롭게 세일즈 프로세스를 진행했다면 좋은 끝맺음은 현재의 성과와 함께 고객과의 지속적인 관계유지에도 큰 도움이 될 것이다. 만약 고객 상담 과정 중 다소 불편한 부분이 있었다면 이를 만회하고 오히려 좋은 결말로 분위기를 반전시킬 수 있는 것 또한 고객 환송이란 마무리 단계를 통해 가능할 것이다.

고객 환송의 과정과 이에 대한 응대 방법은 다음과 같다.

1) 감사 인사

고객 환송은 영업직원이 고객에게 감사 인사를 건네는 것부터 시작하며, 그 주제는 고객이 (1) 설명 들어 준 것과, (2) 같이 시간을 보내 준 것 그리고 (3) 설명/응대할 기회를 배려해 준 것에 대한 것이다.

〈감사 인사 멘트 예시〉

"고객님, 긴 시간 동안 설명 들어 주셔서 감사합니다. 고생 많으셨습니다. 그리고 고객님께서 할애해 주신 귀중한 시간 동안 상담 드릴 기회 주셔서 다시 한번 감사 인사드립니다."

2) 고객의 이후 동선에 대한 질문과 안내

고객이 전시장을 방문했던 방법에 대해 질문 후 이에 따른 안내를 진행한다. 예를 들어, 고객이 차량을 이용해 방문한 경우 차량 출차 준비 여부에 대한 질문 후 출차를, 도보 방문은 이동 동선 방향에 대한 질문 후 주변 도로 및 대중교통 정보에 대해 간략하게 안내한다.

고객이 자신의 차량을 이용해 방문했을 때, 고객은 출차가 준비되는 시간 동안 다소 지루하거나 어색한 순간을 경험할 수도 있다. 이때 영업직원은 고객이 기다리는 시간에 대해 양해를 구한 다음, 고객이 편한 장소에서 음료 서비스를 받을 수 있도록 한다.

참고로, 상담 중 부족했거나 보완해야 할 자료 또는 고객이 요청한 자료가 있을 때 그리고 고객과 추가 약속을 한 경우에는 고객이 떠나기 전 이에 관한 확인 멘트와 함께 적절한 후속조치를 완료해야 한다.

〈동선 질문과 안내 멘트 예시〉

고객이 자가 차량을 이용하는 경우.

"고객님, 차량 좀 더 확인해 보실 부분 없으시면 지금 차량 출차 도와드려도 괜찮을까요? (고객이 전시장을 떠난다고 한 경우) 네, 잘 알겠습니다. 차량 번호 말씀 주시면 바로 준비해 드리겠습니다. 실례지만 출차를 위해 잠시 자리 좀 비우겠습니다. 기다리시는 동안 혹시 음료나 다과 좀 더 준비해 드릴까요? (괜찮다고 한 경우) 네 잘 알겠습니다. 그럼, 가시면서 드실 수 있도록 차량에 음료 준비해 드려도 괜찮을까요? (네라고 한 겨우) 네, 잠시만 기다려 주시면 차량 나오는 대로 바로 안내드리도록 하겠습니다.

　　　　　　　　　　　　　　　　　Chapter 1 자동차 세일즈 프로세스

감사합니다."

고객이 도보로 이동하는 경우.

"고객님, 혹시 차량 가지고 오셨나요? (아니라고 한 경우) 그럼, 돌아가실 때 드실 수 있도록 따뜻한(혹은 시원한) 음료 하나 준비해 드릴까요? (네라고 한 경우) 네, 그럼 여기 잠시만 앉아 기다려 주시면 바로 준비해 드리겠습니다. (음료 가지고 온 후) 고객님, 말씀하신 시원한 아이스 아메리카노 준비했습니다. 실례지만 전시장 주변 대중교통이나 도로 정보 필요하시면 말씀 부탁합니다."

3) 배웅

배웅은 고객을 모시고 전시장 밖으로 이동하여 마지막 인사를 건네는 것이다. 이때 주의 사항 세 가지는 다음과 같다.

① 고객을 전시장 밖으로 안내해 가며 걸어 나오는 짧은 시간 동안 간략히 전달해야 할 내용 두 가지는 첫째, 당일 상담 시 결정되었던 내용에 대한 주제 요약, 둘째, 추가 시승이나 상담(정보나 자료) 등이 남아 있는 경우 이에 관한 확인.

② 고객과 헤어지는 마지막 순간에 방문과 상담에 대해 재차 감사의 인사.

③ 고객과 헤어지는 순간 인사 후 바로 전시장으로 들어오지 말고, 고객이 떠난 후 공손한 자세를 유지한 상태로 고객이 시야에서 완전히 벗어날 때까지 그 자리에서 기다린 후 전시장으로 복귀함.

차량 인도
단계

사람은 인생의 여러 가지 기억과 추억을 가지고 살아간다. 기억과 추억이라는 말이 비슷한 의미이긴 하나, 기억은 어떠한 것이 생각 속에 남아 자신이 필요한 순간에 이를 다시 떠올릴 수 있는 다소 물리적인 것임에 비해, 추억은 이러한 기억이 짧은 순간이 아닌 다소 긴 시간 동안 생각 속에서 이어지는 것을 말한다. 또한, 기억은 좋고 나쁜 기억이 모두 가능하지만, 추억은 대부분 좋았던 감정을 가진 기억을 말하는 경우가 많다. 참고로, 사람은 좋았을 때보다는 나빴던 순간을 더 오래 기억하는 경향이 있으며, 이것을 소위 트라우마라 부른다. 이러한 트라우마는 특정한 순간에 짜증, 분노 등의 감정으로 표출되기도 한다.

그럼, 고객에게 차량 인도의 순간을 기억과 추억 중 과연 어느 것으로 남게 해야 할까? 당연히 단순한 과거의 기억이 아닌, 그 순간의 감정을 오래도록 기억할 수 있는 추억이 되어야 한다. 차량 인도는 고객이 영업직원

Chapter 1 자동차 세일즈 프로세스

과 어찌 보면 길고 험난했던 세일즈 과정을 보낸 후 드디어 신차를 받는 순간이기 때문에, 고객에게 특히 차량 인도의 순간은 살면서 가장 기억에 남는 순간 중 하나가 될 것이다. 또한, 새로운 차를 산다는 것 자체는 새로운 물건에 대한 설렘, 앞으로 몇 년 동안 나 자신만을 위한 새로운 멋진 공간이 생긴다는 느낌, 심지어 과거 열심히 살아왔던 나에게 하나의 큰 선물을 주는 순간이 될 수도 있기 때문이다.

예를 들어, 인생을 정말 열심히 살아왔고, 누가 봐도 자신의 분야에서 성공했다고 인정받는 행복한 가정을 둔 40대 중반의 한 남성이 있다고 해보자. 이 사람은 아마도 그간 치열하게 인생을 살아오면서 여러 가지 우여곡절을 겪어가며, 명예, 돈 그리고 가족 등을 위해 힘든 날들을 참고 살아왔을 것이다. 그렇다면, 이 사람에게 지금까지 살아오면서 오직 자기 자신만을 위한 순간들은 과연 얼마나 있었을까? 아마 그리 많지는 않았을 것이다. 개인별로 자신의 취향이란 것이 있긴 하겠지만, 특히 이러한 사람들에게 자동차라는 것은 자신에게 주는 최고의 선물이란 큰 의미가 있을 것이다. 또한, 자동차라는 것은 그것이 고가이건 아니건 간에 누구에게나 큰 의미를 만들어 주는 물건이기에, 자동차를 인도하는 순간은 시간이 오래 지나더라도 어렴풋이나마 기억에 남을 것이다.

그럼, 고객에게 이처럼 의미 있는 차량 인도의 순간에 영업직원은 어떻게 해야 할 것인가?

영업직원은 고객에게 기억에 남는 사람이 되는 것을 넘어 소중한 추억을 함께 나눈 사람으로 기억될 수 있도록 해야 한다. 이로 인해 고객은 자신의 즐거운 순간을 정성껏 잘 준비해 준 영업직원을 더욱 잘 기억할 것이며, 영업직원 입장에서 이 순간 자체가 고객과 진정성 있는 관계의 시작점이 될 것임은 분명하다. 참고로, '추가 판매가 시작되는 것은 바로 고객이 차량을 인도받는 순간부터다'라는 말이 있는 것도 이 때문이다.

차량 인도는 다음과 같은 두 단계로 이루어진다.

1) 차량 인도 준비

인도 준비는 첫째, 과정과 관련된 외적 준비와 둘째, 이에 관한 내용을 준비하는 내적 준비로 나뉜다.

첫째, 인도의 외적 준비는 차량 인도 전 고객에게 질문과 제안 그리고 고객의 의견 청취를 통해 아래의 일곱 가지 필수 사항을 확인 및 확정하는 것을 말한다.

(1) 차량 인도 장소, 날짜, 시간.

(2) 인도 시 고객이 할애할 수 있는 총 시간.

(3) 인도 시 동반자가 있는지.

(4) 인도를 위한 전시장 방문 수단(차량 혹은 대중교통 등).

(5) 인도 시 고객이 추가로 필요한 정보나 자료가 있는지.

(6) 고객이 원하는 추가 장착 항목이나 작업 내용이 있는지.

(7) 고객의 기타 요구 사항.

위 사항들에 관해 확인 후 인도 날짜 기준 최소 1~2일 전에 축하 및 감

Chapter 1 자동차 세일즈 프로세스

사 인사와 함께 인도와 관련된 확정된 사항들을 요약하여 이를 이메일이나 SMS를 통해 고객에게 전달해야 한다. 추가로, 인도 전까지 이루어지는 차량의 전시장 도착 및 작업 현황 등 또한 일정 기간을 정해 고객에게 그 진행 상황을 공유해 주어야 한다.

참고로, 고객에게 차량 인도를 하나의 특별한 순간으로 만들어 주기 위해 각종 이벤트나 선물 등을 준비하는 것도 매우 좋은 아이디어이다. 만약 동반인이 있을 때는 해당 고객뿐만 아니라 동반인까지 고려해야 함을 기억하도록 하자.

둘째, 인도의 내적 준비는 각종 필수 서류 및 절차와 관련된 사항들을 사전에 꼼꼼히 확인하고 이를 준비하는 것이다.

내적 준비 시 확인해야 하는 항목에는 각종 계산서와 영수증, 차량 등록과 관련된 서류, 보험 서류, 사후 관리 서비스 항목 및 절차 안내서, 차량의 주요 기능에 대한 사용 설명서 그리고 각종 선물이나 용품 등이 있으며, 고객이 요청하는 특별한 출고 장소나 출고에 도움을 줄 수 있는 인력이 있는 경우 이 또한 사전에 예약 및 확인하는 것 모두를 포함한다.

인도의 순간을 자신의 성실함과 전문성을 동시에 보여 줄 수 있는 마지막 기회라고 생각하고 이에 대한 출비를 철저히 해야 한다.

2) 차량 인도

영업직원은 고객에게 차량 인도 시 출고 설명이라는 것을 해야 한다. 차량 상담 시 고객에게 하는 제품 설명은 제품의 특징과 장점 위주임에 반해, 출고 설명은 고객이 차량을 보다 편하고 안전하게 사용하기 위한 실사용 위주의 설명이 되어야 함이 핵심이다.

인도 과정은 고객 방문 확인 → 축하 인사 → 절차 안내(소요 시간, 방법 및 이후 계획) → 출고 설명 → 질의응답 → 출고 순으로 구성된다.

위 과정 중 출고 설명이 중요한 부분인데, 이는 사전에 확인해 둔 고객이 할애할 수 있는 시간에 따라 그 내용을 조절해야 한다. 참고로, 출고 설명시간은 최대 30분 정도이며, 보통 10분 정도 내외에서 이루어지는 것이 바람직하다.

다음 표는 차량 인도와 관련된 전체적인 순서와 내용이다. 참고로, 이는 시간, 대상 그리고 기타 주변 상황에 맞게 실시하면 된다.

● 차량 출고 순서 및 핵심 내용

축하 인사 및 출고 안내	담당 영업직원의 간략한 자기소개 및 인사
	고객의 신차 출고에 대한 축하와 감사 인사
	출고 설명 과정, 소요 시간 및 주요 안내 주제 전달
	질문을 통해 출고 설명에 대한 고객의 추가 요구 사항 파악
출고 설명	출고 대상 차량에 대한 간략한 소개(세부 모델명, 특징 등)
	① 키 사용법
	② 트렁크 사용 및 주요 활용 방법
	③ 주유구 개폐 방법 및 주유 시 주의 사항
	④ 운전석 시트 조절 버튼 및 방법(정확한 시트 포지션), 핸들 파지 방법 (필요 시 조수석에 탑승한 상태에서 진행 가능)
	⑤ 헤드라이트 관련 버튼 및 조작법
	⑥ 핸들 위 멀티 펑션 스위치 조작법 + 핸들 주변 레버 사용법 (+ 차량 옵션에 따라 각종 운전 편의 및 보조장치와 기능 설명 추가)
	⑦ 각종 디스플레이 및 계기판 사용법(확인 및 조작 방법)
	⑧ 전면 센터 페시아 버튼에 대한 작동법(공조 → 인포테인먼트 순)
	⑨ 기어 레버 조작법
	⑩ 기어 레버 주변 버튼 종류 및 사용 방법
	⑪ 차량의 주요 설정 방법 및 차량 상태 확인 방법
	⑫ 각종 실내 수납공간
	⑬ 전자기기와 관련된 항목(예: 전원 공급 장치, 휴대폰 연결 방법 및 설정/사용법 등)
	⑭ 고객에게 추가 설명 필요 여부 질문 및 이에 따라 후속 설명
질의 응답	추가 궁금한 사항이 있는지 질문 후 답변
출고 마무리	향후 지속적인 고객관리에 대한 안내 후 마무리
	출차 안내
	고객이 설명을 들어 준 것에 대한 감사 인사

3) 차량 인도 시 주의 사항

(1) 고객이 과거 동일 차종이나 브랜드 경험이 있는지를 사전에 파악 후 불필요한 출고 설명 내용은 최대한 생략하고 진행함.

(2) 전시장이 아닌 고객이 원하는 다른 장소(예: 집, 사무실 등)에서 출고 시에도 위 출고 설명은 동일하게 진행하며, 필요시 각종 주행 편의 기능에 대해서는 고객이 자주 이용하는 주행 동선을 같이 탑승하여 설명하는 것도 좋음.

(3) 출고 시 신차의 모든 보호 스티커나 보호 덮개 등은 제거돼 있어야 하는 것이 원칙이기는 하나, 제거 여부에 대해서는 사전에 고객에게 반드시 물어봐야 함(참고로, 고객이 직접 제거하기를 원하는 경우가 종종 있음).

(4) 출고 시 차량의 각종 인포테인먼트 관련 기본 세팅은 미리 해 두는 것이 좋음(예: 라디오 주파수 세팅, 음원 저장 기능이 있는 경우 – 발라드, 락, 클래식 등을 가장 잘 느껴 볼 수 있는 장르별 대표 음원 사전 저장, 네비 기능이 있는 경우 – 고객 자택 주소 사전 저장).

(5) 운전자 주행 보조 시스템과 같은 옵션이 들어가 있는 차종 또는 하이브리드나 전기자동차의 경우 이에 대한 사용 설명서를 사전에 추가로 준비하여 출고 설명 시 고객에게 제공하는 것 또한 필요함(회사에 본 자료가 없는 경우 영업직원 본인이 직접 만들어 활용할 것).

출고 후 고객관리 단계(CRM 단계)

출고 후 고객관리를 다른 말로 CRM이라 한다. CRM(Customer Relationship Management)이란 '수익성 있는 고객과 지속적인 관계를 유지하며 이들을 관리하는 것'이다. 여기서 수익성(Profitability)이란 단어가 중요한데, 이는 재구매 또는 소개 건을 통한 추가 판매 가능성을 의미한다.

따라서 출고 후 고객관리의 정확한 뜻은 '앞으로 추가 판매(재구매 및 소개)를 기대할 수 있는 고객을 대상으로 하는 영업 고객관리'이다. 사실 출고 고객 모두 이러한 가능성을 가지고 있기는 하나, 그 크기가 크고 작음에 따라 관리해야 할 대상 고객을 구분할 필요가 있다. 왜냐하면, 경력이 쌓일수록 일상의 업무량과 관리해야 할 고객의 수는 점차 많아지므로 더욱 효율적인 업무수행을 위해 이에 대한 선택과 집중이 필요하기 때문이다.

1) 출고 후 고객관리의 중요성

출고 후 지속적인 고객관리의 목적은 당연히 재구매 및 지인 소개 유도이다. 지속적인 영업의 성공을 위해 오늘 하나의 계약도 중요하겠지만, 이를 계기로 고객과의 인연을 지속함으로써 향후 재구매나 추가 소개 건을 발생시켜 영업의 지속성을 보험처럼 들고 있어야 한다.

좀 더 구체적으로, 출고 후 철저한 고객관리를 통한 기대 효과는 1) 새로운 시장의 개척, 2) 신규고객의 개척, 3) 기존고객의 이탈 방지, 4) 재구매 및 소개 건의 유도, 5) 기존고객을 통한 새로운 고객층과의 네트워크 형성, 6) 각종 마케팅 행사 등과 연결하여 판매 촉진 수단으로 활용하는 것이다.

2) 출고 후 고객관리 행동 지침

출고 후 고객관리의 행동 지침으로 다음의 사항들이 있다.

(1) 출고일 기준 48시간 이내 그리고 한 달 후에는 제품의 만족도 및 사용 관련 제반 사항을 주제로 고객과 컨택해야 한다.

(2) 그 이후에는 (전화, SMS, 이메일 등의 수단을 통해) 출고 차량에 대해 혹시 문제는 없는지 또는 고객이 궁금한 사항은 없는지를 파악하기 위해 3개월 또는 6개월 단위로 정기적인 컨택을 유지하며, 그 결과를 고객별로 기록하고 관리한다.

(3) 단순히 안부 인사를 묻는 형식의 컨택은 고객에게 오히려 반감이 들 수 있다. 따라서 무엇인가 고객에게 필요한 정보를 매개체로 고객에게 도움이 되거나 흥미를 유발할 수 있는 내용을 함께 전달해야 한다.

- 신차, 액세서리, 트렌드에 대한 정보.

- 각종 행사 및 기타 고객 마케팅 행사 정보.

- 유지/관리/보수와 같은 사후관리 서비스에 대한 정보.

(4) 문자나 이메일을 보낼 때는 해당 고객과의 1대1 커뮤니케이션이 아닌, 누가 봐도 불특정한 여러 사람에게 보내는 느낌을 줄 수 있는 메시지는 오히려 보내지 않는 것이 좋다.

(예: 겨울철 안전 운전하시고요…, 다음 주 황사가 극심하다고 합니다… → X)

(5) 유지 관리 보수 프로그램이 있는 경우 고객을 방문하여 유지 관리 항목별 남은 기간 또는 주행거리를 파악하여 이를 바탕으로 필요시 서비스에 대한 물리적인 도움까지 연결한다. 실적이 좋은 영업직원일수록 서비스센터와의 컨택(통화나 방문) 횟수가 많다는 것을 참고하자.

(6) 고객과 컨택 시 고객의 반응을 살피며 고객이 만족스러운 정보를 통한 호의적인 반응을 보일 때에는 자연스럽게 소개 및 재구매를 유도한다.

> "사후관리는 후속 판매를 발생시킨다."
>
> "잘 관리된 기존고객은 나를 위한 또 다른 영업직원의 역할을 한다."

3) 출고 후 소개 유도 방법

고객은 제품을 구매한 후 이에 대한 만족이나 불만족을 느끼기에 앞서, 자신의 구매 선택이 옳았는지에 대해 불안감을 느끼는 경우가 많다. 만약 해당 분야의 권위자로부터 영향을 받아 어떠한 물건을 구매한 경우라 할지라도 결정이라는 것은 결국 고객 자신이 한 것이기 때문이다. 자신이 선택한 제품이 고가의 제품, 고관여 제품,* 마음에 드는 경쟁사 제품이 여럿인 경우 또는 쉽게 취소할 수 없는 제품일 때 이러한 불안감(고민과 걱정)은 더욱더 커지게 된다.

소비자 심리학에서 위와 같은 상태를 '구매 후 부조화'라 하며, 이는 '구매 후 소비자가 느끼는 심리적 불안감이나 불균형 상태'를 의미한다. 사람은 기본적으로 어떠한 불균형 상태를 경험하게 되면 이를 균형의 상태로 바꾸고 싶어 하는 욕구가 생기게 된다. 구매와 관련해서 이는 구매 후 자신의 선택이 옳았다는 심리적 균형 상태가 되고자 하는 욕구를 말한다. 따라서 고객은 불안함이란 불균형 상태를 해소하기 위해 자신의 했던 선택을 스스로 합리화하거나 구매의 정당성을 확보하려는 노력을 의도적으로 하게 된다. 이와 관련된 대표적인 고객의 행동은 다음과 같다.

(1) 구매 후 접하게 되는 정보들에 대해 자신에게 유리한 정보(장점)는 더욱 잘 받아들이고, 불리한 정보(단점)는 의도적으로 피하려 한다(참고로, 구매 전에는 단점에 더 집중함).

(2) 자신이 선택하지 않은 경쟁사 제품에 대해서는 단점을 의도적으로 강화한다.

(3) 자신의 주변인들 또한 똑같은 선택을 하게 함으로써 나의 선택이 옳았음을 지속해서 강화한다.

---

* 고관여 제품: 개인의 관심도 혹은 중요하다고 생각하는 정도가 높은 제품

(3)번의 대표적인 예로, 고객은 자신의 지인들에게 '소개'라는 구전 활동을 하게 된다. 이를 통해 주변인 누군가가 자신과 같은 제품을 산 경우, "거봐! 내가 산 제품이 얼마나 좋았으면 저 사람도 샀겠어!", "그래, 내가 역시 잘 산 게 맞아!"와 같이 자신의 선택을 합리화하는 것이다.

영업직원은 세일즈 지속성을 유지하고 발전시키기 위해 자신의 전체 판매 대수 중 소개를 통한 판매 대수의 비중을 지속해서 높여 나가야만 한다. 이를 위해 영업직원이 출고 고객에게 적극적으로 소개를 요청하는 것이 맞긴 하지만, 이것도 다 때가 있는 것이다.

따라서 영업직원은 첫째, 출고 후 고객과 정기적인 컨택을 통해 제품의 장점 부각 및 고객관리 서비스를 시행하여 고객이 자신의 선택에 좀 더 강한 확신을 들게 해 주어야 하며, 둘째, 고객이 구체적으로 어떤 부분이 좋은지 즉, 주변인들에게 자신의 선택을 좀 더 적극적으로 정당화할 수 있는 구체적인 항목과 내용을 언급할 수 있게 도와주어야 한다. 이런 상황이 되었을 때 고객은 비로소 주변 지인들에게 제품과 함께 담당 영업직원을 적극적으로 소개(긍정적인 구전)해 줄 수 있는 준비가 되는 것이다. 바로 이때 영업직원이 고객에게 자연스럽지만 정중하게 지인이나 주변인 소개를 요청한다면 그 확률을 좀 더 높일 수 있을 것이다.

끝으로, 영업직원으로 오랜 시간이 흐르고 뒤를 돌아봤을 때, "세일즈 업계에서 가장 오랫동안 살아남아 꾸준히 행복한 삶을 사는 사람은 결국 항상 초심을 잃지 않고, 늘 애절함을 가지며, 끊임없이 노력해 왔던 사람이구나…"라는 말을 느끼는 날이 반드시 올 것이다. 여기서 가장 중요한 것은 내가 바로 그런 사람이 되어야 한다는 것이다. '최고가 되고자 한다면 최고에게 배워라'란 말이 있다. 영업직원이라면 누구나 최고라 불리는 사람의 결과를 닮고 싶어 한다. 하지만 이들이 해 왔던 과정을 배우고 닮으려는 사람은 극히 드물다. 그래서 영업직원 누구나 최고가 될 수 없는 것임을 유념해야 할 것이다.

CHAPTER 2

자동차 기초 공학지식

1. 자동차란?

자동차란 기관(원동기)에 의해 일반도로를 자유롭게 움직일 수 있도록 만든 장치이며, 일반적으로 한 곳에서 다른 곳으로 승객이나 짐 등을 운송/이동하기 위한 목적으로 만들어진 것이다.

> **한국의 도로교통법에 규정하고 있는 자동차의 정의**
>
> "철길(Rail) 또는 가설된 선(Cable)에 의하지 아니하고 원동기를 사용하여 운전되는 차로서 자동차 관리법에 규정된 것."

과거 인류 역사상 가장 혁신적인 창조물 중 하나인 자동차의 등장은 개인의 이동성 자체를 증가시켜 기존의 삶의 방식뿐만 아니라 전체적인 사회 및 경제 구조까지 바꾸어 놓는 계기가 되었다. 자동차가 세상에 모습을 드러낸 이후 시간이 지날수록 그 개념 또한 변화하게 되었는데, 현재의 자동차는 불과 몇십 년 전과 비교해 보아도 단순히 이동 수단이라는 개념을 넘어 하나의 필수품이 되었으며 또한 자신의 개성 표현과 만족의 대상으로까지 자리매김하고 있다.

하지만 자동차가 점차 대중화됨에 따라 다양한 혜택의 이면에는 각종 사고 및 신체적 상해 등 부수적으로 따르는 각종 위험요소 또한 만들어지게 되었다. 따라서 안전과 관련된 다양한 컨셉과 장치의 중요성이 날로 강조되고 있으며, 자동차뿐만 아니라 도로와 신호체계, 심지어는 법률적인 부분에까지 그 관심이 집중되고 있다.

특히 근래에 들어 환경적 측면에서 자원의 유한성과 환경 오염이 큰 사회적 문제로 대두하여, 과거에는 예상하기 힘들었던 다양한 법규와 이에 따른 전혀 새로운 자동 개발의 패러다임이 시대적인 과제가 되었다. 그럼에도, 자동차라는 존재 자체는 앞으로도 인간의 삶 속에 절대적으로 필요할 것임은 분명한 일이다.

2. 자동차의 기본적인
3대 성능(자동차의 기본기)

자동차는 기본적으로 움직이는 물체이다. 움직임이란 한 곳에서 다른 곳으로의 이동을 의미하기 때문에 자동차가 기본적으로 갖추고 있어야 할 3대 성능은 잘 달리는 주행(Drive), 잘 정지하는 제동(Brake) 그리고 잘 방향 전환하는 조향(Steer)이라 할 수 있다.

이는 자동차가 필수로 갖추고 있어야 할 기본 항목임과 동시에, 이 세 가지 성능의 조화에 따라 자동차에 프리미엄이란 수식어를 붙일 수 있는 첫 번째 판단 기준이 된다. 그런데 이 중 가장 중요한 항목을 꼽으면 바로 조향 성능이라 할 수 있으며, 그 이유는 다음과 같다.

자동차는 중형차 기준으로 약 1.5톤 전후의 무거운 하중을 지닌 물체가 다양한 종류의 도로 위를 빠른 속도로 움직이는 것이기 때문에 주행 중 하중의 변화가 지속해서 만들어지며, 이 때문에 차량에는 쏠림이라는 것이 항상 발생하게 된다. 이러한 쏠림은 운전자가 원하는 방향으로 차량을 움직이는 데 큰 걸림돌이 될뿐더러 운전의 편의성뿐만 아니라 안전성에도 심각한 영향을 미칠 수 있다.

Chapter 2 자동차 기초 공학지식

따라서 자동차에서는 안정성(Stability)이라 개념이 매우 중요한데, 안정성이란 코너링 시 차체에 쏠림이 발생함에도 미끄러지지 않고(경로의 이탈 없이) 운전자가 원하는 노선을 따라 차량이 잘 움직이는 것을 의미한다. 이를 위해 차량에 각종 전자적이며 기계적인 장치들이 적용되고 있긴 하나, 이에 앞서 차량의 구조 설계 단계에서부터 각종 재질의 적용과 장치의 배치에 이르기까지 조향 안정성을 위한 기초가 잘 갖추어져야 한다.

참고로, 자동차에서 성능(Performance)이라고 하면 조향 성능을 의미한다. 마력과 토크 같은 출력 수치들을 일반적으로 성능이라 표현하기도 하지만, 사실 이것은 잘못된 표현이다. 출력을 표현하고 싶을 때는 성능 앞에 출력이란 단어를 붙여 출력성능이라 하는 것이 맞다.

결론으로, 자동차의 가치와 품질을 판단하기 위해 단지 눈에 보이는 화려함이나 제원상 고급 옵션들을 보기 전에, 자동차의 3대 기본 성능이 얼마나 조화롭게 잘 갖추어져 있는지, 더 나아가 얼마나 훌륭한 조향 성능을 갖추고 있는지를 최우선으로 확인해 봐야 한다.

3. 자동차의 주행 컨셉

누구나 한 번쯤은 TV에서 표범이 힘차게 달려 먹잇감을 잡는 모습을 본 적이 있을 것이다. 표범이 잘 달리는 이유는 무엇일까? 표범은 기본적으로 잘 달리지 못하면 먹이 사냥에 실패해 결국 굶어 죽고 말 것이기 때문이다. 따라서 모든 신체 구조와 기관이 잘 달릴 수밖에 없도록 진화되었을 것이다. 그럼 표범의 어떠한 신체적 특성이 이 같은 운동 능력을 만들어 내는지 한번 생각해 보자.

우선 잘 달리기 위해서는 지속적인 폭발력을 만들 낼 수 있는 강한 심장이 필요할 것이다. 또한, 강한 심장으로부터 만들어진 힘을 온몸에 전달해 주는 근육질의 몸 구조, 튼튼함과 동시에 달릴 때 충격을 잘 흡수해 주는 다리와 여러 관절, 노면을 치며 강하게 뛰어나갈 수 있는 튼튼한 발, 빠르게 달릴 때 공기 저항을 최대한 적게 받는 매끄러운 유선형의 몸매, 튼튼함과 동시에 가벼운 몸의 골격들과 그 구조, 달릴 때 안정감 확보를 위한 낮은 자세, 급한 방향 전환 시 몸의 쏠림이나 미끄러짐이 발생하지 않도록 해 주는 표범만의 동물적인 방향 전환 감각 등과 같은 특성을 생각해 볼 수 있다.

Chapter 2 자동차 기초 공학지식

표범의 이 같은 특성을 자동차에 적용해 보면 자동차의 주행 컨셉을 쉽게 이해할 수 있을 것이다.

표범		자동차
강한 심장	→	엔진
근육질	→	트랜스미션 및 동력 전달 계통
다리와 관절들	→	서스펜션
발	→	휠과 타이어
유선형의 매끈한 몸매	→	공기역학을 고려한 디자인(에어로다이나믹스)
튼튼하면서도 가벼운 몸의 구조	→	고강성 경량 섀시 구조
낮은 자세	→	낮은 무게중심 구조
미끄러짐 없는 동물적인 방향 전환 감각	→	주행 안정화(Stability) 장치

4. 자동차의 구성

자동차는 일반적으로 약 30,000~40,000개의 부품으로 매우 복잡하게 구성된 하나의 완성품이며, 이는 크게 차대/섀시(Chassis)와 차체/보디(Body)로 구분할 수 있다.

1) 차대/섀시(Chassis)

차량의 전체 구성에서 보디 부분을 제외한 나머지 부분을 총칭하여 섀시라고 하며, 섀시만으로도 차량 주행은 가능하다. 섀시는 다음과 같은 주요 장치로 구성된다.

(1) 엔진(Power Unit; Engine; 동력 발생 장치)

자동차의 주행을 위해 동력을 발생시키는 장치이며, 사람으로 치면 심장과 같은 역할을 한다.

Chapter 2 자동차 기초 공학지식

(2) 동력 전달 장치(Power Train)

엔진으로부터의 동력을 주행 상태에 맞게 조절하여 구동 바퀴까지 전달하는 장치이며, 클러치(동력의 전달 및 차단), 변속기(엔진 동력을 주행 속도에 따라 필요한 회전력으로 전환), 드라이브 라인(변속기로부터 만들어진 최적의 동력을 구동축까지 전달) 등으로 구성되어 있다.

(3) 현가장치(Suspension System)

주행 중 노면으로부터 발생하는 충격이나 진동을 흡수/완충시켜 주는 장치로서 자동차의 종합적인 승차감 및 주행 안정성 등에 영향을 미친다.

(4) 조향장치(Steering System)

자동차의 주행 방향을 바꾸어 주기 위한 장치로, 그 종류로 운전자가 조향장치에 가한 힘으로 작동하는 수동 조향장치(Manual Steering)와 운전자의 조향이 유압 혹은 전기모터로 작동하는 동력 조향장치(Power Steering)가 있다.

(5) 제동장치(Brake System)

주행 중인 자동차를 감속, 정지 그리고 주차 상태를 유지해 주는 역할을 하며, 작동 방식에 따라 디스크 브레이크와 드럼 브레이크로 나뉜다.

(6) 프레임(Frame)

자동차의 뼈대와 같은 역할을 하는 부분이며 프레임 위에 자동차 섀시의 모든 부품과 장치들이 설치/장착된다.

(7) 휠과 타이어(Wheel and Tire)

자동차의 모든 부품 중에서 도로와 접촉하는 유일한 부분이며 도로와의 마찰력을 통해 자동차가 주행 및 정지할 수 있도록 해 주는 역할을 한다.

2) 차체/보디(Body)

보디는 차량의 외형인 전체적인 생김새를 이루는 부분으로 섀시 프레임 위에 장착되거나 현가장치에 직접 연결되어 있으며, 이는 승객이나 화물을 적재/보호하여 주는 역할을 한다. 그리고 보디의 형상에 따라 세단, 해치백, SUV, 로드스터 등처럼 차종이 구분된다.

보디 타입에 따른 차종의 의미와 특징은 다음과 같다.

(1) 세단(Sedan)

엔진룸, 승객석 그리고 적재공간이 3개로 분리된(3-box 디자인) 일반적인 승용차를 말한다. 보통 2열 시트에 걸쳐 통 4개 이상의 좌석이 있어 네다섯 명이 탈 수 있고 차의 뒷부분에는 트렁크가 있는 것이 세단의 형태이다. 일반적으로 세단이라 하면 그 대표적인 특징으로 안락한 승차감을 들 수 있다.

참고로, 국가별로 Saloon(영국), Limousine(독일), Berlina(이탈리아)라고도 불린다.

(2) 해치백(Hatchback)

해치(Hatch)는 위로 들어 올리는 형태의 문을 말하며, 해치백이란 이러한 해치가 차량 뒷부분에 장착된 차량을 말한다.

모든 해치백은 소형차를 기반으로 한다. 일상 속에서 소형차의 장점은 그 크기 덕분에 고효율의 연비, 낮은 배출가스 그리고 주차 및 운전의 편의성 등이 있다. 하지만 단점으로 트렁크의 물리적인 크기가 작다는 부분은 감수해야 한다. 이것을 어느 정도 극복하기 위해 해치 형태의 트렁크 도어를 설치하는 것이며, 이 때문에 세단 대비 세로 적재 측면에서만큼은 더욱 향상된 트렁크 적재 활용성을 가진다.

참고로, 중형차 이상 크기의 해치백은 SUV라고 불리는 차종으로 분류된다.

(3) 컨버터블(Convertible)

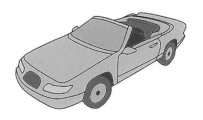

컨버터블은 루프 개방이 가능한 차량 전체를 이르는 말이다. 루프의 종류에 따라 하드 탑(철 재질)과 소프트 탑(직물 재질)으로, 승차 정원에 따라 Roadster(2인승)와 Cabriolet(4인승)로 나뉜다.

루프 개방이 가능한 형태이기 때문에 다른 차종들과 달리 B 필라와 C 필라가 없다. 이 때문에 타 차량 대비 차체의 비틀림 강성(Rigidity)이 다소 떨어질 수 있다는 단점이 있으며, 이를 극복하기 위해 차체 프레임 부분 중 특히 하체 부분에 추가적인 보강이 이루어진다. 그리고 차량 사고에서 가장 위험한 상황 중 하나로 분류되는 차량 전복(Rollover)사고 시 승객 보호를 목적으로 뒷좌석 후방 부분에 C 필라 역할을 하는 롤오버 바(Rollover Bar)가 설치된다.

또한, 컨버터블 차량은 추가적인 하체 보강과 루프탑 작동 장치가 설치되기 때문에 차량 크기 대비 차량의 총중량이 다소 높아 연비 측면에서 다소 불리하다는 단점이 있다. 하지만 컨버터블에서만 느낄 수 있는 차량 자체의 특별한 느낌과 탁 트인 개방공간에서 바람을 쐬며 운전이 가능한 Open Airing이라는 매력적인 장점이 있다.

(4) 왜건(Wagon)

왜건은 원래 짐을 운반할 목적으로 만들어진 짐수레라는 뜻이며, 이는 Station Wagon 혹은 Estate라고도 불린다. 승객석과 트렁크 내부가 연결되어 있으며, 이 부분은 당연히 보

닛 부분과 별도로 되어 있기 때문에 왜건은 2-box 디자인 차량에 속한다.

왜건 차량은 적재 능력 향상을 위해 세단 차량의 토대 위에 D 필라가 추가되어 뒤쪽으로 긴 차체의 형태이며, 적재물에 편하게 접근하기 위해 위로 개방되는 해치 형태의 트렁크 도어가 설치된 것이 특징이다.

과거 왜건이라 하면 다소 투박하고 균형 잡히지 못한 디자인이란 편견이 있었으나, 근래에는 디자인 부분에 많은 개선을 통해 실용성과 감성이란 두 가지 장점 모두를 느낄 수 있는 차량으로 자리매김하고 있다.

참고로, 왜건은 슈팅 브레이크(Shooting Brake), 아반트(Avant), 투어링 (Touring) 등과 같이 브랜드마다 부르는 용어를 달리함으로써 해당 브랜드 만의 차별화된 이미지를 강조하기도 한다.

(5) 쿠페(Coupé)

일반적으로 쿠페라 하면 (1) 컴팩 트한 차제 크기에, (2) 루프라인이 운 전석 루프에서 트렁크 쪽으로 갈수록 급격하게 경사져 내려가며(쿠페 라인), (3) 2 Door의 1열 시트, (4) 낮은 전고,

(5) 긴 보닛, (6) 뒤쪽 위로 열리는 해치형 트렁크 도어가 기본이 되며, 추가 로 주행 중 (7) 공기역학적인 장점 그리고 (8) 스포티함과 우아함을 동시에 느낄 수 있는 스타일리쉬한 보디 디자인 특징을 가진 차량을 일컫는 용어 이다. 이 모두는 전형적인 쿠페의 특징임과 동시에 쿠페만의 장점이 되는 부분이다.

참고로, 2 Door가 정통 쿠페의 특징이기는 하나, 현대에 들어 그 실용성 을 높이기 위해 2열 시트가 추가된 4 Door 쿠페 차량도 흔히 볼 수 있다.

또한, 특정 브랜드에서는 쿠페 차량을 기본 베이스로 하되, 이를 약간 변형한 보디 타입의 쿠페 차량을 출시하는 예도 있다. 이러한 차량은 해당 브랜드 제품만의 특징과 함께 차별화된 개성을 표현하기 위함이다.

> * 참고: Gran Turismo(GT) – 이탈리아어로 Gran Turismo, 영어로 Grand Touring이라 불리는 GT 차량은 장거리 고속 주행용 자동차를 말

한다. 좀 더 구체적으로, 쿠페의 멋진 보디 실루엣을 기본으로 장거리 여행(혹은 운전)이 목적인 고성능 스포츠카란 뜻이며, 추가로 다수의 럭셔리 옵션 및 디자인을 가미한 한 단계 높은 럭셔리 쿠페의 특징을 가진다.

(6) SUV(Sport Utility Vehicle)

우선, SUV와 관련된 용어의 개념을 아래 그림을 통해 확인해 보자.

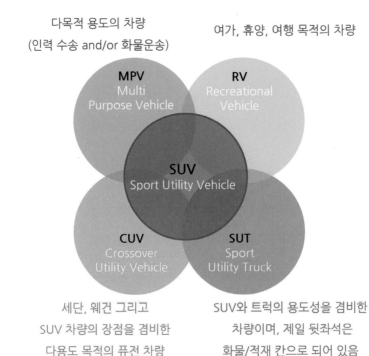

다목적 용도의 차량
(인력 수송 and/or 화물운송)

여가, 휴양, 여행 목적의 차량

세단, 웨건 그리고
SUV 차량의 장점을 겸비한
다용도 목적의 퓨전 차량

SUV와 트럭의 용도성을 겸비한
차량이며, 제일 뒷좌석은
화물/적재 칸으로 되어 있음

Chapter 2 자동차 기초 공학지식

각 용어들의 관계에서 볼 수 있듯이, SUV는 여가 활동의 목적으로 레저용 차량이라 불리는 RV의 특징과 단순히 여가뿐만 아니라 출퇴근, 일상생활 및 각종 업무에 두루 사용할 수 있는 다목적 차량(Multi-purpose Vehicle)의 성격을 두루 갖춘 차량을 말한다.

SUV 차량의 대표적인 장점으로 높고 넓은 주행 시야 확보로 인한 운전의 편의성, 트렁크의 가로와 세로 폭을 모두 활용할 수 있어 다양한 형태의 짐을 적재 가능한 적재 효율성, 모든 바퀴가 주행 도로와 잘 접촉하며 달릴 수 있는 사륜구동을 대표적으로 꼽을 수 있다. 참고로, 사륜구동이 아닌 이륜구동 방식의 SUV도 있으며, 이는 일상의 On-road(일반도로)에서 주행 편의성이 좀 더 강조된 차량이다.

반면에 SUV 차량의 대표적인 단점에는 높은 지상고와 다소 큰 크기의 타이어 장착으로 세단 대비 승차감이 떨어질 수 있다는 점과 세단 차량 대비 큰 크기 탓에 주차의 어려움 그리고 주차 후에도 승/하차 시 다소 불편할 수 있다는 부분이 있다. 하지만 향상된 품질의 서스펜션 및 각종 주행 및 주차 보조 시스템이 적용될 경우 이 같은 단점은 상당 부분 해소 가능하다.

5. 자동차의 일과
힘에 대한 정의

일과 힘이란 단어의 의미를 생각해 보자.

어떠한 일을 하기 위해서는 기본적으로 힘이라는 것이 필요하기 때문에 힘은 일을 하기 위한 도구가 된다. 또한, 힘이란 순간적인 개념이지만, 일이라는 것은 이러한 힘을 이용해 지속해서 무언가를 한다는 시간의 개념이 추가된 것이다. 왜냐하면, 아무리 큰 힘을 갖고 있다 하더라도 이것으로 어떠한 동작이나 행위를 하지 않는다면 일을 했다 할 수 없기 때문이다.

자동차뿐만 아니라 다양한 동력장치에서 이러한 힘을 토크, 그리고 일(정확히는 일의 양)을 마력이라 한다. 따라서 순간적인 힘 즉, 회전력을 의미하는 토크는 자동차에서 가속력(제로백)과 관계가 있으며, 일의 양을 의미하는 마력은 최대 속도와 관계가 있는 출력 제원이다.

참고로, 자동차에서 출력(Output)을 만들어 내는 장치는 엔진이며, 엔진이 만들어 내는 출력을 의미하는 엔진 성능은 얼마만큼의 큰 힘(토크)을 낼 수 있는지 그리고 이러한 힘을 가지고 일정 시간 얼마만큼의 일을 할 수 있는지인 일의 능력(마력)을 전체적으로 의미하는 용어이다.

Chapter 2 자동차 기초 공학지식

1) 마력(Horse Power)

마력이란 용어는 제임스 와트(James Watt)에 의해 처음 사용되기 시작했다. 그는 자신이 완성한 증기기관의 동력을 표시하기 위해 당시 주요 동력원으로 사용했던 말의 힘을 측정하여 여기에 마력이란 이름을 붙여 사용하였다. 이로 인해, 그 당시 사람들은 증기기관의 동력이 어느 정도인지 쉽게 인식할 수 있었다.

마력이란 일정 시간 동안 얼마만큼의 일을 할 수 있는 지(일의 양)인 일의 능력을 의미한다. 따라서 마력은 엔진이 할 수 있는 일의 양을 나타내는 용어이며, 얼마만큼의 일을 할 수 있는지가 마력이 높고 낮음으로 표현되는 것이다.

현재 주행 속도가 120km/h일 때, 엔진의 마력이 높다면 즉, 일을 할 수 있는 양이 많다면 엔진은 차량 속도가 120km/h보다 훨씬 더 높아질 때까지 계속 일을 할 수 있을 것이다. 따라서 마력이 자동차의 최고속도와 관련이 있다고 하는 것이다.

이러한 마력을 표현하는 단위는 대표적으로 kW, PS, HP가 있으며, 이는 국가별로 서로 다르게 사용될 뿐 단위를 변환하면 그 총량은 똑같다. 마력은 단위 시간 동안 힘과 거리를 곱한 개념이며 각각의 단위가 의미하는 바는 다음과 같다.

- 1HP(Horse Power: 영국 마력): 1초 동안 76kg 물체를 1m 움직이는 일의 능률.
- 1PS(Pferde Starke: 독일 마력): 1초 동안 75kg 물체를 1m 움직이는 일의 능률.
- 1KW(Kilo Watt) = 1.34HP = 1.36PS, 1HP = 1.013 X PS.

마력의 기본적인 표현방법으로 KW, PS, HP 이외에 추가로 BHP와 WHP란 것이 있다. BHP를 제동마력(Brake Horse Power) 그리고 WHP를 휠마력(Wheel Horse Power)이라 한다.

(1) HP(도시마력 혹은 지시마력)

엔진 실린더 내부의 폭발 압력을 측정한 마력을 의미한다.

(2) BHP(제동마력 혹은 실마력)

BHP는 엔진에서 만들어진 최종 출력을 변속기로 전달해 주는 플라이휠(Flywheel)에서 측정한 마력을 말하며, HP에서 엔진 기관 내의 기계적인 손실(Loss)을 뺀 것이다. 참고로, HP와 BHP를 굳이 분리해서 생각할 수도 있

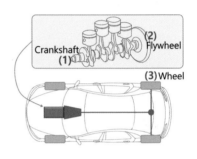

지만, 이 둘은 명칭만 다를 뿐 같은 의미로 봐도 무방할 만큼 그 양에는 큰 차이가 없다.

(3) WHP(휠마력)

BHP가 엔진으로부터 직접 만들어지는 출력이라면, WHP는 구동 바퀴에서 측정된 마력이다. WHP는 BHP 대비 약 15~20% 적게 측정되는 것이 일반적이다. 왜냐하면, BHP가 WHP로 되기까지 클러치, 트렌스 미션, 드라이브 라인 등에서 다양한 손실(Loss)이 발생하기 때문이다.

2) 토크(Torque)

일상에서 젖은 수건을 비틀어 짜거나 꽉 잠긴 병뚜껑을 열어 본 적이 있을 것이다. 이 두 경우 모두 최대한의 힘을 순간적으로 손에 집중해야만 했을 것이다. 이것이 바로 토크의 의미이다.

토크의 정의는 비틀거나(Twisting) 돌리는(Turning, Rotating) 힘이다. 다시 말해, 토크란 어떠한 물체를 회전시키려는 에너지를 말하며, 자동차에서는 가속력(제로백)과 관련된 수치 제원이다.

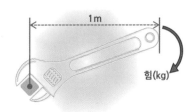

토크 값은 회전시키려는 물체의 중심축에서 1m 떨어진 곳에 가해지는 힘의 크기(kg)로 나타내기 때문에 단위로는 kg.m(1kg.m = 9.8Nm)가 사용된다.

예를 들어, 25kg.m/4,400rpm의 의미는 엔진이 1분간 4,400번 회전했을 때 크랭크축 중심(회전중심)으로부

터 1m 떨어진 곳에 25kg의 힘이 있다는 것이다. 다시 말해, 4,400rpm에서 25kg의 힘으로 돌릴 수 있는 최대 회전력이 나온다는 의미이다. 참고로, 토크 단위인 kg.m에서 rpm이 낮을수록 그리고 kg.m가 클수록 토크 값이 크다고 하는 것이다.

3) 마력과 토크의 관계

앞에서 설명한 내용을 요약하면, 토크란 엔진이 낼 수 있는 최대 회전력(가속력)이며, 마력은 토크와는 달리 시간의 개념이 추가된 단위 시간당 일을 할 수 있는 일의 총량 즉, 일의 능률을 말하는 것이다. 이 둘은 서로 밀접하게 연관된 개념으로 자동차의 출력성능을 나타내는 복합적인 지표이다.

마력 = 토크 X RPM 엔진의 분당 회전수를 의미하는 rpm이란 Revolution Per Minute의 약자로, 제일 뒤에 시간의 개념인 분(Minute)이 들어가 있다. 따라서 물리적인 힘의 크기인 토크에 시간 개념이 추가되면 마력이 된다.

마력 = 토크 X RPM이란 식을 기초로, 마력은 토크나 rpm을 올리면 당연히 높아질 것이다. 이 말이 맞긴 하지만, 항상 그런 것은 아니다. 왜냐하면, 최대 토크가 만들어지는 rpm 구간이 넘어가게 되면 토크는 오히려 줄어들기 때문이다. 여기서 토크가 줄어드는 이유는 rpm이 기준 이상으로 올라갈 경우 엔진 실린더 내에서 공기와 연료의 혼합 자체가 더 이상 이루어지지 않으며 또한 다양한 기계적인 마찰로 인한 손실(Loss)이 발생하기 때문이다.

6. 중량에 대한 의미

    몸무게만 다를 뿐 모든 신체조건이 똑같은 두 명의 운동선수가 있다고 해보자. 이들이 1,000m 달리기 시합을 한다면 당연히 조금이라도 몸무게가 덜 나가는 선수가 더 빠르고, 달릴 때 안정감도 있으며 또한 상대적으로 힘이 덜 들 것이다.

    자동차는 다양한 속도로 달리며, 게다가 이리저리 방향 전환까지 하며 움직이는 물체이다. 따라서 마치 달리기 선수의 몸무게와 같이 차량에서 중량이 차지하는 중요도는 매우 높다 할 수 있다. 이로 인해 자동차 제작사에서는 차량의 중량을 줄이기 위해 사용되는 재질과 부품 그리고 그 설계와 제작에 이르기까지 비록 큰 비용이 들더라도 상당한 노력을 기울일 수밖에 없다. 왜냐하면, 자동차는 중량이 가벼워질수록 연비와 출력 그리고 조향 성능은 점점 좋아질 것이며, 배출가스뿐만 아니라 심지어 제동거리 또한 줄어드는 효과까지 기대할 수 있기 때문이다.

    자동차 제원상 중량의 표시는 다음 세 가지가 주로 사용된다.

1) 공차 중량(Curb Weight)

차량 중량이라 하면 일반적으로 공차 중량을 의미한다. 이는 차량 내에 승객이 타지 않은 상태에서 어떠한 짐이나 예비 부품 그리고 공구 등을 싣지 않고, 단지 각종 오일류(냉각수, 윤활유 등), 90%의 연료와 스페어타이어까지만 적재한 상태에서 측정된 순수한 차량 중량을 말한다.

2) 차량 총 중량(Gross Vehicle Weight)

적차 상태의 차량 중량을 의미하며, 적차 상태란 '공차 중량 + 최대 적재량 + (승차 정원 X 65kg)'을 말한다. 참고로, 한국에서는 차량 총 중량 계산 시 승차 인원 한 명의 무게를 65kg으로 본다(유럽: 75kg, 미국: 68kg).

3) 최대 적재량(Maximum Payload)

차량에 적재할 수 있는 화물의 최대 중량을 의미하며, 최대 적재량은 '차량 총 중량 − 공차 중량 − (승차 정원 X 65kg)'이다.

7. 자동차의 치수 제원

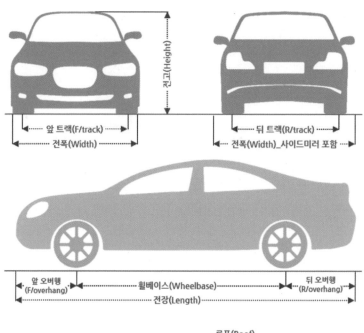

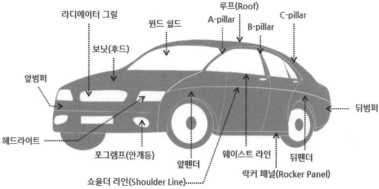

8. 손실(Loss)과
저항(Resistance)에 대한 이해

　자동차가 얼마나 빠르고 힘차게 달릴 수 있는지를 의미하는 운동성능은 일반적으로 제원표에 나와 있는 마력이나 출력을 통해 쉽게 확인해 볼 수 있다. 그런데 여기서, "차량이 실제 도로에 나갔을 때 이러한 수치가 그대로 반영된 운동성능이 과연 100% 발휘될 수 있을까?"라는 의문이 들 수 있다.

　이런 경우를 한번 생각해 보자. 브랜드는 다르지만, 마력과 토크 수치가 같은 두 대의 차량을 실제 도로에서 운전했을 때 이 둘의 출력성능에 차이가 있을 수 있다. 이상하게도 하나의 차량은 좀 더 잘 달리는 것 같고 다른 차량은 그렇지 못하다는 느낌이다. 만약 이런 비슷한 경험을 해 본 사람이 있다면 그건 단지 느낌이 아니라 정확하게 잘 파악한 것이라 할 수 있다.

　그 원인으로 두 차량의 서로 다른 차량 무게, 구조 및 각종 장치 등 다양한 요소가 있을 것이다. 하지만 이 중 가장 큰 부분을 차지하며 동시에 가장 원론적인 차이점 두 가지는 첫째, 주행 시 차량이 받는 다양한 종류의 저항과 둘째, 엔진 동력이 실제 도로에 전달될 때까지 발생하는 다양한 손실일 것이다. 일반적으로 저항 때문에 손실이 발생하는 것이라 두 개념이 비슷해 보일 수는 있으나, 이 둘은 엔진에서 만들어진 에너지가 주행 바퀴까지 전달되는 과정까지를 '손실(Loss)', 구동 바퀴에 전달된 에너지가 실제 주행에 사용되는 상황까지를 '저항(Resistance)'이란 개념으로 구분해 생각해 볼 수 있다.

1) 손실의 개념

엔진은 연료를 통해 열에너지를 발생시켜 회전이라는 운동에너지를 만들어 내는 장치이다. 이 과정에서 열에너지는 상당히 많은 양의 손실이 발생하게 된다. 예를 들면, 손실이라는 것은 차량의 종류와 적용된 기술 그리고 주행상황 등에 따라 차이가 있긴 하지만, 가솔린 자동차의 경우 연료를 통해 생성된 에너지 100% 중 실제 도로에 사용되는 출력은 평균적으로 약 30~40%밖에 되지 않는다. 나머지 약 60~70%는 바로 손실이며, 대표적으로 흡기와 배기와 관련된 엔진 계통 손실이 약 30%, 과열된 엔진을 냉각시키는 냉각손실이 약 30% 그리고 다양한 기계의 마찰로부터 만들어지는 기계적 손실이 약 10%를 차지한다. 이 수치는 전륜과 후륜구동 방식에 따라서도 차이가 있는데, 후륜구동 방식은 뒷바퀴로 이어지는 구동축 때문에 기계적인 마찰 손실이 좀 더 크게 나타나는 게 일반적이다.

참고로, 디젤 엔진은 가솔린 엔진처럼 스파크 플러그를 통한 불꽃 점화 방식이 아닌, 연료의 착화점을 이용한 자연 착화 방식이 그 특징이기 때문에 터보가 필수로 장착된다. 따라서 디젤 엔진은 대기 중의 공기를 엔진의 실린더 내로 흡입하는 데 소모되는 펌핑 로스(Pumping Loss)가 없어, 가솔린 엔진 대비 엔진 계통의 손실이 약 1/3 정도밖에 되지 않는다. 이 때문에 디젤 엔진이 적은 손실 값으로 가솔린 엔진과 비교해 출력과 연비 면에서 상대적으로 더 큰 장점이 있는 것이다.

2) 저항의 개념

엔진에서 만들어진 전체 에너지 중 다양한 손실 후 남는 부분이 비로소 주행을 위한 구동 에너지가 된다. 즉, 앞에서 살펴본 바와 같이 전체 에너지 중 약 30~40%밖에 되지 않는 에너지만이 주행을 위해 사용된다는 의미이다. 그런데 여기에 또 다른 난관이 기다리고 있다. 이는 손실 이후에 고려해야 할 바로 저항(Resistance)이란 문제이다.

구동이란 움직임을 의미하기 때문에 구동 과정에서 저항이라는 것은 항상 발생하게 된다. 저항이 발생한다는 것은 실제 주행 시 약 30~40%밖에 되지 않는 구동 에너지를 모두 사용할 수 없다는 의미이다.

자동차가 주행 중 받게 되는 주행저항의 종류에는 등판 저항(Gradient Resistance), 가속 저항(Accelerating Resistance), 구름 저항(Rolling Resistance), 공기 저항(Air Resistance; Aerodynamic Drag) 총 네 가지가 있다.

(1) 등판 저항(Gradient Resistance)

기울기 저항 또는 구배 저항이라고도 하는 등판 저항(Gradient Resistance)은 자동차가 경사진 도로를 올라갈 때 발생하는 중력에 대한 저항력을 말한다. 이러한 등판 저항은 도로의 경사 각도와 차량의 중량에 큰 영향을 받는다. 이것은 마치 사람도 평지보다는 경사진 길을 올라갈 때 그리고 가벼운 가방보다는 무거운 가방을 메고 올라갈 때 힘이 더 드는 것과 비슷한 의미로 볼 수 있다.

(2) 가속 저항(Acceleration Resistance)

가속 저항이란 자동차의 관성을 이겨 내려는 힘, 즉 자동차의 주행 속도를 변화시키는 데 필요한 힘을 말한다. 이때 필요한 힘은 외부에서 추가적인 힘이 전달되지 않는 한, 정지한 물체는 계속 정지해 있으려 하고 움직이는 물체는 계속 움직이려고 하는 관성을 극복하기 위한 것이다. 따라서 가속 저항을 관성 저항이라고도 한다. 참고로, 관성이란 직선운동을 하는 물체가 외부의 힘을 받지 않는 한 그 속도를 유지하려는 성질을 말한다.

참고로, 가속 저항을 최대한 줄여 연비에 도움이 되는 운전을 하기 위해서는 주행 중 급가속보다 긴 시간 동안 천천히 속도를 올려 나가는 방법이 좋다. 왜냐하면, 가속 저항은 차량의 총중량과 회전하는 물체가 계속 회전하려는 성질인 회전 관성의 합에 차량의 가속도 곱한 것이기 때문이다.

(3) 구름 저항(Rolling Resistance)

타이어 저항이라고도 하는 구름 저항이란 타이어가 굴러감으로써 발생하는 저항을 말한다.

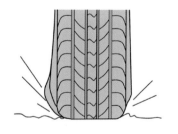

구름 저항은 각 타이어에 걸리는 하중, 타이어 자체의 형식과 패턴 그리고 재질 등에 따라 그 크기가 서로 다르게 발생한다. 속도와 관련하여 저속 구간에서는 구름 저항이 작지만, 속도가 올라감에 따라 구름 저항은 급격히 증가하게 된다. 또한, 타이어의 압력이 높을 때는 구름 저항이 작게, 낮을 때는 크게 만들어진다. 이처럼 구름 저항에 영향을 미치는 요소는 매우 다양하다.

구름 저항은 주행 도로 특성에 따라 정해지는 구름 저항 계수 값에 차량 중량을 곱하여 구한다. 따라서 차량 총중량이 구름 저항에 가장 큰 영향을 미치는 것으로 볼 수 있다.

참고로, 거의 모든 타이어 제작사에서 주행 중 타이어의 변형이 최대한 적게 발생하는 낮은 구름 저항 타이어(Low Rolling Resistance Tire)를 제작 컨셉으로 하고 있으며, 이에 대한 발전을 위해 타이어의 경량화, 신소재 및 패턴 개발 등에 관한 연구를 꾸준히 이어가고 있다.

(4) 공기 저항(Air Resistance)

공기 저항(Air Resistance)은 디자인 저항이라고도 하며, 주행 중 공기가 매끄럽게 흘러가는 것을 방해하는 힘을 말한다. 비행기와 버스의 형

상(디자인)을 떠올려 보면 주행 중 받는 공기 저항에 큰 차이가 있음을 쉽게 생각해 볼 수 있다.

① 공기 저항 공식

[공기 저항 계수(Cd) X 자동차 전면 투영 면적 X 속도의 제곱 X (공기의 밀도/2)]

a. 공기 저항 계수(Cd)

[공기 저항 계수(Cd) X 자동차 전면 투영 면적 X 속도의 제곱 X (공기의

밀도/2)]

자동차는 주행 시 엄청난 양의 공기와 바람을 뚫고 진행하게 된다. 공기 저항 계수(Cd; Coefficient of drag)란 자동차가 달리는 방향과 반대 방향으로 받게 되는 공기의 압력을 측정한 값이며, 이는 자동차의 외부 형상(디자인)이 공기 저항에 대해 얼마나 효율적으로 만들어졌는지를 나타내는 것이다. 이 같은 공기 저항 계수는 풍동 실험(Windmill Tunnel)으로 그 값이 측정된다.

공기 저항 계수가 좋으면 좋을수록, 다시 말해 차량이 공기 흐름을 매끄럽게 잘 타고 지나가게 디자인될수록 연비, 풍절음, 차체의 진동, 접지력, 최고속도, 주행 안정성 측면에서 유리해진다.

Cd(공기 저항 계수)값은 0~1의 범위를 가지며, 그 숫자가 0에 가까울수록 공기역학이 좋음을, 1에 가까울수록 좋지 않음을 의미한다. 참고로, Cd 값이 약 10% 낮아지면 연비는 약 2~3% 향상되는 효과가 있다.

승용차는 0.25~0.32, 스포츠카는 0.23~0.3, SUV 차량은 0.3~0.35 범위에 있는 것이 일반적이긴 하나, 이는 절대 수치가 아닌 단지 평균적인 수치에 불과하며, 시간이 지날수록 개선된 공기역학 디자인과 각종 공기역학 개선 장치의 적용으로 그 수치는 점점 낮아지고 있다. 하지만 Cd 값이 낮다고 무조건 좋다고만 할 수 없는 경우도 있다. 고성능 스포츠카 같은 차량은 오히려 Cd 값이 너무 낮으면 고속 주행 시 차량이 비정상적으로 움직여 주행 품질뿐만 아니라 안전에도 심각한 결과를 초래할 수도 있기 때문이다. 따라서 Cd 값은 되도록이면 낮되, 차량의 종류 및 특징에 따라 최적의 Cd 값을 갖는 것이 가장 바람직한 것이다.

이러한 공기 저항 계수는 자동차의 전체적인 디자인에 가장 큰 영향을 받는다. 고객이 특정 자동차를 선택하는 결정적인 이유 중 하나는 우아하거나 스포티한 느낌과 같은 감성적인 디자인 때문일 것이다. 따라서 모든 자동차 제작사는 다른 차량 대비 더욱 감성적인 디자인을 만들어 내는 일에 막대한 비용을 쏟아붓는다. 하지만 감성적인 특징에만 너무 집중할 수는 없는 일이다. 바로 공기 저항이라는 기능적인 부분이 있기 때문이며, 따라서 자동차 디자인 시 가장 중요한 요소는 감성적인 장점과 동시에 공기 역학과 같은 기능적인 역할 모두를 충족할 수 있는 디자인을 만들어 내는 것이다.

참고로, 창문이나 선루프를 연 상태로 주행할 때 또는 루프 캐리어나 각종 액세서리를 달고 주행하는 경우 공기 저항 계수가 높아져 차량 전체의 공기 흐름이 안 좋아진다는 부분 또한 생각해 볼 필요가 있다.

b. 자동차 전면 투영 면적

[공기 저항 계수(Cd) X 자동차 전면 투영 면적 X 속도의 제곱 X (공기의 밀도/2)]

자동차의 전면 투영 면적도 공기 저항에 영향을 미친다. 전면 투영 면적이란 자동차를 전면에서 봤을 때 가로와 세로의 면적을 말한다.

큰 크기의 자동차가 작은 크기 대비 주행 중 받는 공기의 면적이 크기 때문에 당연히 공기 저항을 많이 받게 되는 문제점이 만들어진다. 그렇다고 전면의 면적을 무조건 작게만 할 수는 없다. 왜냐하면, 자동차는 그 종류와 사용 용도에 따라 실내공간의 크기뿐만 아니라 전체적인 차량의 밸런스 측면 등 고려해야 할 다양한 요소가 복합적으로 엮여 있기 때문이다.

하지만 큰 크기의 자동차라 해서 방법이 없는 것만은 아니다. 전면 투영 면적이 큰 경우라도 전면, 측면 등 다양한 부분에 공기가 보다 매끄럽게 지나가는 데 도움이 되는 각종 장치와 공기 역할을 고려한 디자인을 좀 더 적용한다면 공기 저항의 일정 부분을 줄일 수 있기 때문이다. 단, 감성적인 스타일링이 배제된 공기역학만을 고려한 디자인이라면 이는 큰 의미가 없을 것이다.

c. 속도의 제곱

[공기 저항 계수(Cd) X 자동차 전면 투영 면적 X 속도의 제곱 X (공기의 밀도/2)]

차량의 속도가 증가함에 따라 당연히 공기 저항도 높아질 것이다. 공기 저항은 속도의 제곱에 비례하여 증가한다. 예를 들어, 시속 120km/h는 시속 60km/h와 비교해 주행 속도는 2배지만, 공기 저항은 무려 2의 제곱인 4배나 된다. 이런 이유로 고속 주행 시 사용되는 유효 출력 대부분이 공기 저항을 극복하기 위해 소비되어 버리고 만다. 따라서 적정 속도를 유지하는 것이 연비 운전에 도움이 된다고 하는 이유 중 하나는 바로 공기 저항을 줄일 수 있기 때문이다.

d. 공기의 밀도/2

[공기 저항 계수(Cd) X 자동차 전면 투영 면적 X 속도의 제곱 X (공기의 밀도/2)]

마지막으로 주변 공기의 밀도 또한 공기 저항에 영향을 미친다. 공기는 뜨거워지면 그 밀도가 낮아지게 되고, 차가워지면 높아지게 된다. 이 때문에 빽빽한 밀도의 공기 사이를 뚫고 지나갈 때가 그렇지 않은 경우보다 좀 더 많은 저항이 발생하게 된다. 실제로 여름철보다 겨울철에 연비가 다소 떨어지는 이유 중 하나가 아주 작긴 하지만, 바로 공기의 밀도에 따른 공기 저항의 차이 때문이기도 하다.

② 자동차의 주행 중 받게 되는 공기 저항의 종류 → 양력(Lift), 저항(Drag), 와류(Turbulence)

앞에서 살펴본 네 가지 저항 중 자동차 주행에 가장 큰 영향을 미치는 것은 바로 공기 저항이며, 이는 자동차가 받는 전체 저항의 약 90% 이상을 차지한다. 이러한 공기 저항은 자동차의 각 부분에 따라 서로 다른 성격의 저항이 만들어지는데, 그 종류에는 크게 세 가지가 있다. 바로 주행을 방해하는 마찰 저항(Drag), 공기의 소용돌이인 와류(Air Turbulence) 그리고 무언가를 들어 올리는 힘인 양력(Lift)이다. 이것들 모두는 자동차가 공기를 뚫고 지나갈 때 자동차의 각 부분에서 만들어지는 압력차에 의해 발생한다는 공통점을 가지고 있다.

그럼 좀 더 구체적으로, 주행 중 차량 표면을 지나가는 각각의 저항과 그 특징에 대해 알아보자.

a. 전면부(앞범퍼 주변)

우선, 차량 전면부 주변에 자동차 속도가 올라가면서 마찰 저항(Drag)이 증가하게 된다. 이 말은, 속도가 상승함에 따라 이와 반대로 전면에 부딪히는 공기의 속도는 줄게 되어, 결국 마찰 압력이 증가한다는 것이다.

b. 보닛 → 전면 윈도우

전면에 이어 보닛 위쪽으로 공기가 빠르게 이동하면서 보닛 위는 순간적으로 저압 상태가 되어 양력(Lift)이란 것이 발생하게 된다. 그다음 보닛을 지나 전면 윈도우를 지나가는 공기는 압력이 높아져 여기서는 마찰 저항(Drag)이 발생하게 된다.

c. 루프 → 뒤 창문 위

다음으로 공기가 자동차의 루프 위를 빠르게 타고 지나가면서 다시금 저압 상태가 되어 양력(Lift)이 발생하게 된다. 이렇게 지나간 공기는 뒤 창문 위쪽으로 빠져나가게 되면서 또 한 번 저압 상태가 되고 이는 또 다른 양력(Lift)을 발생시켜 차량을 위로 띄우는 역할을 한다.

d. 뒷창문 → 뒤범퍼

여기서 나머지 공기는 뒤 창문을 타고 뒤범퍼 쪽으로 이동한다. 뒤 창문에서는 공기가 거꾸로 회전하는 와류(Turbulence), 뒤 트렁크 도어 위를 지나는 공기는 압력차로 마찰 저항(Drag) 그리고 뒤범퍼에서 다시 와류(Turbulence)가 발생하게 된다. 참고로, 와류(Turbulence)라는 것은 자동차의 진행을 방해하는, 즉 뒤에서 잡아당기는 역할을 하는 저항을 말한다.

위 내용을 요약해 보면, 주행의 진행을 방해하는 저항(Drag)은 자동차의 전면부와 앞 창문에서, 자동차를 위로 띄우는 양력(Lift)은 보닛 위, 루프 위 그리고 뒤 창문 위 방향에서, 자동차의 주행을 뒤에서 잡아당기며 또한 흔드는 역할을 하는 와류(Turbulence)는 뒷창문과 뒤 트렁크 주변에서, 트렁크 윗부분에서는 다운포스(Downforce)가 일반적으로 크게 발생하게 된다.

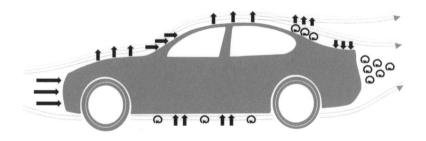

여기서 추가로 자동차의 주행을 방해하는 공기 저항은 자동차의 언더 보디(Underbody) 부분에서도 발생한다. 자동차는 그 속도가 올라가면서 자동차의 언더보디로 유입되는 공기의 양도 많아진다. 일반적으로 자동차의 언더보디는 각종 기계 장치들이 복잡하게 위치해 있다 보니 보닛처럼 매끄럽게 디자인돼 있지 않다. 따라서 언더보디로 유입되는 공기는 자동차를 위로 띄우는 양력(Lift)과 동시에 와류(Turbulence)를 발생시켜 자동차의 불규칙한 진동을 만들어 낸다. 이는 자동차의 가속/제동 성능 모두를 떨어뜨리며, 특히 코너링 시 차량의 쏠림 현상 그리고 와류 현상으로 인한 잔 진동을 만들어 내게 된다. 결국, 주행 성능, 주행 안정성 그리고 승차감에 좋지 않은 역할을 하게 된다.

따라서 언더보디 패널로 유입되는 공기가 원활하게 흘러 지나갈 수 있도록 이를 디자인하는 것도 매우 중요하다. 이를 통해, 언더보디 패널로 유입되는 공기가 빠르게 지나가면서 순간적으로 저압의 상태가 되어 양력(Lift)이 아닌 다운포스가 만들어져 접지력, 즉 로드홀딩(Road Holding; 도로와 찰싹 달라붙는 것)이 좋아지며, 또한 잔 진동까지 줄어들어 주행 성능 및 승차감 향상에 오히려 도움이 될 수 있다.

③ 공기 저항을 줄임으로써 얻을 수 있는 혜택 네 가지

주행 중 자동차 표면 위를 지나가는 다양한 공기 흐름이 원활해짐으로써 기대할 수 있는 장점은 큰 크기의 널빤지를 양손으로 가로로 잡고 뛸 때와 세로로 하고 뛸 때의 차이점을 생각해 보면 쉽게 이해할 수 있다.

첫째, 달릴 때 받게 되는 공기 저항이 줄어들게 되면 그만큼 힘이 덜 들 것이다. 따라서 연비의 향상 및 배기가스의 절감을 기대할 수 있다.

둘째, 힘이 덜 든다는 것은 그만큼 힘을 비축할 수 있는 것이며, 결국 비축한 힘을 도로에 더 쓴다면 자동차의 출력성능은 더욱 향상된다.

셋째, 공기 저항을 덜 받는다는 것은 그만큼 맞바람을 덜 받는다는 의미이며, 이 때문에 주행 중 발생할 수 있는 소음인 풍절음 또한 감소하게 된다.

끝으로, 공기의 저항이 적다는 것은 불규칙하게 부딪히는 공기의 양 또한 적어짐으로써 전체적으로 안정감 있는 주행 품질을 기대할 수 있다.

9. 자동차의 구동 방식 및 주행 특성

　자동차는 엔진의 위치와 구동 바퀴에 따라 크게 전륜구동(FF; Front Engine Front Drive), 후륜구동(Front Engine Rear Drive) 그리고 사륜구동(4 Wheel Drive)로 나누어진다. 참고로, 후륜구동은 차량 특성에 따라 엔진의 위치가 중간(MR) 혹은 뒤에(RR) 있는 경우도 있다.

1) 전륜구동(FF)

　'앞바퀴 굴림 방식'이라고도 불리는 전륜구동은 말 그대로 엔진에서 만들어지는 구동력이 앞바퀴로만 전달되어 움직이는 방식의 차량을 말한다.

　전륜구동은 모든 구동 계통이 앞부분에 모여 있으므로 후륜구동 대비, (1) 보다 넓은 실내공간(승객석 + 트렁크), (2) 구동 거리가 짧아서 보다 낮은 동력 손실(좋은 연비와도 연결), (3) 무게중심이 구동 바퀴가 있는 앞쪽에 있기 때문에 상대적으로 접지력이 좋아 눈길이나 여러 미끄러운 도로 위에서 더욱 안정감 있는 주행이 가능하다. 또한, (4) 제작 단가 측면에서 좀 더 유리하며 (5) 설계가 보다 자유롭다는 점 등이 있다. 이로 인해, 많은 자동차 브랜드에서 전륜구동 방식을 대체로 선호는 경향이 있다.

하지만 전륜구동은 앞쪽이 뒤쪽보다 상대적으로 무겁다 보니 여러 장점에도 불구하고 대표적인 단점 네 가지는 (1) 특히 고속으로 코너링 시 앞부분에 원심력이 크게 작용하여 원하는 선회방향 밖으로 밀려 나가는 언더스티어(Understeer) 발생 확률이 높으며, (2) 고속 주행 시 차량의 뒷부분이 흔들리는(혹은 뒷바퀴의 자세가 흐트러지는_Fishtailing) 현상의 발생 확률 또한 높고, (3) 차량의 앞차축과 뒷차축의 무게 배분이 고르지 않아 주행 중 느껴지는 승차감이 후륜구동 차량 대비 떨어짐과 동시에 (4) 스포티한 주행 면에서도 다소 불리하다는 것이다.

2) 후륜구동(FR)

'뒷바퀴 굴림 방식'이라고도 하는 후륜구동은 앞쪽에 위치한 엔진에서 만들어진 동력을 추친축(드라이브 샤프트)을 통해 뒷바퀴로 전달하여 차량을 움직이는 방식이다.

후륜구동 구조로 인한 가장 큰 장점 두 가지는 첫째, 앞쪽이 상대적으로 더 무거운 전륜구동 대비 차량의 앞뒤 무게 배분(밸런스)에 훨씬 유리하다는 것과 둘째, 조향을 담당하는 바퀴(앞)와 주행을 담당하는 바퀴(뒤)가 분리되어 있다는 것이다. 이 두 가지로 인해 후륜구동은 다양한 장점이 만들어지는데, 전륜구동 대비 민첩한 코너링 성능, 직관적인 조향 성능, 급출발과 급제동 시 상대적으로 매우 안정적인 움직임, 앞과 뒤 서스펜션에 걸리는 하중이 어느 정도 균일함으로 인한 좋은 승차감 등이 있다. 참고로, 승차감의 경우 구조적으로 봤을 때 후륜구동이 분명히 유리한 측면이 있는 것은 맞으나, 이는 구동 방식 하나가 아닌 서스펜션 자체의 품질, 타이어와 시트 등 여러 요소로부터 종합적으로 만들어지는 것임을 참고하자.

반면에 후륜구동 또한 단점이 있는데, 전륜구동의 장점이 후륜구동의 단점이라 봐도 무방하다. 후륜구동의 대표적인 단점에는 전륜구동 대비 (1) 뒷바퀴로 연결되는 추진축 때문에 차량 크기 대비 상대적으로 작은 실내공간, (2) 뒷바퀴(뒤 차축)에 실리는 무게가 상대적으로 작아 눈이나 빗길 운전 시 다소 취약한 주행 특성(낮은 구동 접지력), (3) 무거운 차량 무게, (4) 높은 제작 단가 그리고 (5) 특히 고속 혹은 과격한 운전 시, 뒷바퀴가 접지력을 상실하여 운전자가 가고자 하는 선회(조향) 방향이 아닌 선회방향 안으로 미끄러져 들어오는 오버스티어(Oversteer) 성향이 있다는 것이다.

끝으로, '전륜구동과 후륜구동 차량 중 어느 것을 선택하는 것이 더욱 현명한 것일까?' 이에 대한 답은 간단하다. 당연한 말이지만, 차를 구매하는 운전자의 주행 스타일과 패턴, 차량의 사용 용도 등을 신중히 고려하여 자신에게 가장 적합한 구동 방식을 선택하는 것이 최선의 방법이다.

3) 사륜구동(4 Wheel Drive)

사륜구동은 일반적으로 앞뒤 바퀴 모두에 구동력이 전달된 상태로 주행이 이루어지는 방식을 말한다.

사륜구동을 타는 가장 근본적인 이유는 모든 바퀴가 항상 도로와의 접지력을 유지하는 상태로 주행하기 위해서이다. 사륜구동을 선택하는 대부분 운전자는 그 선택 이유를 눈이나 빗길 혹은 모래나 자갈길 등 소위 접지력이 좋지 못한 험로 주행에 유리하기 때문이라 하는 경우가 많다. 맞는 말이긴 하다. 하지만 여기서 곰곰이 따져 봐야 할 매우 중요한 사실이 하나 있다.

차를 구매하여 소유하는 전체 기간을 100%로 봤을 때, 과연 험로라 불리는 도로를 주행하는 경우는 대략 몇 %나 될까? 개인마다 차이는 있겠지만, 평균적으로 아마 10~20% 정도일 것이다. 사륜구동 차량은 사륜 시스템의 추가 장착으로 전륜이나 후륜구동 대비 차량 가격이 높은 것이 일반적이다. 그럼, 10~20% 정도의 험로 주행만을 위해 사륜을 선택한다? 이것은 사륜구동 차량을 선택하기 위한 추가 금액 자체가 비합리적일 수 있다.

그렇다면, 사륜구동 차량을 선택하는 진정한 목적은 무엇이 되어야 하는가? 바로 차량 소유 기간 전체 중 약 80~90% 정도 되는 일반도로 운전 시 큰 장점이 있다는 것이며, 그 이유는 바로 전륜과 후륜구동 대비 높은 주행 안정성(Driving Stability)을 기대할 수 있기 때문이다.

전륜구동과 후륜구동은 고속으로 급격한 코너 주행 시 각각 언더스티어와 오버스티어가 발생할 확률이 높다. 참고로, 이는 전륜구동은 앞바퀴, 후륜구동은 뒷바퀴가 순간적으로 접지력을 상실하여 발생하는 현상이며, 사실 두 경우 모두 속도를 줄이면 이러한 현상들이 줄어들긴 한다. 또한, 일상에서 저속으로 부드러운 운전만을 하는 상황이라면 크게 걱정하지 않아도 되는 현상이기도 하다.

하지만 운전이라는 것을 하다 보면 자신이 원치 않는 경우라 할지라도 코너를 급하게 돌아야 하는 상황이 발생하기 마련이다. 이때 비로소 사륜구동의 진가가 발휘된다. 즉, 전륜과 후륜구동과는 달리, 앞뒤 바퀴 모두에 구동력이 전달되기 때문에 언더스티어와 오버스티어 발생 확률이 현저히 줄어들게 되어, 주행 안정성 측면에서 매우 유리하다는 것이다. 참고로, 요즘 출시되는 대부분 차량이 주행 안정성 확보를 위해 개별 바퀴에 제동 간섭과 동시에 구동력까지 제어해 주는 주행 안정화 장치를 적용되고 있으며, 이 경우 사륜구동 시스템이 추가로 적용될 경우 더욱 큰 안정화 효과를 기대할 수 있다.

추가로, 안정화(Stability)라는 말의 의미는 운전자가 원하는 방향으로 차량이 움직인다는 것이며, 이는 차량의 이탈, 즉 언더스티어나 오버스티어가 가능한 범위 내에서 최소화된 상태라 할 수 있다. 이러한 상황을 중립주행 상태 또는 뉴트럴스티어(Neutral Steer)에 가깝다는 표현을 사용하기도 한다.

자동차 제작사들은 각각이 추구하는 주행 컨셉에 따라 서로 다른 사륜구동 시스템을 사용하고 있는데, 사륜구동 시스템은 크게 세 가지 방식을 기초로 제작사별로 세부적인 차이가 있다고 보면 된다.

다양한 사륜구동 시스템의 기반이 되는 세 가지 방식은 다음과 같다. 첫째, 예를 들어 앞바퀴에 40%, 뒷바퀴에 60%처럼, 앞뒤 바퀴에 구동력이 고정되어 이 상태로만 주행 되는 '고정식', 둘째, 도로 및 주행상황에 따라 앞뒤 바퀴에 전달되는 구동력이 지속해서 변하는 '가변식', 셋째, 도로 및 주행상황에 따라 앞뒤 바퀴의 구동력이 변하긴 하나 앞뒤의 구동력 배분이 일반주행 시 0:100, 코너링 시 30:70, 미끄러운 도로 시 10:90 등과 같이 앞뒤 바퀴에 이미 정해진 구동력 세팅 하에서만 변하는 '고정 가변식'이다.

사륜구동장치는 브랜드 및 차종에 따라 매우 다양하다. 따라서 사륜구동에 대한 선택 또한 전륜과 후륜구동 때와 마찬가지로, 운전자 자신의 니즈에 따라 최적의 방식을 결정하는 것이 가장 후회 없는 선택이 될 것이다.

4) 차량의 조향(선회) 특성

조향 특성(Steer Individuality)이란, 선회주행(코너링) 시 가속을 하는 경우 차량이 어느 방향으로 움직이는지에 대한 그 특징(혹은 성향)을 의미한다. 여기에는 대표적으로 언더스티어, 오버스티어 그리고 뉴트럴스티어가 있다.

언더스티어와 오버스티어는 구동 방식, 차량의 앞뒤 무게 배분, 주행 속도, 코너의 각도, 타이어의 특성 등의 이유로 앞뒤 타이어의 접지력 차이가 발생하여 운전자가 원하는 선회방향으로부터 차량이 벗어나는 현상을 말한다. 일반적으로 전륜구동은 언더스티어, 후륜구동은 오버스티어 성향이 있다. 이 말은 전륜구동 차량에서 오버스티어 현상이 발생하지 않는다는 뜻은 아니며, 이러한 현상은 구동 방식에 따라 기본적인 성향이 높을 뿐, 도로의 상태나 타이어의 마모상태 등 외부적인 요인에 의해서도 구동 방식과 관계없이 다양하게 발생하는 현상임을 참고하자.

뉴트럴스티어란 한마디로 운전자가 원하는, 즉 조향하고 있는 방향으로 차량이 잘 따라 움직여 주는 현상을 말한다.

(1) 언더스티어(Understeer)

언더스티어란 고속으로 운전 중 급하게 핸들을 꺾을 때 차량이 운전자가 원하는 선회방향으로 움직이지 않고, 앞바퀴 제어력(접지력)이 상실하여 마치 핸들을 덜 틀었을 때처럼 밖으로 밀려 나가는 현상을 말한다. 이는 주로 앞쪽이 무거운 전륜구동 차량에서 만들어지는 조향 특성이다.

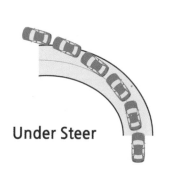

Under Steer

이 같은 현상의 발생 원인에 대해 알아보자. 돌을 줄에 매달아 돌리게 되면 돌은 원운동을 하며 돌아갈 것이다. 이때 잡고 있던 줄을 놓으면 원운동을 하던 돌은 일정하게 한 방향(직선)으로 날아갈 것이다. 이러한 현상은 바로 관성의 일종인 원심력이라는 것이 작용하여 발생한 것이다.

원심력이란 어떠한 물체가 회전운동을 하게 되면 회전중심으로부터 멀어지려고 하는 힘이다. 참고로, 주변에서 쉽게 볼 수 있는 탈수기의 작동 원리가 바로 이러한 원심력에 의한 것이다. 원의 회전 궤적에서 멀어지려고 하는 원심력의 크기는 회전중심으로부터의 거리에 반비례하고, 물체의 질량과 회전 속도의 제곱에 비례하여 커지게 된다.

그럼, 자동차를 예로 들어 생각해 보자. 자동차가 코너를 도는(선회하는) 것은 마치 어떠한 물체가 원운동을 하는 것과 같은 현상으로 볼 수 있다. 자동차 또한 원운동을 한다면 당연히 원심력이라는 것이 작용하기 때문에 자동차 또한 가고자 하는 선회 궤적에서 밖으로 벗어나려 하는 힘인 원심력이 작용하는 것은 당연하다.

앞서 설명한 바와 같이 원심력은 회전중심으로부터의 거리에 반비례하므로, 같은 속도로 운전한다는 조건에서 자동차의 회전반경이 작으면(원운동의 반지름이 작으면, 즉 핸들을 많이 틀면) 원심력은 크게 발생할 것이고, 반대로 회전반경이 크다면(원운동의 반지름이 크면, 즉 핸들을 적게 틀면) 원심력은 당연히 작게 발생할 것이다. 또한, 원심력은 물체의 질량 그리고 회전 속도의 제곱에 비례하여 커진다. 따라서 전륜구동 차량은 뒤보다 앞쪽이 더 무거워서 앞바퀴 쪽에 기본적으로 원심력이 크게 발생하게 되며, 또한 이때 속도까지 높다면 이러한 원심력은 더욱 크게 발생할 것이다.

요약하면, 전륜구동 차량은 급한 코너 구간에서 빠른 속도로 운전 시 운전자가 원하는 선회구간에서 밖으로 밀려 나가려 하는 원심력이 차량에 작용하여 결국 언더스티어 현상이 발생할 수 있다는 것이다.

참고로, 언더스티어 현상은 일반적으로 가속이 가장 큰 원인이기 때문에 제동 혹은 적절한 속도 제어만으로도 일정 부분까지는 충분히 줄일 수 있다.

(2) 오버스티어(Oversteer)

오버스티어란 고속으로 운전 중 급하게 핸들을 꺾으면 차량이 운전자가 원하는 선회방향으로 움직이지 않고 마치 핸들을 더 많이 틀었을 때처럼 선회 방향 안쪽으로 파고들어 오는 현상을 말하며, 이러한 현상이 심할 때는 스핀

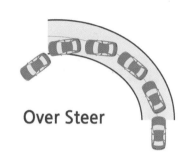

이 일어날 수도 있다. 한마디로 오버스티어는 뒷바퀴가 밖으로 밀려 나가는 현상이며, 이는 주로 후륜구동 차량에 만들어지는 조향 특성이다.

좀 더 구체적으로, 오버스티어 또한 근본적으로는 원심력이 발생하여 생기는 현상인데, 모든 물체는 회전운동을 하게 되면 기본적으로 회전 궤적 밖으로 나가려는 성향이 생긴다. 오버스티어 현상은 고속으로 코너 진입 시 앞바퀴는 접지력이 유지된 상태에서 뒷바퀴에만 구동력이 크게 실려 결국 뒷바퀴의 접지력이 약해질 때(헛바퀴가 돌 때) 발생하는 것이며, 이것이 오버스티어의 주원인이다.

오버스티어 현상은 적정 주행 속도로 코너를 돌면 사전 예방이 가능하지만, 오버스티어가 심하게 발생하는 상황에서는 카운터 스티어(Counter Steer), 즉 핸들을 돌리고 있는 방향과 반대 방향으로 핸들을 돌리는 것으로 어느 정도 극복이 가능하긴 하다. 하지만 이는 숙련된 운전자가 아닐 경우 쉽게 제어하기 힘든 방법이다. 이외에 오버스티어에 대처하는 다양한 방법

들이 있긴 하다. 예를 들어, 브레이크 페달을 밟지 않고 저단으로 기어 변속을 통해(쉬프트 다운) 엔진의 회전수를 줄이는 방법도 있다. 하지만 이것 또한 어찌 보면 어려운 운전 스킬 중의 하나이므로, 코너를 돌기 전 속도를 충분히 줄인 상태에서 천천히 코너에 진입하고(Slow-in), 코너를 중반 정도 돌았을 때 가속페달을 살짝 밟아 재빠르게 돌아 나오는(Fast-out) 것이 일반 운전자가 할 수 있는 오버스티어에 대한 최선의 대처 방법임을 참고하자.

(3) 뉴트럴스티어(Neutral Steer)

중립 조향이라고도 불리는 뉴트럴 스티어는 일정 속도로 선회주행 중 가속을 할 때 경로의 이탈 없이, 즉 언더스티어나 오버스티어가 발생하지 않고 운전자가 핸들을 돌리는 대로 차량이 잘 따라 움직여 주는 것을 말한다. 이

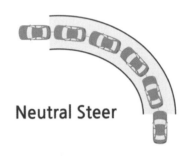

는 차량의 조향성(Maneuverability)과 안정성(Stability) 모두가 확보된 상태이기 때문에 가장 이상적인 조향 특성이라 할 수 있다.

하지만 코너를 돌 때 전체 회전반경 중심으로부터 차량이 어떠한 선에 연결되어 고정되어 있지 않은 한, 100% 뉴트럴스티어를 구현하는 차량이 존재한다는 것은 물리적으로 불가능하다. 왜냐하면, 자동차라는 것은 무거운 하중을 가진 물체이기 때문에 특히 코너링 시 하중의 이동이 크게 발생하며 또한 회전 시 원심력이라는 것이 기본적으로 작용하기 때문이다.

참고로, 자동차 제작사에는 일반적으로 대부분 차량을 약간의 언더스티어 경향으로 세팅한다. 그 이유는 운전자가 속도를 줄임으로써 오버스티어보다는 언더스티어 상태의 차량을 좀 더 쉽게 제어할 수 있기 때문이다.

Chapter 2 자동차 기초 공학지식

여기서, 좀 더 쉽게 제어한다는 뜻은 뉴트럴스티어에 최대한 가깝게 운전할 수 있다는 의미가 된다.

이러한 기본적인 세팅에 더해 거의 모든 자동차에는 주행 안정성 확보 즉, 뉴트럴스티어에 가까운 운전이 될 수 있도록 차량의 자세 제어를 위한 보조장치가 추가로 적용된다. 이를 다른 말로 주행 안정화 장치라고 하는데, 여기서 중요한 단어는 안정성이다. 안정성은 영어로 Stability이며, 이러한 장치들은 자동차 제작사마다 ESC, ESP, DSC, DSCT, VSC처럼 그 명칭만 다를 뿐, 공통으로 Stability란 단어를 포함하고 있다. 여기서 Stability는 뉴트럴스티어를 의미하는 것이다.

주행 안정화 장치의 역할은 차량의 전체적인 주행 상태를 지속적으로 모니터링하여 최대한 뉴트럴스티어에 가까운 상태를 유지하는 데 필요한 만큼 구동 바퀴에 구동을 차단하며 개별 바퀴에 제동 간섭을 하는 것이다. 이는 쉽게, 자동차 레이싱 선수가 코너를 돌 때 경로를 이탈하지 않기 위해 자신만의 동물적인 코너링 감각과 이를 통한 조작을 차량에 전자식으로 적용해 놓은 것이라 보면 된다.

10. 타이어

　자동차와 노면이 만나는 유일한 부품인 타이어는 마치 사람의 신발과 같은 역할을 하는 매우 중요한 부품이다. 타이어는 어찌 보면 자동차의 구동장치에 포함되는 마지막 부품이라 할 수 있다. 자동차에서 타이어가 담당하는 세 가지 주요 역할은 (1) 차량의 하중을 지지, (2) 구동/제동/횡력 등의 힘을 노면에 전달, (3) 서스펜션의 스프링과 댐퍼(Damper)와 같이 노면으로부터의 충격 흡수 및 완충이다.

　타이어는 자동차의 컨셉과 주행 특성 그리고 계절이나 노면의 종류 등 각종 사용 환경에 따라 그 종류가 무척 다양하며, 가령 브랜드, 규격, 패턴 등에 따라 주행 품질, 연비, 승차감 그리고 심지어 안전성에도 영향을 미칠 수 있다.

　그럼, 내 차에 맞는 최고의 타이어는 무엇일까? 이에 대한 답으로 대부분 사람은 소위 최고라 불리는 고가의 타이어를 먼저 떠올릴 것이다. 하지만 이보다는 내 차에 맞는 정확한 규격의 타이어를 선택하는 것이 우선이며, 이는 바로 차량 출고 시 기본으로 장착되는 타이어다. 즉, 무조건 비싼 타이어를 장착하는 것이 아니라, 규격부터 정확히 맞추는 것에서부터 최상의 타이어 품질은 시작된다. 참고로, 허용 가능한 타이어 규격은 운전석 도어 측면부 또는 차량 안내서에 나와 있다.

타이어 규격과 관련해 각종 수치의 정확한 의미는 다음 그림과 표를 통해 숙지하도록 하자.

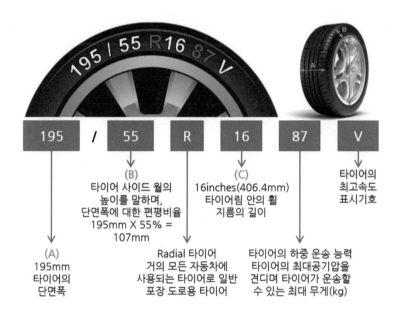

195	/	55	R	16	87	V
		(B) 타이어 사이드 월의 높이를 말하며, 단면폭에 대한 편평비율 195mm X 55% = 107mm		(C) 16inches(406.4mm) 타이어림 안의 휠 지름의 길이		타이어의 최고속도 표시기호
(A) 195mm 타이어의 단면폭			Radial 타이어 거의 모든 자동차에 사용되는 타이어로 일반 포장 도로용 타이어		타이어의 하중 운송 능력 타이어의 최대공기압을 견디며 타이어가 운송할 수 있는 최대 무게(kg)	

타이어 하중 운송 능력

Index	최대 하중 능력(kg)	Index	최대 하중 능력(kg)
81	462	91	615
82	475	92	630
83	487	93	650
84	500	94	670
85	515	95	690
86	530	96	710
87	545	97	730
88	560	98	750
89	580	99	775
90	600	100	800

타이어 최고 속도

Speed Symbol	S	T	U	H	V	VR	ZR
최고속도 (km/h)	180까지	190까지	200까지	210까지	240까지	210이상	240이상

11. 엔진

과거 이동 수단은 사람의 힘을 빌리거나 말이나 소와 같은 가축의 힘에 의존하였다. 이로부터 시간이 흘러 증기기관이라는 발명품의 등장은 새로운 이동 수단뿐만이 아니라 이는 사회 전반적으로도 많은 변화가 이루어지게 되는 계기가 되었다.

증기기관이란 물이 끓으면 수증기가 발생하는 원리를 이용해 수증기의 압력 즉, 열에너지를 동력원으로 기계를 작동시키는 장치를 말한다. 1705년 영국의 발명가 토머스 뉴커먼(Thomas Newcomen)이 최초의 증기기관(Stream Engine)을 발명하였고, 영국의 기계 공학자인 제임스 와트(James Watt)가 1769년 이를 개량해 진정한 의미의 증기기관이 상용화되는 계기를 마련하였다. 이는 이후에 산업혁명의 도화선이 되어 과거 필요한 물건을 스스로 만들어 사용하던 가내 수공업 사회에서 대량 생산이 가능한 기계화 및 공업화 시대로의 전환을 이끌었다.

하지만 그 당시 사회의 혁신과도 같았던 증기기관 자동차는 무거운 무게, 낮은 출력, 경제성 및 사용 편의성 등 증기기관이 가지는 문제점과 내연기관이라는 새로운 동력원의 출현으로 1900년대 초반에 그 모습을 감추게 된다.

1876년 니콜라우스 오토(Nikolaus August Otto)에 의해 현재까지도 기본적인 작동 원리와 구조가 지속해서 이어지고 있는 4행정 가솔린 엔진이 발명됨으로써, 이는 기존의 증기기관을 대체하는 새로운 동력원으로 자리매김하기 시작했다. 또한, 1892년 루돌프 디젤(Rudolf Diesel)에 의해 디젤 엔진이 추가로 개발됨으로써 내연기관 자동차의 보급 속도는 점차 가속화되었다.

과거와 달리 현재 화석연료의 고갈과 환경 오염에 대한 문제가 날로 심각해짐에 따라 내연기관이 아닌 새로운 에너지를 이용한 제3의 동력원에 관한 연구와 개발이 활발히 이루어지고 있다. 하지만 현실은 자동차 산업을 포함한 다양한 산업 분야에서 여전히 내연기관(엔진)에 대한 의존도가 가장 높은 상황이며, 전기자동차가 100% 보급되거나 혹은 제3의 동력을 보편적으로 이용 가능한 시대가 오기 전까지는 계속 그러할 것이다.

내연기관인 엔진이란 화학에너지(연료)의 연소(Combustion)로 발생하는 열에너지(Heat Energy)를 기계적인 에너지(Mechanical Energy)인 동력으로 바꾸고, 이를 이용해 무언가를 움직이게 하는 장치의 총칭이다. 또 다른 정의로, 엔진은 연료를 사용하여 피스톤의 왕복 상하운동을 왕복 회전운동으로 변환하는 장치라 할 수 있다.

이러한 엔진은 연료가 연소되는 위치에 따라 외연기관과 내연기관으로 나뉜다.

1) 외연기관(External Combustion Engine)

외연기관이란 실린더 밖에 설치한 장치에서 증기의 압력 즉, 열에너지를 만든 다음 이를 실린더 내부로 유입하여 피스톤을 움직이게 함으로써 기계적인 에너지인 동력을 발생시키는 장치를 말하며, 대표적으로 증기기관이 있다.

2) 내연기관(Internal Combustion Engine)

내연기관이란 실린더 안에서 연료와 공기가 연소하여 만들어진 열에너지인 가스 압력으로 피스톤을 움직이게 함으로써 기계적인 에너지인 동력을 발생시키는 장치를 말한다. 현재 사용하고 있는 엔진이 대표적인 내연기관이다.

가솔린 엔진을 기준으로 내연기관의 구조와 기본 작동 원리는 다음과 같다.

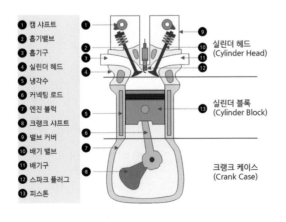

① 캠 샤프트
② 흡기밸브
③ 흡기구
④ 실린더 헤드
⑤ 냉각수
⑥ 커넥팅 로드
⑦ 엔진 블럭
⑧ 크랭크 샤프트
⑨ 밸브 커버
⑩ 배기 밸브
⑪ 배기구
⑫ 스파크 플러그
⑬ 피스톤

실린더 헤드
(Cylinder Head)

실린더 블록
(Cylinder Block)

크랭크 케이스
(Crank Case)

우선, 좌측에 보이는 것은 엔진이 동력을 만들어 내는 원천이 되는 실린더 (Cylinder)이다

이러한 실린더가 4개 있으면 4기통 엔진, 6개 있으면 6기통

엔진이라 하며, 그 형태와 관련하여 각각의 실린더가 일렬로 배치되어 있으면 직렬엔진(Straight Engine 혹은 In-line Engine), V 형태로 배치되어 있으면 V형 엔진(V Engine)이라고 한다. 예를 들어, 4개의 실린더가 일렬로 배치된 경우 이를 직렬 4기통 엔진(In-line 4)이라 한다.

실린더는 크게 (1) 실린더 헤드, (2) 실린더 블록, (3) 크랭크 케이스 세 부분으로 구성되어 있으며, 실린더를 구성하는 각각의 장치들의 작동으로 구동력이 발생하게 된다.

그럼, 이러한 장치들로 구동력이 어떻게 만들어지는지 좀 더 구체적으로 알아보자.

엔진을 구동하기 위해서는 기본적으로 연료가 필요하며, 이러한 연료가 실린더 안으로 들어가는 것부터 엔진의 작동은 시작된다. 액셀러레이터 페달을 밟으면 스로틀 밸브(Throttle Valve)라는 장치가 열리며 이를 통해 외부 공기가 흡입된다. 마치 분무기와 비슷한 원리로 작동되는 기화기(Carburetor; 카뷰레터)가 흡입된 공기에 연료를 분사하여 공기와 연료를 14.7:1로 섞은 혼합기(Air/Fuel Mixture)를 만들어 내며, 이렇게 만들어진 혼합기가 흡기밸브를 통해 엔진의 실린더 내부로 들어감으로써 엔진이 본격적으로 작동하기 시작하는 것이다. 이 단계를 흡입행정이라 한다.

참고로, 스로틀 밸브의 개폐량에 따라 공기의 흡입량이 조절되며, 공기량이 많아지면 당연히 기화기에서는 14.7:1의 비율을 맞추기 위해 더 많은 연료를 분사하게 되어, 결국 더 많은 혼합기가 만들어지게 된다. 또한, 흡기밸브는 배기 밸브(Exhaust Valve)와도 같은 원리로 열리고 닫힘을 반복하게 되는데, 우선 각각의 밸브는 밸브 중간에 있는 밸브 스프링의 탄성에 의해 항상 닫혀 있는 상태가 기본이며, 캠샤프트가 회전함으로써 각각의 밸브를 밀어주는 원리로 밸브가 열리고 닫히게 된다.

엔진은 흡입행정 이후 압축-폭발-배기라는 총 4행정 사이클 과정을 통해 작동된다.

엔진의 작동 원리

기관이 연속해서 작동하려면, 흡입 → 압축 → 폭발 → 배기의 과정이 연속해야 함

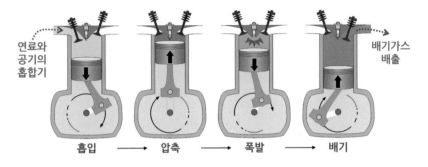

연료와 공기의 흡합기 · 배기가스 배출

흡입 ⟶ 압축 ⟶ 폭발 ⟶ 배기

3) 가솔린 엔진과 디젤 엔진의 주요 특징과 차이점

가솔린 엔진과 디젤 엔진의 특징을 이해하기 위해서는 엔진을 구동시키는 원천이 되는 각각의 연료 특징에 대해 먼저 이해해야 한다. 연료는 그 종류에 따라 인화점(Flash Point)과 착화점(Fire Point, Ignition Point)이 서로 다르다.

첫째, 인화점은 불꽃을 가까이 대면 불이 붙기 시작하는 온도를 말하며, 휘발유는 약 −40° 이상 그리고 경유는 약 +50° 이상부터 불꽃을 갖다 대면 불이 붙기 시작한다. 예를 들어, 매우 추운 겨울날 모닥불을 피울 때 휘발유를 끼얹은 후 불꽃을 가까이 대면 불이 붙지만, 이때 휘발유가 아닌 경유라면 불이 붙지 않는 경우를 생각해 볼 수 있다.

둘째, 발화점이라고도 불리는 착화점은 연료 자체의 온도가 어느 정도 올라가면 불꽃을 갖다 대지 않아도 스스로 불이 붙어 버리기 시작하는 즉, 스스로 착화되는(자연 착화) 온도를 말한다. 휘발유는 약 +300° 이상 그리고 경유는 약 +200° 이상이다. 따라서 경유는 휘발유보다 낮은 온도에서도 스스로 불이 붙는 연료 특성 때문에 디젤 엔진은 불꽃을 발생시키는 스파크 플러그가 필요 없다. 따라서 디젤 엔진은 단지 공기의 높은 압력으로 그 온도가 적정 수준 이상으로만 올라가게 되면 여기에 연료만을 직접 분사하여 스스로 불이 붙게 되는 자연 착화 방식의 엔진 특징을 갖는다.

이를 정리하면 아래 표와 같다.

가솔린 엔진	디젤 엔진
점화가 기본 작동 원리	폭발(착화: 스스로 점화)이 기본 작동 원리
공기와 휘발유를 혼합한 혼합기를 실린더로 흡입한 뒤, 피스톤으로 압축한 후 스파크 플러그가 전기 스파크를 발생시켜 점화함 그 이후에 연소실에 남은 배기가스는 배기구로 배출됨	순수한 공기만을 흡입하여 압축하며 그 후 경유를 실린더 안으로 직접 분사함 디젤은 착화점이 약 200도 정도로 낮은 편이기 때문에 연료를 압축된 뜨거운 공기에 분사하면 그 즉시 폭발해 버림(자연 착화)
스파크를 통해 점화를 시키면 스파크 플러그 근처부터 서서히 불이 붙기 때문에 엔진 피스톤을 매우 부드럽게 밀어낼 수 있어서 진동과 소음이 비교적 적은 정숙한 엔진의 성격을 가짐 → 급격한 폭발이 적기 때문에 디젤 엔진 대비 조금 더 작고 가볍게 만들 수 있음	디젤 엔진은 실린더 내부를 높은 압축비 상태로 만들어 연료의 직접 분사를 통해 높은 강도로 스스로 폭발시키는 것이 기본 동작 원리임 따라서 가솔린 엔진에 비해 폭발 시 발생하는 진동과 소음이 크기 때문에 정숙성이 다소 떨어짐 → 따라서 이러한 충격에 견딜 수 있도록 엔진을 더 크고 무겁게 만들어야 함 (가격도 높음)

엔진이 한 번 점화할 때 발생하는 토크는 다소 작지만, 엔진(피스톤의 왕복운동)을 더 빠르게 동작시킬 수 있어서 결과적으로 더 높은 마력을 만들어 내는 데 유리함	폭발을 기본으로 작동하는 디젤 엔진은 토크가 높지만, 엔진(피스톤의 왕복운동)의 동작이 가솔린 엔진보다 느리다 보니 결과적으로 가솔린 엔진 대비 마력이 상대적으로 낮음
자연흡기 가솔린 엔진은 불꽃 점화 방식이기 때문에 (가솔린 연료 특성상) 디젤 엔진 대비 높은 압축비를 기대하기 힘들어 엔진의 토크와 연료 효율성 측면에서 다소 불리함 * 압축비➔ 8~11:1	디젤 엔진은 압축된 공기를 실린더 내로 강제 흡입하는 터보 장치가 기본적으로 장착되어 있어 높은 압축비로 인한 높은 토크와 연료 효율성 측면에서 가솔린 엔진 대비 유리함 * 압축비 ➔ 15~24:1

4) 자연흡기 엔진과 터보 엔진

자연흡기 엔진을 영어로 NA(Naturally Aspirated) 엔진이라 하며, NA는 뜻 그대로 자연스럽게(Naturally) 외부 공기를 실린더 안으로 흡입 혹은 빨아들이는(Aspirated) 엔진이란 뜻이다.

먼저, 자연흡기란 용어의 의미를 좀 더 구체적으로 알아보자. 기화기에서 공기와 연료를 섞은 혼합기(Air/Fuel Mixture)를 만들어 내면 실린더의 흡기밸브가 열리면서 실린더 안에 있는 피스톤이 아래로 하강 운동을 하게 된다. 이때 실린더 안은 실린더 밖 대비 낮은 압력 상태로 변하게 되고, 이러한 압력차로 기화기에서 만들어진 혼합기가 실린더 안으로 자연스럽게 빨려 들어간다. 압력차에 의해 자연스럽게(N) 빨려 들어간다는(A) 의미에서 자연흡기라는 말이 사용되는 것이며, 이는 주사기를 잡아당기면 주사기 안과 밖의 압력 차이가 발생해 주사기 안으로 액체가 빨려 들어가는 것과 같은 원리인 바로 대기압의 차이에 의해 만들어지는 것이다.

다음으로 터보 엔진에 대해 알아보자. 자연흡기 엔진 대비 터보 엔진의 가장 큰 특징은 외부 공기를 미리 압축시킨 후 이 압축공기를 실린더 안으로 강제로 밀어 넣는(과급) 것이다. 이러한 터보 장치가 장착된 엔진을 정확히 터보차저(Turbo Charger) 엔진이라 한다.

우선 터보 장치의 탄생 배경으로, 터보 장치는 최초로 비행기에 사용될 목적으로 만들어졌다. 지상과 달리 높은 고도에서는 공기 자체가 희박하므로 비행기 엔진 자체의 구동이 쉽지 않다. 따라서 희박한 공기 상황에서도 원활한 엔진 구동을 위해 주변의 희박 공기들을 강제로 끌어모아 엔진에 공급해 줘야만 할 것이다. 병 속에 양초를 넣고 불을 켜 둔 상태로 뚜껑을 닫으면 산소가 점점 타고 없어져 불이 꺼지는 것과 같이, 연소라는 것 자체는 연료뿐만이 아니라 공기가 반드시 필요하기 때문이다. 이런 목적으로 터보 장치가 최초로 개발된 것이다.

이러한 터보 장치가 자동차 엔진에 장착되기 시작한 이유는 다음과 같다.

자동차에서 중요한 개념 중 하나는 바로 출력과 연비(정확히는 연료 효율)의 관계이다. 자동차를 구매하는 대부분 사람은 힘, 연비 모두가 좋은 차를 원할 것이다. 하지만 아쉽게도 이 둘은 동시에 달성될 수 없는 반비례 관계에 있으며, 성능과 연비라는 두 마리 토끼를 잡기 위해 다양한 연구와 개발이 이루어지고 있기는 하지만 그 효과에는 한계가 있다.

또한, 전 세계적으로 큰 이슈가 되고 있는 환경 오염과 지구 온난화 문제와 관련해 배기가스 배출 기준이 해가 거듭될수록 강화되고 있다. 이에 대한 해결책으로 배기가스가 전혀 배출되지 않는 수소연료나 신재생에너지를 이용한 자동차가 최종 대안이긴 하지만, 비용과 기술 그리고 인프라 측면에서 이것이 100% 상용화되기에는 아직 더 많은 시간이 요구된다. 따라서 일정 부분 이상은 여전히 기존의 화석연료에 의존할 수밖에 없는 상황이며, 이에 따른 각종 강화된 법적 규제로 심한 경우 자동차 산업 자체의 존폐 위기까지 고민해야 하는 것이 현실이 되었다. 왜냐하면, 앞으로는 일정 수준 이상의 배출가스 기준을 맞추지 못하면 더는 화석연료를 동력원으로 하는 자동차 자체를 판매뿐만 아니라 아예 생산조차 할 수 없는 상황이 닥칠 수도 있기 때문이다.

배출가스 저감을 위해 다양한 기술적인 노력 중 가장 쉬운 방법은 단순히 배기량을 줄이는 것이다. 그런데 배기량을 줄이면 배출가스는 분명 줄어들겠지만, 출력이 저하되는 문제가 발생할 수밖에 없다. 그럼에도 많은 자동차 제작사들이 출력 저하를 감수하면서까지 배기량을 줄이는 선택을 해야 한다는 것은 어쩔 수 없는 일이다. 이러한 조류에 힘입어 자동차 산업에 주요한 화두 중 하나가 바로 다운사이징(Downsizing)이다. 다운사이징이란 말 그대로 사이즈를 줄인다는 뜻이며, 자동차에서는 엔진의 배기량을 줄인다는 의미이다.

친환경과 연료 저감이라는 사회적 이슈 탓에 다운사이징은 세계 최고의 경주용 자동차 게임인 F1(Formula 1)에서조차도 피해 갈 수 없었다. 전 세계 자동차 레이스를 총괄하는 국제자동차연맹(FIA)은 모터스포츠 게임에도 친환경 시스템을 적용한다는 취지 아래, 2014년부터 F1에 출전하는 경주용 자동차의 스펙을 기존 V8 기통 2,400cc 자연흡기 엔진에서 V6 기통 1,600cc 터보 엔진으로 다운사이징 시켰으며, 심지어는 매 경기에서 사용할 수 있는 연료의 양도 기존에는 규제 사항이 아니었으나 이를 최대 100kg까지 제한시켰다. 이 때문에 모터스포츠를 즐기는 전 세계 자동차 마니아들로부터 여전히 많은 질타를 받고 있긴 하지만, 이는 선택이 아닌 필수인 것이다.

F1 엔진이 기존의 자연흡기 엔진에서 터보 엔진으로 왜 바뀌게 되었는지 그 이유를 생각해 보면, 일반 자동차에도 터보 장치가 왜 적용되기 시작

했는지를 쉽게 알 수 있다. F1 자동차를 예로 들어, 800cc 줄어든 엔진 다운사이징으로 감소된 출력을 높이기 위해 그리고 100kg으로 제한된 연료 사용량을 맞추기 위해서이다. 즉, 출력과 연료 효율성 향상이 바로 그 이유이다.

5) 터보차저

(1) 터보차저 구조 및 작동 원리

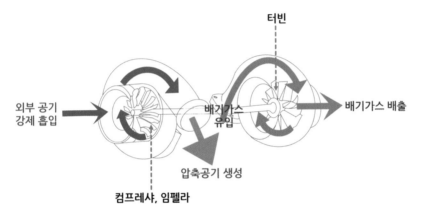

터보는 바람개비처럼 생긴 2개의 날개로 구성되어 있으며, 왼쪽 날개를 컴프레샤(혹은 임펠라) 그리고 오른쪽 날개를 터빈(Turbine)이라 한다. 두 날개는 같은 축으로 연결되어 있어서 하나의 날개가 돌면 맞은편 날개는 같이 따라 도는 구조로 되어 있다.

컴프레샤의 역할은 외부 공기를 강하게 빨아들여 압축공기를 만들어내는 것이며, 이렇게 만들어진 압축공기는 엔진의 실린더 안으로 유입되게 된다. 그러기 위해서는 컴프레샤가 회전해야 하는데, 바로 터빈의 날개가 돌면 같은 축에 연결된 컴프레샤가 따라 도는 구조로 작동이 이루어진다.

이를 위해 우선 터빈이 강하게 돌아야 할 것이며, 터빈은 엔진의 4행정 사이클 중 마지막 단계인 배출행정 시 만들어지는 배기가스를 외부로 배출시키기 전 이를 터빈 쪽으로 먼저 유입시켜 동력을 얻는다. 다시 말해, 버려지는 배기가스의 열에너지가 터빈을 돌리는 운동에너지로 사용되는 것이다.

참고로, 앞서 디젤 엔진의 작동 원리에 본 바와 같이, 터보 장치(컴프레샤 날개)를 통해 만들어 낸 고압의 압축공기를 엔진의 실린더 안에 강제로 유입시키고(흡입행정) 그다음 압축 과정의 마지막 단계에서 실린더 안으로 연료를 직접 분사하여 자연 착화 시키는 것이 디젤 엔진의 작동 원리이다. 따라서 모든 디젤 엔진은 터보차저 엔진이다. 가솔린 터보차저 엔진은 디젤 엔진의 흡입, 압축 과정과 실린더 안으로 연료를 직접 분사하는 것까지는 같으나, 자연 착화가 아닌 스파크 플러그의 불꽃 점화를 통해 폭발 행정이 이루어지는 점에서 차이가 있다.

터보차저는 추가로 인터쿨러 (Intercooler)라는 장치가 설치된다. 컴프레샤가 외부 공기를 강제로 빨아들여 만든 압축공기는 그 과정에서 산소 분자 간에 마찰이 일어나 온도가 상승하게 된다. 공기라는 기체는 온도가 올라가면 그 밀도는 낮아지게 된다.

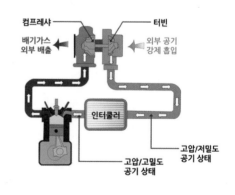

이를 좀 더 쉽게 이해하기 위해 밀도와 관련된 사항에 대해 알아보고 넘어가자. 밀도(Density)라는 것은 공기(기체)에 포함된 분자들이 얼마나 오

밀조밀하게 모여 있는지를 나타내는 용어이며, 이는 일정한 부피에서 공기의 질량을 말한다. 밀도를 구하는 공식은 질량/부피이다. 공기는 온도가 올라가면 그 부피는 증가하지만(Charles's law; 샤를의 법칙: 온도가 올라가면 기체의 부피는 증가함), 그렇다고 해서 전체 공기의 질량이 변하는 것은 아니다(Law of Conservation of Mass; 질량 불변의 법칙: 어떠한 반응 이전과 이후의 질량은 변하지 않음). 따라서 공기의 온도가 올라가면 부피(분모)는 커짐에 비해 질량(분자)은 변함이 없어서(밀도 = 질량/부피), 결국 밀도는 낮아진다. 더운 여름보다 추운 겨울에 자동차가 더욱 묵직하게 잘 나간다는 느낌을 받아 본 적이 있다면, 그 이유는 겨울철에 공기의 밀도가 더욱 높아짐으로써 고밀도 공기가 엔진 실린더로 유입되었기 때문이다.

다시 인터쿨러 장치로 돌아와서, 컴프레샤에 의해 막 만들어진 압축공기는 온도가 높아졌기 때문에 낮은 밀도의 상태 즉, 고압의 저밀도 상태이다. 그런데 엔진의 효율을 보다 높이기 위해서는 고압의 저밀도 공기보다는 고압의 고밀도 공기가 더욱 효과적일 것이다. 공기의 밀도를 높이기 위한 가장 간단한 방법은 위 온도와 밀도의 관계에서 본 것처럼, 그 온도만 낮춰 주면 된다. 따라서 컴프레샤에 의해 만들어진 압축공기는 인터쿨러를 통과함으로써 순간적으로 온도가 내려가 밀도가 높아진 고압의 고밀도 상태가 된다. 이것이 터보차저에 인터쿨러가 설치되는 이유이다.

(2) 터보차저의 장점

터보차저의 장점으로 크게 출력과 연료 효율성 향상을 들 수 있다.

첫째, 출력 향상 측면이다. 터보차저가 장착이 되면 그렇지 못한 동일 배기량 자연흡기 엔진보다 엔진 전체 무게는 약 10% 정도 무거워지긴 하지만, 그 출력은 적게는 약 20%에서 많게는 약 50% 정도까지 끌어올릴 수 있

Chapter 2 자동차 기초 공학지식

다. 자연흡기 엔진은 마치 주사기의 원리와 같이 피스톤의 하강 운동으로 인한 압력차를 이용해 혼합기를 실린더 안으로 흡입하는(빨아들이는) 방식이라 실린더 내부 체적(배기량)의 100%를 혼합기로 채울 수가 없다. 하지만 터보차저 엔진은 공기를 과급시킨 후 이를 실린더 안으로 강제로 들여보내기 때문에 여기에 보다 많은 양의 연료를 분사시켜 연소하는 것이 가능하다. 또한, 압축공기로 인해 모든 행정(흡입-압축-폭발-배기) 시 피스톤의 상하 운동이 더욱 강하게 이루어진다. 결국, 출력이 일반적인 자연흡기 엔진보다 클 수밖에 없다.

둘째, 연료 효율성 향상 측면이다. 효율성(Efficiency)이란 투입 대비 산출이라는 비율 개념으로 절대적인 숫자 개념은 아니다. 동일 배기량의 자연흡기 엔진과 터보차저 엔진을 기준으로 비교해 보면, 숫자적인 측면에서 일반적으로 자연흡기 엔진의 연비가 다소 높은 것은 사실이다. 하지만 동일한 출력을 만들어 내기 위해 투입되는 연료의 양을 비교해 보면 터보차저 엔진의 연료 효율이 더욱 높다. 자연흡기 엔진의 경우 더 큰 출력을 원한다면 당연히 더 큰 배기량의 엔진을 선택하면 되겠지만, 이럴 경우 작은 배기량의 엔진보다 낮은 연비 그리고 늘어난 배출가스는 감수해야 할 것이다. 이에 반해, 터보차저 엔진은 비록 배기량은 적더라도 큰 배기량의 자연흡기 엔진과 유사한 출력을 내는 것이 가능하다. 이 때문에 터보차저 엔진이 출력 대비 연료 소모량과 배기가스 배출량 면에서 좀 더 유리한 것이다.

(3) 터보차저의 단점

다음으로 터보차저의 가장 큰 문제점이자 대표적인 단점으로 꼽히는 터보랙(Turbo Lag)에 대해 알아보자.

랙(Lag)이란 단어는 '지체하다 혹은 시간을 끌다'라는 의미이며, 터보랙이란 말 그대로 터보가 돌지 않고 시간을 끄는 것 즉, 터보가 작동하지 않는 구간인 터보의 지연(Delay)을 의미한다.

그럼, 터보랙이 발생하는 이유는 무엇일까? 터보 장치가 작동하지 않는 구간이 만들어진다는 것은 기본적으로 터빈의 날개가 돌아가지 않기 때문이다. 터빈의 날개는 배기가스의 압력으로 돌기 때문에 배기가스의 압력이 낮으면 터빈의 날개는 당연히 돌기 힘들 것이며, 이러한 터보랙은 바로 초기 가속이나 일부 저 RPM대 구간에서 발생할 수 있다.

터보랙이 발생하면 액셀 페달을 밟아도 차가 움찔거리며 경쾌하게 나가지 않게 되며, 기계적으로는 소음의 발생, 내구성 약화 등 엔진에 좋지 않은 영향을 미치게 된다.

따라서 모든 터보 장치는 이러한 터보랙을 최소화하는 즉, 낮은 배기가스 압력에도 터빈의 날개가 잘 돌 수 있도록 하는 노력이 반드시 필요한데, 대표적인 방법으로 터빈의 날개를 작고 가볍게 만드는 것이다. 하지만 터빈의 날개는 연소되는 배기가스의 높은 압력과 동시에 약 1,000° 정도 되는 온도에도 지속해서 버텨야 하며 심지어는 별도로 냉각조차 시킬 수 없어서 작고 가볍게 만드는 것이 그리 쉬운 일만은 아니다.

따라서 터빈의 재질이 매우 중요한데, 최대한 가볍고 높은 열과 압력에 대한 저항력이 좋은 코발트나 니켈계의 특수 합금이 주로 사용된다. 현재 많은 연구기관에서 더욱 향상된 금속 기술과 다양한 신소재 개발에 대한 지속적인 노력이 진행되고 있으며, 미래에는 이러한 노력의 결과가 비단 터보차저뿐만이 아닌 다양한 기계 장치들에 적용됨으로써 지금과는 비교할 수 없을 정도의 향상된 내구성과 동시에 효율성 달성에도 큰 도움이 될 것이다.

터보랙을 줄이기 위한 보다 적극적인 기술로 VGT(Variable Geometry

Turbocharger)가 있으며, 이를 가변형상 터보차저라 한다. 참고로, 제작사에 따라 VGT 혹은 VNT(Variable Nozzle Turbine)등과 같이 다양한 용어로 불리긴 하지만, 적용되는 구조와 형태에 약간의 차이만 있을 뿐 기본적인 작동 원리와 목적은 같다.

VGT는 배기가스가 터빈으로 유입되는 입구에 플랩(Vane)을 설치한 것이다. 이 플랩의 각도가 배기가스의 압력에 따라 변하는데, 저 RPM대 구간 (a)에서는 터빈 쪽으로 들어가는 폭이 좁아져 순간적으로 마치 골바람이 부는 것과 같이 갑자기 유속이 빨라지는 즉, 벤츄리 효과(Venturi Effect)를 이용한다. 반대로, 고 RPM대 구간(b)에서는 플랩의 각도 변화를 통해 배기가스가 유입되는 폭을 넓혀 적정한 배기가스의 압력을 조절 및 유지할 수 있으며, 결국 고속 구간에서도 더욱 효율적인 터보의 작동을 기대할 수 있다.

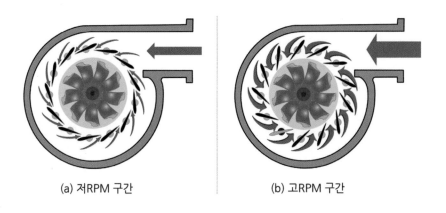

(a) 저RPM 구간   (b) 고RPM 구간

VGT는 이처럼 배기가스의 양과 압력 상태가 다른 모든 RPM 영역대에서 터보차저가 더욱 효율적으로 구동할 수 있게 해 준다. 이 때문에, 터보랙의 문제 해결뿐만 아니라 전 회전영역에서 최적의 연소가 이루어짐으로

써 엔진이 낼 수 있는 최대출력의 향상과 연비 상승 그리고 배출가스의 절감까지도 기대할 수 있다.

참고로, VGT는 가솔린 엔진에도 이론적으로는 적용할 수는 있지만, 터보차저가 기본인 디젤 엔진 대부분에만 적용된다. VGT가 가솔린 엔진에 적용되지 않는 대표적인 이유 세 가지는 다음과 같다.

첫째, 디젤 엔진의 배기가스 온도는 약 850° 정도이며 가솔린 엔진은 약 1,000° 이상이 되기 때문에, 가솔린 엔진에 VGT를 적용하게 되면 지속적인 고온 노출에 대한 전체적인 내열성능 향상을 위해 소요되는 제작 비용 측면에서 매우 불리해진다.

둘째, 가솔린 엔진은 스파크 플러그를 통한 불꽃 점화 방식을 사용하기 때문에, 특히 고속 구간에서 압축공기의 양이 너무 많으면 엔진에 노킹(Knocking; 비정상적인 연소) 등과 같은 문제가 발생할 확률이 높아진다. 따라서 가솔린 엔진은 운행 상황에 따라 압축공기의 더욱 세밀한 조절이 필요하다. 이때는 VGT 방식이 아니라, 가격, 무게 그리고 효율성 측면에서 좀 더 유리한 기존에 사용하던 웨이스트 게이트의 사용이 훨씬 효과적이다. 참고로, 웨이스트 게이트(Waste Gate)란 배기가스가 허용 한계치 이상으로 터빈에 유입되었을 때 이를 줄이기 위해(Bypass; 우회시키기 위해) 터빈 입구에 설치된 터보의 압력 조절 밸브를 말하며, 이 때문에 터보의 세밀한 작동과 과부하 문제를 쉽게 해결할 수 있다.

셋째, 기존의 VGT와 웨이스트 게이트가 가진 장점 이상의 효율성과 출력성능을 실현하는 가솔린 터보차저 기술의 발전이다. 대표적인 예로 스크롤 방식의 터보(Scroll Turbo)를 들 수 있다.

(4) 터보 장치의 종류

① 터보차저(Turbo Charger)와 슈퍼차저(Super Charger)

터보 장치의 종류에는 터빈의 날개를 돌리는 에너지(동력원)가 무엇이냐에 따라 크게 두 가지로 나뉜다.

첫째, 앞에서 본 것처럼 버려지는 배기가스를 이용해 터빈의 날개를 돌려 압축공기를 만들어 내는 장치인 터보차저(Turbo Charger)가 있다.

둘째, 배기가스의 압력이 아닌 엔진의 구동력을 사용하여 터보 장치를 구동하는 슈퍼차저(Super Charger)가 있다. 정확히 말하면 피스톤의 왕복운동이 크랭크 샤프트의 회전운동으로 바뀌는 엔진의 기본 원리에서, 터빈을 크랭크축에 체인으로 연결하여 엔진의 구동력을 이용하는 방식이다. 이 때문에 터보차저보다 강한 출력과 빠른 터보 반응을 만들어 낼 수 있으며 또한 터보랙 자체를 걱정할 필요도 없다.

하지만 도로에 사용해야 할 엔진 구동력의 일부를 가져다 이용하는 방식이기 때문에 엔진에 다소 부담을 줄 수 있다. 따라서 고배기량의 고출력 엔진이 아닌 경우 또는 터보 장치에 추가적인 보조장치가 장착되지 않았을 때는 그 효과를 제대로 발휘하는 데 무리가 따를 수 있다. 그래서 슈퍼차저는 일반적인 차량에 주로 적용되는 터보 장치라기보다, 소위 고출력의 슈퍼카라 불리는 차량 위주에 장착되는 터보 장치이다.

다시 터보차저로 돌아와서, 엔진이 다운사이징 되었음에도 이전 엔진과 비교 시 엔진 출력의 유지나 향상 그리고 더욱 높은 연료 효율성 달성을 위해 개발된 대표적인 터보 기술로, 휘발유 트윈 스크롤 터보(Twin Scroll Turbo Charger)와 2단계 디젤 터보(2-Stage Turbo Charger)가 있다. 각 장치의 작동 원리와 특징에 대해 간략히 알아보자.

② 트윈 스크롤 터보(Twin Scroll Turbo Charger)

스크롤(Scroll)이란 터빈 쪽으로 배기가스가 유입되는 통로(덕트)를 말한다. 따라서 트윈 스크롤 터보(Twin Scroll Turbo)란 일반적인 터보와 달리, 그림에서 보는 바와 같이 각각의 엔진 실린더로부터 만들어진 배기가스가 2개로 나누어진 통로로 유입되는 구조로 되어 있다.

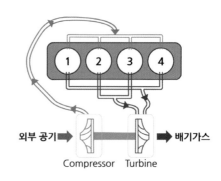

4기통 트윈 스크롤 터보 엔진을 예로 들면, 그림처럼 1번과 4번 실린더로부터 나온 배기가스가 하나의 통로로, 2번과 3번 실린더로부터 나온 배기가스는 또 다른 통로를 통해 터빈 쪽으로 들어간다. 4기통 엔진은 1-3-4-2번 실린더 순서로 점화가 이루어지기 때문에, 엔진의 배기가스는 2개의 유입통로를 통해 번갈아 들어가게 된다. 참고로, 엔진의 실린더는 좌측에서(혹은 아래에서)부터 우측으로(혹은 위쪽으로) 1번 실린더, 2번 실린더와 같이 그 번호가 매겨진다.

스크롤 터보의 핵심이자 장점은 하나의 유입통로가 아닌 2개의 유입통로를 통해 배기가스가 번갈아 가며 터빈의 날개를 돌리기 때문에, 마치 2개의 터보 장치(트윈 터보)를 단 수준에 가까운 높은 출력과 출력 대비 더욱 효율적인 터보 구동이 가능하다는 것이다.

그런데 여기서 생각해 봐야 할 사항으로, 하나의 배기가스 통로로 터빈을 돌리나 이것을 2개로 나누어 터빈을 돌리나 이 둘 다 터빈으로 들어가는 배기가스의 총량은 같다는 것이다. 그럼에도 트윈 스크롤 터보 방식을 적용함으로써 좀 더 효율적임과 동시에 향상된 출력을 기대할 수 있는 이

Chapter 2 자동차 기초 공학지식

유는 이를 팽이를 돌리는 경우와 비교하여 생각해 보면 좀 더 쉽게 이해가 갈 것이다.

팽이를 돌릴 때 그 회전력을 높이기 위해서는 끈을 매단 나무로 팽이의 몸통 부분을 힘차게 치면 된다. 한 명이 팽이를 돌리는 데 쓰는 힘을 10이라 하자. 이때 한 명이 아닌 두 사람이 서로 다른 각도에서 각각 5의 힘으로 돌리면 팽이는 혼자 돌릴 때보다 더 빨리 돌게 될 것이다. 왜냐하면, 비록 팽이를 돌리는 힘의 총량은 같을지라도, 두 명이 번갈아 가며 돌리게 되면 팽이를 치는 시간 간격이 줄어들기 때문이다. 즉, 짧은 회전 주기상에서 추진력이 두 번 전달되기 때문에 두 명이 번갈아 돌릴 때 그 회전력이 높아지는 것이다. 여기서 팽이를 터보 장치의 터빈, 팽이를 재빨리 번갈아 치는 것은 2개로 나누어진 통로로 배기가스가 번갈아 유입되는 것으로 생각해 볼 수 있다.

사실은 이런저런 고민 없이 엔진에 별도의 터보 장치 2개를 달아 버리면(Twin Turbo) 출력 측면에서 매우 유리할 것이다. 하지만 이럴 경우, 동력 계통의 무게 증가뿐만 아니라 연비와 배기가스, 게다가 제작 단가 측면에도 불리하다는 것을 생각해 보면 트윈 스크롤 터보의 상대적인 이점을 느낄 수 있을 것이다.

참고로, 6기통 엔진에 트윈 스크롤 터보가 적용되면 2개의 통로에 각각 1, 2, 3번 그리고 4, 5, 6번 실린더가 연결된다. 왜냐하면, 6기통 엔진은 엔진 실린더 점화 순서가 1-5-3-6-2-4번이기 때문이다. 따라서 6기통 엔진 또한 2개로 구분된 연결 통로를 통해 배기가스가 번갈아 가면서 터빈의 날개를 돌릴 수 있는 구조가 된다.

③ 2단계 터보(2-Stage Turbo Charger)

2단계 터보(2-Stage Turbo Charger)는 기본적으로 서로 다른 크기의 터보 장치가 2개 설치되어 있어 그 구성만 놓고 보면 트윈 터보(Twin Turbo)와 매우 흡사하다. 하지만 이 둘은 각각의 터보 장치와 엔진의 흡기 및 배기관의 연결 구조 그리고 이에 따른 작동 측면에서 차이가 난다. 좀 더 구체적으로, 일반적인 트윈 터보는 2개의 터빈 모두가 하나의 배기관과 직렬로(직접) 연결돼 있지만, 2단계 터보는 2개의 터빈이 하나의 배기관을 통해 서로 병렬로(간접적으로) 연결된 구조 있다. 병렬로 연결되어 있어서 2단계 터보를 Series 터보 즉, 병렬식 트윈 터보라고도 한다.

그림에서 보는 바와 같이, 4개의 배기관이 합쳐진 하나의 통로(붉은색)에 스몰 터보(Small Turbo)와 라지 터보(Large Turbo) 각각의 터빈이 병렬로(옆으로 나란히) 연결되어 있는 것을 볼 수 있다. 그리고 2개의 터빈 우측에 설정된 통로는 배기가스 압력에 따라 그 양을 조절해 주기 위한 바

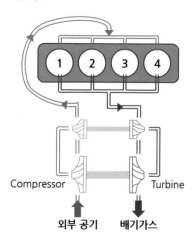

이패스(Bypass; 우회) 통로이며, 그 안에 설치된 바이패스 밸브의 개폐 정도(각도)에 따라 스몰 터빈과 라지 터빈 가각으로 들어가는 배기가스양이 조절된다.

2단계 터보의 작동 원리는 다음과 같다.

① 저 RPM 대 영역(~약 1,500 RPM)

낮은 RPM 영역에서는 상대적으로 배기가스 압력 또한 낮다. 이때는 스

Chapter 2 자동차 기초 공학지식

몰 터보만 작동하여 터보랙 걱정 없이 부드러운 출발과 동시에 일정 속도까지 터보의 작동이 매끄럽게 이어진다. 이 경우 라지 터보는 작동하지 않으며, 스몰 터보를 돌리고 난 후 배기가스는 라지 터보를 그냥 지나쳐 외부로 빠져나가게 된다.

② 중 RPM 대 영역(약 1,500~3,000 RPM)

일정 속도가 난 이후부터는 터보의 부스트 압력을 높이기 위해(엔진으로 들어가는 압축공기의 양을 늘리기 위해), 스몰 터보와 라지 터보가 동시에 작동하게 된다. 좀 더 정확히는, 차량의 속도가 올라감(내려감)에 따라 스몰과 라지 터빈 우측의 연결 통로 안에 설치된 우회(Bypass) 밸브가 천천히 열리면서(닫히면서) 라지 터보로 들어가는 배기가스의 양이 점차 늘어나(줄어들어) 결국 라지 터보의 회전수가 스몰 터보 대비 증가하게(감소하게) 되는 것이다. 따라서 속도에 따라 스몰과 라지 터보의 회전수는 서로 반비례가 된다. 이는 각각의 RPM 구간에 필요한 터빈의 회전수를 좀 더 세밀하게 조절이 가능하단 의미이며, 이 때문에 엔진 속으로 유입되는 압축공기량(정확히는 압력)을 그때그때 필요한 만큼 제공하는 것이 가능하다.

③ 고 RPM 대 영역(약 3,000 RPM~)

약 3,000 RPM 이상의 고속회전 구간에서는 고압의 배출가스가 스몰 터빈 쪽으로는 통하지 않고 전량 라지 터빈으로 유입되어, 큰 터빈의 날개(라지 터빈) 하나로 높은 부스트 압력을 만들어 내게 된다. 따라서 고속 주행 시 더욱 가뿐한 주행 환경이 만들어진다. 하지만 RPM이 너무 높을 때는 배기가스 압력이 너무 높아 터보 장치에 과부하가 걸리기 때문에, 이것을 방지하기 위해 라지 터빈 앞에 VGT가 설치되는 경우가 일반적이다.

위와 같은 작동 원리로 2 Stage 터보는 일반적인 트윈 터보 방식과 비교해 모든 RPM 영역에서 더욱 향상된 최적의 터보 작동이 가능하다. 따라서

일반적인 터보가 장착된 동일 배기량 엔진과 비교 시 2 Stage 터보만의 대
표적인 장점 네 가지로 ① 비슷하거나 다소 높은 출력, ② 향상된 연비, ③
줄어든 배출가스, ④ 엔진의 정숙성을 꼽을 수 있다.

12. 변속기
(Transaxle, Transmission)

　　일반적으로 트랜스미션이라 부르는 변속기는 엔진과 더불어 동력 전달 장치인 파워트레인 중 하나이다. 변속기는 사람의 신체로 치면 근육 역할을 하는 부분이라 할 수 있다. 왜냐하면, 변속기와 근육이 하는 역할이 100% 똑같다 할 수는 없지만, 기본적으로 근육은 움직임의 속도뿐만 아니라 그 힘의 크기까지 조절해 준다는 점에서 변속기와 그 역할이 많이 닮았기 때문이다.

1) 변속기의 원리와 역할

변속기의 기본 개념이 되는 기어의 원리에 관해 간단히 알아보자.

출력축   입력축   출력축   입력축
(뒷바퀴 기어) (페달 기어)   (뒷바퀴 기어) (페달 기어)

(a) 페달 기어의 반지름이 1(기어의 이빨 개수가 10개)

뒷바퀴 기어의 반지름이 2(기어의 이빨 개수가 20개)

→ 페달을 한 바퀴(360°) 돌리면 구동 바퀴인 뒷바퀴가 반 바퀴(180°) 돌아 가는 경우.

자전거 페달을 한 바퀴 돌렸음에도 뒷바퀴는 ½바퀴밖에 회전하지 못하지만 페달로부터 뒷바퀴에 전달되는 힘은 2배가 된다. 즉, 자전거의 속도는 낮지만, 페달을 비교적 적은 힘으로 빠르게 돌려 뒷바퀴에 큰 힘을 만들어 줄 수 있기 때문에 경사진 언덕길을 올라갈 때 유리한 기어의 조합이다.

(b) 페달 기어의 반지름이 1(기어의 이빨 개수가 10개)

뒷바퀴 기어의 반지름이 0.5(기어의 이빨 개수가 5개)

→ 페달을 한 바퀴(360°) 돌리면 구동 바퀴인 뒷바퀴가 두 바퀴(720°) 돌아 가는 경우.

자전거 페달을 한 바퀴 돌리면 뒷바퀴는 두 바퀴 회전한다. 페달을 돌리는 회전수 대비 자전거(뒷바퀴) 속도는 2배 높아지지만, 페달로부터 뒷바퀴에 전달되는 힘은 ½로 작아진다. 자전거 페달을 돌리는 회전수가 적음에도 뒷바퀴에 많은 회전을 만들 수 있어 일반적으로 평지에서 높은 속도를 유지하며 이동하고자 할 때 유리한 기어의 조합이다.

앞의 예에서, 입력축(페달 기어 측)을 엔진의 회전수(rpm), 출력축(뒷바퀴 기어 측)을 구동 바퀴로 바꾸어 생각해 보면 차량의 변속기 원리에 관해 좀 더 쉽게 이해가 갈 것이다.

(a) → 엔진의 회전(rpm)수 대비 차량(구동 바퀴)의 속도는 낮으나 구동 바퀴에 실리는 회전력(토크)이 높아 언덕길 주행 또는 가속이 필요한 상황에서 유용한 기어의 맞물림이다. 이는 자동차에서 저단 기어를 사용하는 경우이다.

(b) → 엔진의 회전수(rpm) 대비 차량(구동 바퀴)의 속도는 빠르지만, 구동 바퀴에 전달되는 회전력(토크)은 낮아 차량의 추진력(회전력, 가속력)보다는 높은 속도를 유지하며 운전하는 기어의 맞물림이다. 이는 자동차에서 고단 기어를 사용하는 경우이다.

요약하면, 구동 바퀴의 속도와 회전력은 서로 반비례 관계가 되는 것이다. 즉, 구동 바퀴의 회전 속도가 올라가면 회전력(토크)은 줄어들게 되며, 반대로 속도가 내려가면 회전력(토크)은 증가하게 된다.

이러한 원리를 바탕으로 만들어진 것이 바로 변속기이다. 변속기는 말 그대로 속도를 바꾸어 주는(변속하는) 기계 장치인데, 여기서 속도는 엔진의 회전수인 rpm을 말한다. 따라서 변속기란 기어 단수 변화를 통해 엔진의 회전수(회전 속도)를 바꾸어 줌으로써 서로 반비례 관계에 있는 차량의 속도와 회전력(토크)을 조절해 주는 장치라 할 수 있다. 예를 들어, 차량이 처음 출발할 때는 회전 속도는 느리지만 큰 힘(회전력, 토크)이 필요하고, 속도가 증가(가속)해 감에 따라 큰 힘(회전력, 토크)보다는 회전 속도가 더 필요하게 된다. 바로 이 부분을 변속기가 담당한다.

2) 동력 전달 계통

엔진에서 만들어진 동력이 구동 바퀴로 전달되는 것을 동력 전달이라 하며, 전륜구동과 후륜구동은 서로 다른 동력 전달 과정을 가진다.

전륜구동의 경우, 엔진 → 클러치 → 변속기 → 종감속 기어 → 차동기어 → 액슬(앞차축; 앞 회전축) → 구동 바퀴(앞바퀴) 순이다. 여기서 '변속기 → 종감속 기어 → 차동기어'는 일체로 되어 있는데 이를 합쳐서 트랜스액슬(Transaxle)이라 한다. 전륜구동 방식에서 변속기의 정확한 명칭은 트랜스액슬이다.

후륜구동의 경우, 엔진 → 클러치 → 변속기 → 드라이브 라인 → 종감속 기어 → 차동기어 → 액슬(뒷차축; 뒤 회전축) → 구동 바퀴(뒷바퀴) 순이다. 후륜구동 방식에서는 변속기를 트랜스미션(Transmission)이라 표현한다.

참고로, 위의 동력 전달 계통 과정 중에 나오는 용어의 의미와 역할은 다음과 같다.

· 클러치(Clutch): 엔진과 변속기 사이에 설치되어 있으며, 변속기로 전달되는 엔진의 동력을 필요에 따라 단속하는(끊거나 연결해 주는) 기능을 한다. 이런 의미에서 클러치를 단속기 혹은 단속기구라 한다. 클러치가 하는 역할에는 크게 두 가지가 있다. 첫째, 1단에서 2단 혹은 2단에서 3단으로와 같이 기어 변경을 할 때 또는 엔진 시동 시에 동력을 차단해 주는 역할이며, 둘째, 엔진 무부하(아이들링; 엔진이 부하가 걸리지 않은 상태에서 공회전하는 것) 상태를 만들어 차량이 관성운동을 할 수 있게 해 준다. 예를 들어, 내리막길에서 클러치에 의해 엔진과 구동 바퀴 사이의 동력이 차단되면 엔진에 부하가 걸리지 않은 상태로 차량은 관성운동을 통해 내리막길을 부드럽게 내려갈 수 있게 된다.

· 드라이브 라인(Drive Line): 후륜구동 차량에 설치되는 것이며, 변속기를 통해 변환된 출력을 뒷바퀴 구동축에 전달해 주는 연결 부분을 말한다.

· 종감속 기어(Final Drive) 장치: 변속기 하나만으로는 엔진에서 만들어지는 토크를 모든 주행상황에 맞는 큰 토크로 변환할 수 없기 때문에 변속기를 통해 전달받은 회전을 최종적으로 줄임으로써 회전력(토크)을 증대시켜 주는 역할을 하는 감속 기어 중 하나이다.

· 차동 기어(Differential Gear) 장치: 차량이 커브길을 돌 때 또는 노면이 고르지 못한 도로 주행 시 좌우 바퀴의 회전수를 적절히 배분해 주는(정확히는, 차이를 만들어 주는) 기어 장치이다. 예를 들어, 좌회전 시에는 안쪽 바퀴보다 바깥쪽 바퀴가 이동한 거리가 더 길다. 따라서 안정감 있는 커브가 되기 위해서는 안쪽보다 바깥쪽 바퀴의 회전수를 더 늘려 줘야 할 것이다. 만약 차동 기어 장치가 없다면 차량이 회전할 때 안쪽 바퀴와 바깥쪽 바퀴가 같은 속도로 회전하기 때문에 바퀴가 미끄러지게 되며 회전 또한 원활히 이루어지지 않을 것이다.

3) 변속기의 종류

변속기는 그 변속이 수동 또는 자동 중 어느 것으로 이루어지느냐에 따라 수동 변속기(Manual Transmission)와 자동 변속기(Automatic Transmission)로 나뉜다. 이 둘은 상황에 따라 서로 다른 기어가 맞물려 가며 회전 속도와 이에 따른 회전력이 바뀌는 것은 같으나, 운전자가 변속기를 직접 수동으로 조작하는지 아니면 운전자의 조작 없이 자동으로 변속이 되는지가 가장 큰 차이점이다. 전 세계 모든 승용차 중 수동 변속기가 장착된 차량의 비율이 약 절반 정도 되며, 조작이 편하다는 이유에서 자동 변속기(Automatic Transmission) 또한 대중적으로 사용되고 있다.

(1) 수동 변속기

수동 변속기는 운전자가 발로 클러치를 조작하면서 손으로는 변속 레버를 직접 선택해 조작하는 변속기이다. 자동 변속기 대비 연비 측면에서 유리하긴 하나, 운전자가 직접 변속해야 하므로 조작이 불편할 수 있으며 변속 충격이 다소 발생할 수 있다는 단점이 있다. 참고로, 수동 변속기는 주축 기어부와 부축 기어부의 기어들이 항상 같은 속도로 동기화되어 돌아가는 동기물림식(Synchromesh Type)이 거의 모든 자동차에 사용된다.

수동 변속기의 변속 원리와 그 과정에 대해 알아보도록 하자.

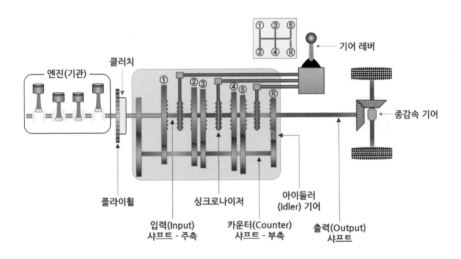

Chapter 2 자동차 기초 공학지식

앞의 그림은 동기물림식(Synchromesh) 수동 변속기이다. 동기물림식이란 기어 변경 시 주축 기어와 부축 기어의 회전 속도를 동기화(같게)함으로써 변속 충격을 최대한 줄여 보다 부드러운 변속이 이루어지게 한 방식을 말한다.

운전자가 클러치 페달을 밟으면 엔진으로부터 만들어진 동력이 변속기와 분리되며, 이때 기어 레버 조절을 통해 필요한 기어 단수를 물린 후 클러치 페달에서 발을 떼면 원하는 변속이 이루어지는 것이 기본적인 수동 변속기 조작 방법이다. 예를 들면, 1단으로 주행 중 2단으로 변속이 필요할 때, 우선 클러치를 통해 변속기로 전달되는 동력을 분리한 후 기어 레버를 2단으로 조절하면 싱크로나이저가 2단 기어 쪽으로 물리면서 변속이 완료된다.

동기물림식의 핵심은 바로 이 싱크로나이저를 통해 변속이 이루어진다는 것이다. 1단으로 주행 중 클러치를 통해 동력을 분리해도 출력 샤프트는 관성에 의해 여전히 회전하고 있다. 이때 회전수가 다른 기어를 바로 물리게 되면 변속 충격뿐만 아니라 소음 발생 그리고 내구성에도 현저한 문제가 생기게 될 것이다. 이런 상황을 방지하기 위해 싱크로나이저가 필요한 것이다. 싱크로나이저는 말 그대로 동기화하는 장치란 의미인데, 그 작동 원리는 예를 들어, 싱크로나이저가 1단에서 2단 기어 쪽으로 이동하게 되면 현재 돌고 있는 출력 샤프트와 싱크로나이저의 회전 속도가 점점 같아지면서(동기화되면서) 큰 마찰 없이 2단 기어와 체결되어 변속이 완료되는 것이다.

다음 그림은 1단과 5단 변속이 이루어졌을 때 동력의 방향을 나타낸 것이다.

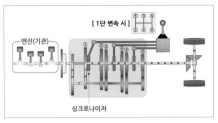
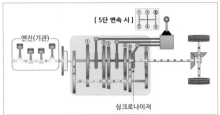

그림과 같은 수동 5단 변속기는 총 3개의 싱크로나이저가 장착된다. 각각의 싱크로나이저는 운전자의 기어 레버 조작에 따라 1단과 2단, 3단과 4단, 5단과 후진기어 사이에서 좌우로 움직여 가며 필요한 기어 단수에 물리게 된다. 후진 변속은 입력축(주축)과 출력축(부축) 사이에 맞물려 있는 아이들러(Idler)라는 기어가 회전을 반대로 바꾸어 줌으로써 이루어진다.

(2) 자동 변속기

자동 변속기는 주행 속도 및 상황에 따라 기어가 자동으로 변속 되는 장치를 말한다. 운전자의 별다른 기어 조작이 필요 없어서 운전이 쉬우며, 가속 및 감속 시 변속 충격이 작아 좀 더 부드러운 주행이 가능하다. 하지만 수동 변속기 대비 가격이 비싸며 연비가 약 10%~15% 정도 낮다는 단점이 있다. 참고로, 기어의 자동 변속이 토크 컨버터(Torque Converter)에 의해 이루어지는 것이 주류이기 때문에, 자동 변속기를 단순히 토크 컨버터 방식이라 표현하기도 한다.

자동 변속기는 총 세 종류의 방식이 있다. 첫째, 토크 컨버터, 둘째, 무단 변속기(CVT) 그리고 셋째, 듀얼 클러치(Dual Clutch) 방식이다.

① 토크 컨버터(Torque Converter) 방식

토크 컨버터 방식의 자동 변속기는 크게 토크 컨버터, 유성 기어 세트, 클러치로 구성되며, 이들의 조합을 통해 변속이 이루어진다. 그 과정으로, 1) 엔진의 동력이 토크 컨버터로 전달되면, 2) 이 힘이 유성 기어 세트와 클러치로 구성된 변속기에 전달되어 3) 결국 주행 환경에 맞게 자동으로 변속이 이루어지는 것이다.

엔진이 동력을 발생시키는 장치라면, 토크 컨버터는 이 동력을 변속기 부분에 전달하는 장치이다. 이로써 토크(회전력)를 조절하는 역할을 한다.

토크 컨버터의 기본 원리는 마치 두 대의 선풍기를 마주 보게 세워 놓고 하나의 선풍기만 작동시켜 반대편 선풍기가 따라 돌게 하는 것이다. 그리고 2개의 날개 사이에는 유체(오일)를 넣어 반대편 날개

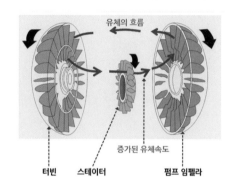

가 더욱 잘 따라 돌아갈 수 있는 구조로 되어 있다. 유체를 통해 양쪽 날개의 회전을 연결한다는 의미에서 토크 컨버터를 유체 커플링(Fluid Coupling)이라고도 한다.

또한, 토크 컨버터에는 양쪽 날개(펌프 임펠라와 터빈) 사이에 스테이터라는 핵심장치가 설치된다. 스테이터는 두 날개 사이에서 자유롭게 움직이는 유체의 흐름을 증가시켜 주는 역할을 한다. 이를 통해, 엔진에서 전달받은 토크로 회전하는 날개(펌프 임펠라)가 더욱 빠르게 돌아 결국 변속기 쪽에 연결된 날개(터빈)를 더욱 큰 토크로 회전하게 해 준다.

토크 컨버터 방식의 가장 핵
심이 되는 장치는 바로 유성 기어
(Planatery Gear) 세트이다. 이는 태
양(Sun) 주위를 유성(Planet)이 따라
도는 것을 형상화하여 만들어진 장

치이며, 유성 기어(Planatery Gear), 선 기어(Sun Gear), 링 기어(Ring Gear) 그
리고 유성 기어 캐리어(Carrier)로 구성된다. 참고로, 토크 컨버터 방식의 동
력 전달 과정은, 엔진 → 토크 컨버터(펌프 임펠라 → 터빈) → 유성 기어 세트
→ 구동 바퀴 순이다. 결국 유성 기어 세트 안 4개의 기어 조합을 통해 필요
한 변속이 이루어진다.

유성 기어 세트의 역할은 회전수의 감속, 증속, 직결(유지), 역전(반대 회
전) 네 가지이며, 각각은 다음과 같은 방법에 따라 이루어진다.

a) 감속 방법

- 조건: 링 기어를 고정한
(회전하지 못하게 잡아 둔) 상태에
서, 토크 컨버터로부터 나온
회전력으로 선 기어만을 돌
려 주고 이 회전을 → 캐리어
로 출력함.

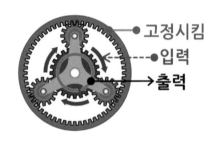

- 결과: 선 기어의 회전보다 캐리어가 느리게 회전함(선 기어가 회전한 것
보다 캐리어가 덜 회전함).

Chapter 2 자동차 기초 공학지식

b) 증속 방법

- 조건: 선 기어를 고정한
(회전하지 못하게 잡아 둔) 상태에
서, 토크 컨버터로부터 나온
회전력으로 캐리어만을 돌려
주고 이 회전을 → 링 기어로
출력함.

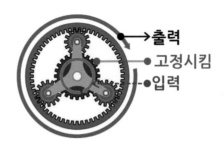

- 결과: 캐리어로 입력된 회전수 대비 링 기어로 출력되는 회전수가 많
아짐(캐리어가 회전한 것보다 링 기어가 더 많이 회전함).

c) 직결 방법(1:1의 동일 회전 속도)

- 조건: 토크 컨버터로부
터 나온 회전력으로 선 기어
와 링 기어를 동시에 돌려 주
고 이 회전을 → 캐리어로 출
력함.

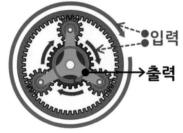

- 결과: 선 기어와 링 기
어로 동시에 입력된 회전수와 캐리어로 출력되는 회전수가 1:1로 같아짐.

d) 역전 방법(반대로 회전)

- 조건: 캐리어를 고정한
(회전하지 못하게 잡아 둔) 상태에
서, 토크 컨버터로부터 나온
회전력으로 선 기어만을 돌

려 주고 이 회전을 → 링 기어로 출력함.

- 결과: 선 기어가 회전한 방향이 링 기어에서 역전되어 출력됨(회전 방향이 반대가 됨).

참고로, 어느 한 기어를 고정하거나 입력 기어와 출력 기어를 바꾸는 세팅은 유성 기어 세트 옆에 설치된 클러치가 담당한다.

앞에서 본 유성 기어 세트의 감속과 증속 방법에 따라 기어비(입력과 출력의 회전수 비율)가 결정된다. 이 기어비는 유성 기어 세트 내 개별 기어의 이빨 개수를 바꾸게 되면 원하는 기어비로 얼마든지 바꾸어 세팅할 수 있다.

결론으로, 유성 기어 세트 하나로 감속 1개, 증속 1개의 고정된 기어비 총 2개를 만들 수 있다. 그렇다면, 자동 8단과 같이 기어비의 단수가 많은 다단 변속기는 과연 어떻게 만들어지는가에 대한 의문점이 생길 것이다. 이는 아주 간단히 해결할 수 있다. 바로 유성 기어 세트를 1개가 아닌 여러 개를 변속기에 설치하면 된다. 좀 더 구체적으로, 기본적으로 하나의 유성 기어 세트는 서로 다른 2개의 기어비를 만들어 내기 때문에, 여기에 유성 기어 세트를 2개 더 추가하여 총 3개가 되면 기어의 조합은 2 X 2 X 2 = 8개 즉, 총 8개의 기어비를 가진 자동 8단 변속기를 만들 수 있다. 참고로, 유성 기어 세트를 추가하면 당연히 이에 맞게 클러치 또한 추가해야 한다.

② 무단 변속기(CVT; Continuously Variable Transmission) 방식

무단 변속기(Continuously Variable Transmission)란 영어 의미 그대로 주어진 변속 범위 내에서 1단, 2단, 3단처럼 정해진 단계 없이, 연속으로 (Continuously) 회전 속도를 바꿀 수 있는(Variable) 변속 장치이다. 여기서 연속으로 회전 속도를 바꾼다는 말의 의미는 기어비가 정해져 있지 않다는 뜻이다. 예를 들어, 자동 8단 변속기는 총 8개의 기어비(변속비)를 가지지만, 무단 변속기는 주어진 변속 범위 내에서는 1.1단, 1.2단과 같이 그 기어 단수를 주행상황에 맞게 얼마든지 자유롭게 바꿀 수 있다는 것이다.

따라서 무단 변속기의 장점은 ① 주행 중 끊김 없이(지속해서) 동력 전달이 가능, ② 주행상황에 맞는 세밀한 변속이 가능해 수동 변속기 대비 약 20%에 가까운 높은 연료 효율성, ③ 비교적 간단한 구조로 경제적인 가격과 유지보수의 편리함, ④ 변속 시 그 충격이 작아 더욱 쾌적한 운전, ⑤ 엔진 배기량 대비 높은 가속 성능이 있다.

이에 반해 대표적인 단점에는 ① 기어의 물림이 아닌 고무나 금속 재질의 벨트가 늘어나고 줄어드는 것과 유사한 형태로 변속이 이루어지기 때문에 무거운 차량이거나 높은 토크가 요구되는 고성능 차량에는 적합하지 않으며, ② 급격한 가속 시 벨트가 헛도는(미끄러지는) 경우가 발생할 확률이 있으며, ③ 전체적인 내구성 측면에 불리한 점이 있다. 그래서 무단 변속기는 경차 또는 소형차에 주로 사용된다.

③ 듀얼 클러치(Dual Clutch) 방식

듀얼 클러치 방식의 변속기(줄여서 듀얼 클러치)는 수동 변속기를 기반으로 만들어진 자동 변속기의 한 종류이다. 듀얼 클러치는 수동 변속기와 그 구조가 거의 흡사하며, 1, 3, 5의 홀수 단과 2, 4, 6의 짝수 단을 각각 담당하는 별도의 클러치 총 2개가 설치된다.

수동 변속기는 클러치가 떨어진 후 기어가 바뀌며 그다음 클러치가 다시 붙는 방식으로 변속이 이루어지지만, 듀얼 클러치는 1단 기어로 주행하고 있으면 또 다른 클러치는 이미 2단에 붙어 있다. 즉, 다음 단계의 기어가 미리 맞물려 있어 기어 변경이 매우 신속하게 이루어지며, 이 때문에 변속

시 동력 손실 또한 줄일 수 있는 장점이 있다. 따라서 듀얼 클러치는 차량이 가지고 있는 출력 대비 실제로 더 높은 동력 성능을 발휘하는 것이 가능하다. 토크 컨버터가 아닌 수동 변속기와 유사한 방식을 기본으로 하고 있어서 높은 동력 성능 대비 연비 또한 높다는 장점이 있다.

반면에 단점에는 하나의 클러치가 사용되는 수동 변속기보다 내구성 측면에서 불리할 수 있다는 것과 다소 복잡한 구조로 되어 있어 가격이 비싸다는 점 그리고 고장 시 수리 비용 또한 높다는 것이다.

듀얼 클러치는 하이브리드 차량 중 저 배기량 엔진이 장착됨으로써 전체적인 출력이 낮은 경우 또는 더욱 높은 출력을 끌어내기 위해 고성능 스포츠카에 주로 사용되기는 하나 일반적인 차량에 적용되는 경우도 꽤 있다.

13. 서스펜션
(Suspension)

자동차는 기본적으로 이동하는 물체이기 때문에 이동이라는 것 자체가 자동차의 핵심이다. 이와 관련해 생각해 봐야 할 주제로 다음 두 가지가 있다.

첫째, 이동 자체로 만들어 지는 기본적인 주행 특성이 다. 자동차가 이동한다는 것 은 직진과 후진 그리고 코너 링이 지속해서 만들어지는 것을 의미한다. 또한, 자동차

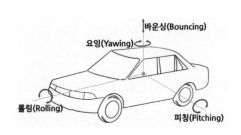

라는 것은 무거운 하중의 물체가 움직이는 것이기 때문에, 이를 통해 쏠림이라는 것이 항상 발생하게 될 것이다. 이러한 쏠림은 차량의 무게뿐만 아니라 그 속도가 증가함에 따라 더욱 크게 만들어지며, 그 이유는 관성의 힘이 더욱 크게 작용하기 때문이다. 쏠림이라는 말은 어떤 물체가 한쪽으로 치우치는 현상을 의미하는데, 자동차에서는 이를 진동(Vibration)으로 표현한다. 즉, 자동차는 이동을 통해 진동이라는 것이 끊임없이 만들어지는 주행

특성이 있다. 이러한 진동은 크게 네 가지 종류가 있으며(피칭, 롤링, 요일, 바운싱), 이 네 가지가 합쳐져 순간적인 하나의 진동이 된다는 것을 참고하자.

둘째, 이동과 관련된 주변 상황 특성이며, 이는 전반적인 도로 상태 및 특성을 의미한다. 도로란 것은 평지만 있는 것이 아니라, 경사 및 굴곡 등 다양한 종류로 구성되어 있다. 또한, 도로의 성격 자체를 바꾸어 놓는 비나 눈 같은 날씨 요소들도 생각해 볼 수 있다.

요약하면, 자동차는 기본적으로 주행 중 진동이 만들어지며, 다양한 종류 및 상황적 특성이 반영된 도로 위에서는 이러한 진동이 더욱 불규칙하게 발생하게 된다. 따라서 자동차는 항상 예상치 못한 방향으로 움직일 수 있는 확률이 크게 존재하며, 이는 주행의 편의성(승차감) 및 심지어 안전성에까지 매우 부정적인 영향을 미칠 수 있다.

다음으로, 사람의 일상적인 움직임에 대해서도 생각해 보자. 사람도 이동하기 위해 다양한 도로 조건에서 뛰고 걷고 서며 그리고 방향을 바꾸는 동작을 통해 여러 종류의 진동과 충격이라는 것을 받게 된다. 따라서 사람은 이를 완화하며 또한 전반적으로 안정된 움직임을 위해 손가락, 팔목, 무릎 등과 같은 다양한 관절 기관이 필요한 것이다.

만약 사람에게 관절이 없다면 어떨까? 아마 서 있기조차도 힘들 것이다. 사람의 몸에서 관절이 하는 역할은 우선, 사람의 체중을 지지해 주는 역할을 한다. 그리고 특히 발과 무릎 등에 있는 관절들은 뼈와 뼈 사이를 단단히 지지해 주며 동시에 똑바로 걸을 수 있게 해 준다. 또한, 움직임으로부터 발생하는 각종 진동과 충격을 완충해 줌으로써 더욱 편안하게 움직일 수 있도록 해 준다.

그렇다면, 사람과 유사한 움직임 특성이 있는 자동차 또한 사람의 관절과 유사한 기관이 있다면 여러 장점을 기대할 수 있을 것이다. 이러한 이유 때문에 자동차에도 사람의 몸에 있는 관절 중 특히 무릎관절과 같은 역할을 하는 현가장치라 불리는 서스펜션 시스템이 설치되는 것이다.

1) 현가장치의 구성 및 역할

자동차의 서스펜션과 사람의 무릎관절이 하는 역할을 비교하면 다음과 같다.

자동차 서스펜션의 역할	사람 관절의 역할
차량의 무게를 지지해 줌	사람의 체중을 지지해 줌
주행 시 차체가 받는 충격의 완충 및 진동, 즉 상하진동(바운싱) , 좌우진동(롤링), 앞뒤진동(피칭), 수직축을 중심으로 좌우 움직임(요잉)을 최소화시켜 줌	이동 시 신체가 받는 충격의 완충 및 이를 최소화시켜 줌
타이어와 도로 사이의 접지력(Road Holding) 혹은 견인력(Traction)을 유지하여 줌	이동 시 사람의 발과 도로가 잘 밀착해 가며 걸을 수 있도록 도와줌
차륜 정렬(Wheel Alignment)을 유지해 줌	발을 포함한 모든 뼈들을 서로 견고하게 고정시켜 주어 움직일 때 한쪽 방향으로 쏠리지 않고 똑바로 걸어갈 수 있게 해 줌
결론적으로, 서스펜션은 승차감, 조종 안전성 및 차량의 전체적인 주행 안정성을 유지해 주는 기능을 함	

위 표를 보면 서스펜션과 무릎관절의 역할이 매우 유사한 것을 알 수 있으며, 그 구성 또한 마찬가지이다.

먼저, 사람의 무릎관절 구성과 그 역할에 대해 간략히 알아보자. 무릎관절은 크게 뼈, 연골, 인대로

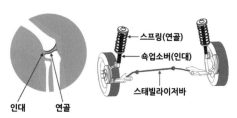

인대   연골

스프링(연골)
쇽업소버(인대)
스태빌라이저바

구성된다. 이 중 연골은 관절의 손상을 방지해 주며 무릎관절이 더욱 매끄럽게 움직이도록 마치 쿠션과 같은 역할을 한다. 이에 반해 인대는 뼈와 뼈 사이를 견고하게 고정해 주는 역할뿐만 아니라, 관절을 보강함과 동시에 그 움직임을 일정 부분 억제하는 역할을 한다.

자동차의 서스펜션은 스프링, 쇽업소버, 스태빌라이저바로 구성된다. 각각이 하는 역할과 관련하여, 스프링은 연골, 쇽업소버는 인대, 마지막으로 스태빌라이저바는 연골과 인대의 역할에 더해 골반 관절과 매우 유사하다고 볼 수 있다.

좀 더 구체적으로, 서스펜션의 구성별 역할은 다음과 같다.

(1) 스프링(Spring)

흔히 용수철이라 불리는 스프링은 탄성(Elasticity)을 가진 물체이며, 탄성을 통해 진동이나 충격을 흡수하여 완충 역할을 하는 기계요소이다. 탄력과 유사한 의미인 탄성이란 외부로부터 힘(진동 또는 충격)을 받게 되면 변형을 하고, 그 힘이 제거되면 다시 원래의 상태로 돌아가려는 성질을 말한다. 한마디로 스프링이란 탄성의 한도 내에서 변형과 복원의 반복을 통해 진동(또는 충격)을 흡수(완충, 제거)하는 기계적 요소라 할 수 있다.

쿠셔닝이 들어간 운동화 밑창, 자전거 바퀴에 설치된 스프링, 컴퓨터 키보드 등 변형과 복원이라는 탄성변형 컨셉을 이용한 기구와 장치들이 일상에서 거의 쓰이지 않는 곳이 없을 정도로 많다.

서스펜션의 구성요소 중 하나인 스프링은 이러한 탄성변형의 특성을 이용해 자동차의 하중을 지지해 주며 또한 상하진동을 통해 주행 중 발생하는 진동과 충격을 흡수(완충)하여 승객석 안으로 전해지는 진동과 충격을 줄여 주는 역할을 한다. 이는 결국 승차감의 향상과 함께 다양한 조건에서 주행 안정성 확보에 큰 도움이 된다.

승용 자동차의 서스펜션에는 쇠막대를 나선형으로 둥글게 감은 형태의
코일 스프링이 주로 사용되며, 자동차의 종류 및 특성에 따라 판스프링, 공
기스프링, 토션바 스프링 또한 선택적으로 사용된다.

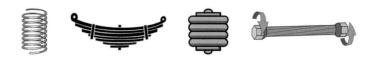

(2) 쇽업소버(Shock Absorber)

댐퍼(Damper)라고도 불리는 쇽업소버는 충격 흡수를 위해 스프링에 의
해 발생한 상하진동을 감쇠시켜 주는(줄여 주는) 장치이다. 즉, 스프링이 탄
성변형(진동)에 의해 주행 중 발생하는 충격을 상쇄 및 완충하는 것이라면,
쇽업소버는 스프링의 진동을 감쇠시켜 주는 역할을 한다. 한마디로 스프링
과 쇽업소버는 서로 반대 역할을 한다고 볼 수 있다.

참고로, 쇽업소버(Shock Absorber)라 부르는 이유는 단어 뜻 그대로
Shock(= 스프링의 상하진동으로 인한 충격) + Absorber(= 흡수하는 것)이기 때문이
다. 쇽업소버를 댐퍼(Damper)라 부르는 이유 또한 마찬가지이다. Damping
의 뜻이 한글로 '감쇠'이므로 댐퍼(Damper)란 감쇠하는 장치 즉, 스프링의
상하진동 폭을 감쇠시켜 주는 장치가 되는 것이다. 댐퍼는 영국에서, 쇽업
소버는 미국에서 주로 사용하는 용어상의 차이일 뿐 그 의미는 같다.

쇽업소버가 스프링의 고유진동을 감쇠시킴으로써 자동차에서 기대할
수 있는 장점으로,

① 스프링이 충격을 흡수한 이후 그 진동은 일정 시간 지속하기 때문에 이는 오히려 승차감에 부정적인 영향을 미치게 된다. 따라서 쇽업소버의 적절한 진동 감쇠는 승차감 향상에 도움이 된다.

② 스프링의 피로도를 적게 하여 서스펜션의 내구성 향상뿐만 아니라 더욱 안정된 주행 환경을 제공한다.

③ 스프링의 진동을 적절히 감쇠시켜 줌으로써 자동차와 도로 사이의 접지력 즉, 로드홀딩을 높여 주어 향상된 주행 안정성이 확보된다. 참고로, 접지력이라고도 하는 로드홀딩(Road Holding)은 '도로와 찰싹 달라붙는 것'을 뜻한다.

④ 차량의 쏠림이나 비정상적인 움직임을 제어할 수 있기 때문에 조종(핸들링) 안정성에 도움이 된다.

쇽업소버의 작동은 주사기의 원리와 유사하다. 물을 가득 채운 주사기에 얇은 바늘을 꽂고 이를 누르면 힘이 많이 들며, 주삿바늘을 뺀 상태에서는 힘이 적게 들 것이다. 이러한 원리로 쇽업소버는 스프링의 진동에 대한 감쇠력을 조절한다.

그림에서 보는 바와 같이 쇽업소버 안에는 오일(또는 액화가스)로 가득 차 있으며, 피스톤 하단 부에 작은 구멍들(Orifices)이 뚫려 있다. 쇽업소버와 연결된 스프링에 의한 진동이 발생하게 되면 쇽업소버가 위아래로 움직이게 되는데, 이 과정에서 피스톤 하단부 구멍을 통해 오일이 위아래로 통과하면서 쇽업소버가 움직이게 된다. 쇽업소버에 약한 힘이 작용할 때는(주사기를 약하게 누를 경우와 비슷한 상황) 부드럽게, 강한 힘이 작용할 때는(주사기를 세게 누를

Chapter 2 자동차 기초 공학지식

경우와 비슷한 상황) 강하게 저항이 발생하는 것이 그 원리이다.

참고로, "이 차는 서스펜션이 좀 딱딱하다(하드하다)", 혹은 "이 차는 서스펜션이 좀 무르다(소프트하다)" 등과 같은 말을 간혹 할 때가 있다. 이러한 특성은 자동차의 전체적인 보디나 섀시 특성에 따라 달라지기도 하지만, 주된 요인으로 서스펜션의 구성요소인 스프링과 쇽업소버의 조합에 의해 만들어진다. 첫째, 스프링의 탄성 강도 그리고 둘째, 쇽업소버 밸브 개폐의 기본 세팅 값에 따른 유압의 흐름 강도가 변하기 때문에, 결국 감쇠력에 차이가 생겨 하드하거나 소프트한 특성이 만들어지는 것이다.

일부 고급차의 경우 전자식 댐퍼 컨트롤(Electronic Damper Control)이라고도 불리는 전자식 쇽업소버 컨트롤이 장착되기도 하는데, 이 기능은 운전자의 별도 조작 혹은 도로의 상태에 따라 자동으로 쇽업소버의 감쇠력 특성이 하드와 소프트 범위에서 자동으로 조절되는 옵션이다. 구조적으로 다소 복잡하기는 하지만, 기본적인 작동 원리는 상황에 따라 쇽업소버 내 밸브의 개폐량이 자동으로 조절됨으로써 감쇠력의 강도가 다양하게 조절되는 것이다.

(3) 스태빌라이저바(Stabilizer Bar)

서스펜션의 세 번째 구성요소인 스태빌라이저바는 말 그대로 차체를 안정화하는(Stabilize) 막대기(Bar)란 뜻이다.

여기서 안정화란 차체의 좌우 기울어짐 즉, 롤링(Rolling) 현상 발생 시 그 정도를 줄이거나 이를 아예 없애 주는 것을 뜻한다. 스태빌라이저바는 토션바 스프링의 일종으로 비틀어지는 탄성을 가진 것이다. 이는 좌우 현 가장치에 연결되어 있으며, 주행 중 롤링 현상이 발생할 경우 스테빌라이저바의 비틀어짐을 통해 차체를 안정화시킨다.

이로 인해 결국 조종 안전성, 안정된 코너링, 승차감 등 종합적인 주행 안정성을 확보해 주는 역할을 한다. 참고로, 좌우 바퀴가 동시에 상하 운동을 할 경우에는 스태빌라이저바는 어떠한 역할도 하지 않는다.

2) 현가장치의 구조상의 분류와 특징

현가장치는 그 구조상, 일체 차축 방식(Solid Axle Suspension)과 독립 현가 방식(Independent Suspension)으로 나뉜다.

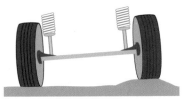
일체 차축 방식
(Solid Axle Suspension)

독립 현가 방식
(Independent Suspension)

(1) 일체 차축 방식(Solid Axle Suspension)

좌·우측 바퀴가 하나의 축으로 연결된 구조이며, 여기에 각각 스프링이 설치되어 차체에 연결되는 방식이다. 일반 승용차에도 설치되기는 하지만 내구성과 적재 화물 무게에 대한 지지력이 좋아 화물차의 앞뒤 차축에 주로 설치된다. 스프링은 판스프링이 설치되는 경우가 많으나 차종의 특성에 따라 다른 형태의 스프링과 쇽업소버가 조합되는 경우도 있다.

일체 차축 방식의 장점으로는,

Chapter 2 자동차 기초 공학지식

① 구조가 비교적 간단함, ② 유지보수가 비교적 쉬움, ③ 높은 가격 경쟁력, ④ 코너링 시 차체의 기울어짐이 발생할 때 바퀴와 지면의 각도가 항상 거의 직각에 가까우며(캠버의 변화가 적으며) 또한 지면에 대해 단단히 버티기 때문에 회전으로부터 발생할 수 있는 원심력에 대한 저항력 측면에서 유리함이 있다.

반면에 단점으로는,

① 스프링의 아랫부분의 질량(Unsprung Mass; 스프링 하질량)이 높아 안락한 승차감 면에서 다소 불리함, ② 주행 중 한쪽 바퀴의 진동이 반대쪽 바퀴에 영향을 미침, ③ 조향장치의 진동(Shimmy; 시미) 즉, 주행 중 핸들 진동이 발생할 수 있음, ④ 그 외에 종합적인 자동차의 역동적 성능, 정숙성 등에 다소 불리함을 들 수 있다.

일체 차축 방식이 적용되는 대표적인 예로 전륜구동 중소형 차량의 뒷바퀴에 장착되는 토션빔(Torsion Beam) 서스펜션이 있다.

(2) 독립 현가 방식(Independent Suspension)

독립 현가장치는 일체 차축 방식과 달리, 현가장치가 좌우 각 바퀴에 독립적으로 설치되며 그 작동 또한 개별적으로(독립적으로) 이루어지기 때문에 하나의 바퀴의 상하진동이 다른 바퀴에 영향을 미치지 않는 서스펜션을 말한다.

독립 현가장치의 대표적인 장점에는 ① 스프링 아래 질량(Unsprung Mass)이 적어 승차감이 좋으며, ② 핸들의 진동인 시미(Shimmy) 현상이 적고, ③ 접지력 즉, 로드홀딩(Road Holding)이 우수하다는 것이다. 단점으로는 일체식 방식 대비 ① 구조가 복잡하여 일체식 대비 높은 제작 단가, ② 정비의 어려움, ③ 휠의 정렬인 휠 얼라인먼트(Wheel Alignment; 차륜 정렬)가 틀어지기 쉬워 타이어의 마모 또한 다소 빠르다는 것이다.

하지만 독립 현가장치는 우수한 승차감, 높은 접지력, 낮은 무게중심 구조 실현, 차량의 움직임(거동) 특성을 만들어 내는 다양한 값들(토우각, 캠버각, 킹핀각)의 자유로운 세팅 등 여러 장점으로 일반 또는 고급 승용 자동차에 광범위하게 사용되고 있다.

독립 현가장치에는 크게 맥퍼슨 스트럿(Macpherson Strut) 타입, 위쉬본(Wishbone) 타입, 멀티 링크(Multi-link) 타입 총 세 종류가 있다.

① 맥퍼슨 스트럿 타입 서스펜션(MacPherson Strut)

간단하게 맥퍼슨 타입 또는 스트럿(Strut) 타입이라 부르는 맥퍼슨 스트럿 타입 서스펜션은 1949년 Ford의 베뎃(Vedette)이라는 모델에 처음 적용되었다. 그리고 맥퍼슨이란 명칭은 이 장치를 처음 고안해 낸 포드사의 얼 맥퍼슨(Earle S. MacPherson)이란 기술자의 이름을 따 사용되기 시작했다. 최초 개발 당시의 기본 컨셉이 지금까지 이어져 오고 있으며 또한 현재 가장 많이 사용되고 있는 서스펜션 장치 중 하나이다.

스트럿 타입의 구조는 다음과 같다.

그림과 같이 스트럿 타입은 컨트롤 암(Control Arm) 하나가 아랫부분에 설치된 간단한 구조이며, 여기서는 컨트롤 암이 아래에 설치돼 있다는 의미에서 이를 로어 암(Lower Arm)이라 한다. 참고로, 컨트롤 암(Control Arm)은 차체와 바퀴를 연결해 주는 부품이다.

그림과 같이 정면에서 보았을 때 오

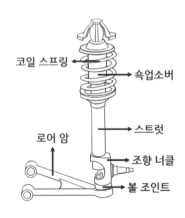

코일 스프링
쇽업소버
로어 암
스트럿
조향 너클
볼 조인트

Chapter 2 자동차 기초 공학지식

른쪽 서스펜션 기준으로, 로어 암 우측은 타이어, 좌측으로는 차체의 프레임에 직접 연결된다. 또한, 로어 암 위로는 쇽업소버를 포함한 스트럿(Strut)에 스프링을 얹은 구조이며, 타이어의 좌우 방향을 바꾸어 주는 조향 링크(Steering Link)가 서스펜션 장치에 포함되어 타이어와 직접 연결된다. 즉, 이같은 구조의 서스펜션을 맥퍼슨 타입이라고 하며, 이것이 좌우 바퀴 부분에 독립적으로 설치됨으로써 독립 현가장치로 분류되는 것이다.

맥퍼슨 스트럿 타입의 장점으로, ① 간단한 구조로 되어 있으며, ② 스프링과 쇽업소버가 일체로 되어 공간 또한 적게 차지하고, 위쉬본 타입 대비 ③ 가벼운 무게와 ④ 낮은 생산 단가, 서스펜션이 타이어와 직접 연결되어 도로와의 직접적인 컨택이 가능해 ⑤ 높은 접지력, ⑥ 스포티한 주행 성능 그리고 ⑦ 스프링 아랫부분의 질량 또한 가볍게 할 수 있어 일정 부분 승차감에도 도움이 된다는 점이다.

하지만 도로와 직접 컨택으로 ① 쇽업소버의 마찰이 상대적으로 크게 발생할 가능성이 있으며 ② 도로로부터의 진동과 충격이 보디에 직접 전달되는 단점이 있을 수 있다. 또한, 다소 높게 설치되는 특징으로 인한 측력에 대한 낮은 저항력은 ③ 조향 안정성에 다소 부정적인 영향을 미칠 수 있다.

하지만 이러한 단점들은 섀시 및 구조 설계 기술의 발달 그리고 신소재의 개발 등으로 많은 부분 해결 가능하며, 맥퍼슨 타입은 그 자체의 우수한 장점 탓에 일반 승용차부터 스포츠카에 이르기까지 광범위하게 사용되고 있다.

② 위쉬본 타입 서스펜션(Wishbone)

위쉬본 타입 서스펜션은 일반 승용차뿐만 아니라 특히 고급 승용차에 많이 사용되는 독립 현가장치이다. 우선, 위쉬본(Wishbone)이라는 단어는

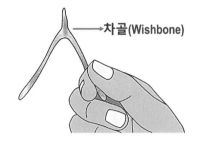

차골(Wishbone)

조류의 앞가슴과 목 중간 부분에 있는 V자처럼 생긴 차골뼈를 말한다. 서스펜션의 암(Arm)이 이러한 V자 형태를 닮았다고 해서 위쉬본 타입 서스펜션이라는 이름이 붙여졌다.

자동차에서 위쉬본 타입이라 하면 더블 위쉬본을 말하는 것이며, 이는 위쉬본 형태를 닮은 암(Arm)이 위아래 각각 하나씩 있다는 의미이다.

위쉬본 타입 서스펜션의 구조는 다음과 같다. 위쉬본 타입은 V자 형상의 암(Arm)이 2개 즉, 위는 어퍼 암(Upper Arm) 아래는 로어 암(Lower Arm)이 설치되어 있다. 정면 우측 서스펜션 기준으로, 이 둘은

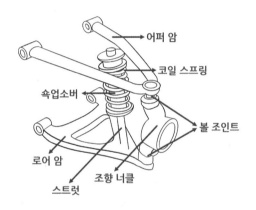

어퍼 암

코일 스프링

쇽업소버

볼 조인트

로어 암

조향 너클

스트럿

볼 조인트(볼 이음)와 조향 너클(Steering Knuckle)을 통해 타이어와 연결되며, 또한 암의 안쪽 네 부분은 차체와 연결된다. 그리고 맥퍼슨 타입은 스프링과 쇽업소버를 포함하고 있는 스트럿이 타이어와 직접 연결되는 것에 반해, 위쉬본 타입은 쇽업소버와 스프링이 암(Arm)과 간접적으로 연결된 구조를 가진다.

이에 대한 장점으로, 2개의 암(어퍼 암, 로어 암)이 동시에 바퀴를 지지하고 있으므로 ① 그 설계가 다소 자유로우며, ② 주행 중 높은 강성 및 내구성, ③ 도로와의 높은 접지력, ④ 안락한 승차감 그리고 ⑤ 조종 안정성(+코

너링 성능)이 매우 높아 고급 승용차뿐만 아니라 고성능 스포츠카에 이르기까지 널리 사용되고 있다.

맥퍼슨과 타입과 비교하여 단점을 꼽으면, ① 구조가 복잡하여 공간을 다소 많이 차지하고 ② 무게도 무거우며 ③ 높은 가격이 있다. 하지만 맥퍼슨과 마찬가지로 이 또한 신소재 개발과 섀시 기술의 발달로 많은 부분이 지속해서 개선 및 더욱 향상되어 가고 있다.

③ 멀티 링크 타입 서스펜션(Multi-link)

3~5개의 링크를 사용하여 타이어가 노면에 수직으로 접지되도록 설계된 독립식 서스펜션이다.

더블 위쉬본 서스펜션을 기본으로 해서 만들어진 것이 멀티 링크(Multi-link) 서스펜션이며, 이는 더블 위쉬본 서스펜션이 확장된 형태라 보면 된다.

더블 위쉬본은 삼각형 형태의 어퍼 암(Upper Arm)과 로어 암(Lower Arm)으로 구성되어 있지만, 멀티 링크는 이들이 모두 독립적으로 떨어져 있는 여러 개의 링크로 구성된다. 필요시 추가 링크를 배치함으로써 서스펜션의 배치를 더욱 자유롭게 할 수 있으며 설계 또한 정교하게 할 수 있다는 장점이 있다. 참고로, 여기서 링크(Link)는 더블 위쉬본의 암을 쪼개 놓았다는 의미이다.

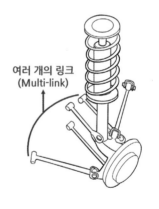

여러 개의 링크
(Multi-link)

멀티 링크 서스펜션은 여러 개의 링크가 지지하고 있어서 주행 중 앞뒤 그리고 좌우 바퀴에 구동력이 걸린 상태에서 서스펜션이 상하로 이동했을 때(정확히는 X, Y, Z축) 발생하는 휠 얼라인먼트 변화(캠버, 캐스터, 토우값의 변화)

에 대한 대처가 매우 좋다. 따라서 일반 주행상황뿐만 아니라 특히 코너링 시 타이어의 접지력이 매우 우수하다. 결론적으로, 조종 안정성을 포함한 모든 주행상황에서 전체적으로 매우 안정감 있는 주행 환경을 기대할 수 있다.

하지만 다른 서스펜션 장치와 비교 시 복잡한 구조, 높은 제작 단가 그리고 무게도 다소 많이 나간다는 단점이 있다. 이런 이유로 일부 고급차와 스프츠카에 한정적으로 쓰이고 있기는 하나, 기술적인 발전으로 더욱 간단해진 구조의 멀티 링크 컨셉이 일반 자동차 영역에 점차 확대되어 가고 있다.

3) 스프링 상질량(Sprung Mass)과 스프링 하질량(Unsprung Mass)에 대한 이해

서스펜션 자체는 접지력, 승차감, 핸들링 등과 같이 자동차의 주행 품질을 결정짓는 요소들에 많은 영향을 미친다. 사실 주행 품질이란 것은 다양한 요소들에 의해 결정되는 것인데, 서스펜션과 관련해서 중량이란 부분은 반드시 고려해야 할 사항이다. 이는 스프링 상질량(Sprung Mass)과 스프링 하질량(Unsprung Mass)을 말한다.

두 명의 선수가 400m 육상 허들 경기를 한다고 생각해 보자. 이 둘의 모든 신체조건이 똑같다 가정할 때, 경기 결과에 영향을 미치는 요소 중 가장 큰 부분은 각 선수가 착용하고 있는 육상 장비 중 운동화일 것이다.

만약 한 선수가 가볍고 튼튼한 스파이크 밑바닥의 운동화가 아닌 쿠션

감이 잔뜩 들어간 밑창에 두툼하고 무서운 운동화를 신고 뛴다면, 그렇지 않은 선수에 비해 움직임의 민첩성과 정확성이 떨어질 뿐만 아니라 신체적인 피로도 면에도 매우 열악할 것이다.

자동차를 육상 경기와 비교해 보면 그 공통점은 바로 달린다는 것이다. 자동차 또한 잘 달리기(가속, 감속, 방향 전환) 위해서는 마찬가지로 좋은 신발을 신고 달려야 한다. 이러한 이유에서 휠과 타이어라는 것이 매우 중요한데, 이는 단순히 좋은 신발(휠과 타이어)의 품질 하나만을 의미하는 것은 아니다.

여기서 추가로 생각해 봐야 할 것으로 서스펜션과 관련된 중량 즉, 무게이다. 무게의 개념을 자동차에 적용해 볼 경우 차량의 전체적인 무게 감소인 경량화란 것이 있긴 하지만, 좀 더 세부적인 측면에서 사람의 관절 역할을 하는 서스펜션(스프링)을 기준으로 각각 위아래가 차지하는 무게 또한 매우 중요한 부분이다.

서스펜션의 스프링을 기준으로 차량을 가로로 잘랐다고 가정했을 때, 그 윗부분 전체 무게를 스프링 상질량(Sprung

Mass), 그 아랫부분의 전체 무게를 스프링 하질량 (Unsprung Mass)이라 한다.

(1) 스프링 상질량(Sprung Mass)

현가 상질량이라고도 하는 스프링 상질량은 말 그대로 스프링 윗부분을 차지하는 질량의 총합을 말한다. 즉, 차량의 파워트레인(엔진, 변속기, 드라이브 라인 등), 탑재되는 승객과 적재품, 전체적인 섀시 부분을 모두 합한 무게이다.

(2) 스프링 하질량(Unsprung Weight)

현가 하질량이라고도 불리는 스프링 하질량은 자동차에서 매우 중요한 무게 개념인데, 이는 휠, 타이어, 브레이크, 브레이크 허브 및 캘리퍼, 쇽업소버, 스프링, 서스펜션 링크와 암 그리고 구동 바퀴의 경우 드라이브 샤프트를 포함한 무게의 약 ½정도를 더한 무게의 총합을 말한다. 참고로, 스프링 하중량 1kg 정도의 감소가 스프링 상중량을 약 15kg 정도 경량화하는 효과가 있다는 연구 결과도 있다.

(3) 스프링 하질량의 경량화를 통한 장점

결론부터 말하면, 자동차에서 스프링 하질량은 적으면 적을수록 좋다. 이로 인한 장점 네 가지는 다음과 같다.

---

① 노면 추종성(Road Holding; 접지력)

② 핸들링(Handling)

③ 승차감(Riding Comfort)

④ 민첩성(Agility)

좀 더 쉬운 이해를 위해 스프링 하질량이 가볍다는 것을 사람의 무릎관절 아랫부분이 가벼운 상황과 비교하여 생각해 볼 수 있다. 즉, 무거운 신발을 신고 있다가 가벼운 신발로 갈아 신었을 때 만들어지는 효과를 낮아진 스프링 하질량의 장점으로 볼 수 있다.

① 노면 추종성 & ② 핸들링

운전자가 균일하지 못한 도로를 주행하거나 급가속 또는 급감속을 하게 되면, 차량의 스프링 상질량과 스프링 하질량을 차지하는 부분들에는 서로 같거나 반대되는 진동(상하 움직임)이 지속해서 발생한다. 스프링 상질량이 하질량 대비 무거울수록 반대로 스프링 하질량이 상질량 대비 가벼울수록, 스프링의 상하 운동(진동) 후 차량이 원상태로의 복원되는(제자리로 돌아오는) 속도가 빨라져 타이어가 도로와 찰싹 달라붙게 되는 접지력(로드홀딩)이 좋아지게 된다. 그리고 접지력이 좋아진다는 것은 타이어가 노면을 잘 추종(Trace)하는 성능뿐만 아니라 방향 전환을 만들어 내는 스티어링 휠(앞바퀴)의 정확성 또한 높아져, 결국 종합적인 주행 품질이 향상되는 결과를 기대할 수 있다.

③ 승차감(Riding Comfort) & ④ 민첩성(Agility)

계단을 빠르게 뛰어오르고 내리기를 반복할 경우, 무거운 신발 대비 가벼운 신발을 신었을 때가 더욱 가뿐히 움직일 수 있으며 몸으로 전달되는 충격량 또한 적을 것이다. 이와 유사하게, 자동차가 균일하지 못한 도로 주행 시 스프링 아랫부분의 질량이 가벼우면 더욱 민첩한(Agile) 움직임뿐만 아니라 스프링 윗부분인 보디 쪽에 전달되는 충격량(진동)이 줄어듦으로써 더욱 향상된 승차감을 기대해 볼 수 있을 것이다.

스프링 하질량을 줄인다는 것은 가령, 경량 알로이 휠(Alloy Wheel)의 적용, 서스펜션이나 브레이크 계통에 경량 재질의 적용 및 구조 개선 등을 통해 가능하다. 하지만 경량화라는 이슈는 차량의 내구성 저하가 유발되는 문제가 따를 수 있다. 금속 재료 기술의 발달, 신소재의 개발 그리고 구조학적인 발전을 통해 스프링 하질량을 경량화시키는 수준이 날로 높아지고 있기는 하나, 이는 곧 비용의 상승과 연결되는 부분이 된다. 왜냐하면, 무엇이든지 간에 가볍지만 튼튼하게 만드는 것은 결코 쉬운 일이 아니기 때문이다.

따라서 일부 브랜드에서는 비용의 큰 상승 없이 차량의 승차감을 올리기 위해 오히려 스프링 상질량을 의도적으로 늘려 스프링 하질량을 상대적으로 줄이는 노력을 하는 예도 있을 정도이다. 예를 들면, 특히 승차감이 중요한 대형 고급 세단의 경우 스프링 상질량을 의도적으로 늘림으로써, 균일하지 못한 도로 주행 시 타이어가 심하게 움직이더라도 스프링 상질량을 이루는 보디 부분이 큰 진동과 충격 없이 순탄한 주행이 되도록 하기도 한다. 하지만 이는 승차감 차원에서 좋은 장점을 기대할 수는 있겠지만, 차량의 공차 중량 상승과 특히 코너링 시 차량 상부의 쏠림 현상 등의 문제를 초래하기도 한다.

그만큼 스프링 하질량을 낮추는 것은 어려운 일이며, 결국 자동차라는 것은 눈에 보이는 외형적인 부분도 중요하지만, 비록 직접 파악은 힘들지언정 자동차를 이루고 있는 모든 컨셉, 장치, 재질, 구조 등이 얼마나 상호 복합적인 하모니가 이루어지는지가 더욱 중요하다 할 수 있다.

14. 조향장치
(Steering System)

조향장치란 운전자가 핸들(Steering Wheel; 조향 핸들)을 좌우로 돌리는 조작을 통해 자동차 앞바퀴(조향 바퀴)의 방향을 바꾸어 자신이 원하는 곳으로 이동하기 위한 장치를 말한다.

조향장치는 크게 세 부분으로 구성되며 각각의 주요 역할은 다음과 같다.

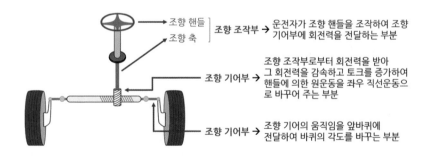

조향장치는 크게 수동 조향장치(Manual Steering)와 동력 조향장치(Power Steering) 두 종류가 있다.

첫째, 수동 조향장치는 그 구조가 간단하고 신뢰성(핸들 조작 시 조향 바퀴가 이를 잘 따라 움직이는 정확성) 있는 조향 품질의 장점이 있다. 하지만 운전자가 핸들을 돌리는 힘으로 조향이 이루어지기 때문에 조향 시 다소 큰 힘이 요구된다. 이는 특정 매니아 층에서 여전히 선호하는 스티어링 방식이기는 하나, 조향의 불편함으로 인해 현재 거의 모든 양산차에는 동력 조향장치가 설치된다.

둘째, 동력 조향장치는 수동 조향장치와 달리, 운전자는 핸들을 가볍게 조정만 할 뿐 실질적으로 조향을 만들어 내는 힘은 다른 동력 보조장치에 의해서 이루어진다. 여기서 다른 동력은 유압(Hydraulic)과 전기모터(Electric)를 말하며, 이들을 각각 서보트로닉(Servotronic), 전자식 파워 스티어링(Electronic Power Steering)/MDPS(Motor-Driven Power Steering)라 한다.

수동 조향 장지 대비 동력 조향장치의 장점으로, (1) 조향에 드는 힘이 적게 들어 그만큼 편안한 주행이 가능함, (2) 주행 중 노면으로부터 들어오는 진동과 충격이 작음, (3) 주행 중 앞바퀴에 발생할 수 있는 흔들림, 즉 앞바퀴의 진동 발생인 시미(Shimmy) 현상이 적음, 그리고 (4) 신속하고 빠른 조향이 가능함을 꼽을 수 있다. 반면에 단점에는 (1) 당연히 수동 조향장치 대비 가격이 비싸며, (2) 조향을 위해 엔진의 동력을 일정 부분 소모해야 한다는 점이다. 하지만 일상적인 주행상황에서 동력 조향장치의 장점이 수동 대비 훨씬 많은 이유로 현재 거의 대부분 자동차는 동력 조향장치를 기본으로 하고 있다.

참고로, 서보트로닉이란 유압펌프에 의해 만들어지는 힘으로 조향 동력이 보조됨은 물론 주행 속도에 따라 핸들의 무게감 또한 바뀌는 것(속도 감응식 핸들)을 말한다. 차량 옵션표에 전자식 파워 스티어링 이외에 별도로 서보트로닉이란 옵션이 기재되어 있다면, 전기모터를 동력으로 사용하는 전자식 파워 스티어링을 기반으로, 속도 감응식 핸들 기능이 포함되어 있다고 생각하면 된다.

다음으로, 기본적으로 알아야 할 대표적인 조향 원리 세 가지에 대해 알아보자.

1) 조향 원리 1 – 애커먼 장도 방식(Ackerman Jeantaud Type)

조향 시(핸들을 돌렸을 때) 개별 조향 바퀴의 좌우 회전 각도는 애커먼 장도(Ackerman Jeantaud) 방식에 기초한다. 이는 애커먼 (Ackerman Rudolph)이 발명, 장토(Jeantaud Charles)가 개량한 스티어링 방식이며, 두 명의 이름을 따서 애커먼 장토 방식이라 부른다.

예를 들어, 우회전을 하는 경우를 생각해 보자. 핸들을 우측으로 돌렸기 때문에 조향 바퀴는 당연히 우측으로 회전하는 상황이다. 이때 양쪽 바퀴 각각이 회전한(돌아간) 각도는 어떠할까? 언뜻 생각해 보면 같다고 생각할 수 있지만, 그렇지 않다.

자동차는 구동 방식과 상관없이 방향 전환(선회, 조향)을 하게 되면 앞바퀴만 회전하며 뒷바퀴는 고정된 상태로 끌려오는 구조이다. 이런 이유로 안정감 있는(회전하는 방향을 잘 따라가는) 조향이 되기 위해서는 넓은 시각에

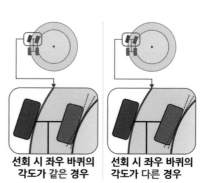

선회 시 좌우 바퀴의 | 선회 시 좌우 바퀴의
각도가 같은 경우 | 각도가 다른 경우

서 봤을 때, 양쪽 앞바퀴 각각은 원의 반지름은 다르지만, 그 중심이 같은 동심원상에서 회전해야 한다.

앞의 그림을 보면, 좌우 앞바퀴 각도가 서로 다르게 되어 있으며, 초록색(안쪽) 바퀴의 각도가 파란색(바깥쪽) 바퀴보다 조금 더 돌아가 있는 것을 볼 수 있다. 이로 인해, 좌우 바퀴는 각자 회전하고 있는 원(우측 바퀴는 초록원, 좌측 바퀴는 파란 원)을 따라 돌게 된다. 아래 그림과 같이, 핸들을 돌리면 우측 그림처럼 안쪽 바퀴의 각도가 조금 더 돌아감으로써 좌우 바퀴의 반지름은 서로 다르지만, 그 중심이 같은 동심원을 따라 돌게 된다. 이것이 애커먼 장도 방식(Ackerman Jeantaud Type)의 핵심 개념이다.

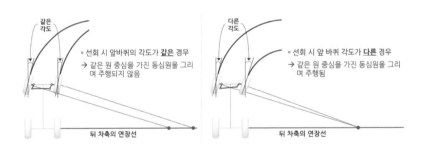

2) 조향 원리 2 – 랙 앤 피니언 스티어링
(Rack and Pinion Steering)

조향장치의 형식에는 버스와 같은 대형 상용차에 주로 사용하는 볼-너트 형식(Ball & Nut Type)과 모든 승용 자동차에 사용하는 랙

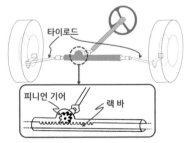

Chapter 2 자동차 기초 공학지식

앤 피니언 형식(Rack & Pinion Type) 두 가지가 있다.

랙 앤 피니언 형식의 구동 원리는 다음과 같다. 우선, 운전자가 핸들을 좌우로 움직이면 핸들 제일 아랫부분에 연결된 피니언(Pinion) 기어가 회전운동을 하게 되며, 여기에 맞물려 있는 랙(Rack) 바는 좌우 직선운동을 하게 된다. 그다음, 랙 바 좌·우측 끝부분에 연결된 타이로드(Tie Rod)가 마치 무릎을 펴고 접는 것처럼 움직이면서 결국 바퀴가 움직이게(회전하게) 되는 것이다.

3) 조향 원리 3 – 조향 기어비(Steering Gear Ration)

조향 기어비란 구동 바퀴를 1° 돌리는 데 필요한 조향 핸들의 회전 각도 비율이다.

예를 들어, 조향 기어비가 크다는 것은 구동 바퀴를 1° 돌리기 위해 핸들을 좀 더 많이 돌려야 한다는 의미이다. 이 경우 핸들의 조작은 가벼우나 조향을 통해 바퀴가 움직인 각도는 상대적으로 작아지게 된다. 트럭이나 버스 등과 같은 대형차량들은 상대적으로 큰 조향비를 가지는데, 약 25~30°:1이 된다. 즉, 핸들을 돌리는 힘이 줄어들게 되어 핸들을 더욱 가볍게 움직일 수는 있으나, 바퀴가 움직이는 양이 적다 보니 조향 조작이 늦어지는 단점이 있다. → 구동 바퀴의 응답성(반응성)이 떨어짐.

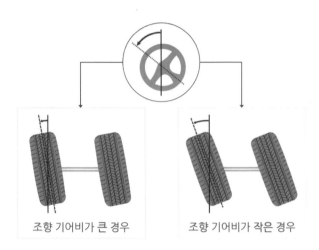

조향 기어비가 큰 경우　　　조향 기어비가 작은 경우

　　반대로, 조향 기어비가 작을 때는 클 때 대비, 핸들 조작 시 힘이 조금 더 들긴 하지만 바퀴는 보다 직접적으로(혹은 보다 적극적으로) 움직이게 된다. 승용 자동차의 경우 대형차량과 비교 시 상대적으로 작은 조향비를 가지며, 약 15~24°:1 정도이다. 작은 핸들의 움직임에도 조향 바퀴의 움직임이 매우 민첩해진다는 장점은 있으나, 조향 기어비가 큰 것 대비 핸들을 움직이는 힘이 더 든다는 단점이 있다. 하지만 요즘에 나오는 모든 스티어링 시스템은 파워 스티어링(유압식 혹은 전기모터식)을 사용하기 때문에 핸들을 돌리는 힘(Effort)은 크게 문제 되지 않는다.

　　참고로, 차량의 핸들을 한쪽 끝에서 다른 쪽 끝으로 완전히 꺾었을 때 (Lock to Lock) 약 3~3.5 정도 회전하지만, 기어비가 매우 작은 고성능 레이싱카는 2회전도 되지 않는 것이 보통이다.

　　위에 언급한 조향 기어비는 15°:1 혹은 17°:1과 같이, 차량에 하나의 비율로 고정되어 있다. 하지만 이러한 조향 기어비가 하나로 정해지지 않고 주행 속도나 핸들을 돌리는 각도에 따라 지속해서 변하는 가변식(Variable)

　　　　　　　　　　　　　Chapter 2 자동차 기초 공학지식

조향 기어비를 갖는 차량도 있다.

핸들을 돌리는 각도에 따라 조향 기어비가 변하는 원리는 랙 바에 새겨진 홈의 크기를 서로 다르게 하여 피니언 기어가 움직일 때 랙 바가 움직인 거리를 달라지게 하는 것이다. 속도에 따라 조향 기어비가 바뀌게 되는 장치는 전자식 파워 스티어링에만 적용 가능하며, 조향장치에 보조 모터를 하나 더 추가함으로써 운전자가 돌리는 핸들 각도에 따른 피니언 기어의 회전을 보조 모터가 덜(주로 저속) 혹은 더(주로 고속) 돌려 주는 원리에 의해 작동된다.

위와 같은 가변식 조향 기어비는 주로 고속 주행용이나 스포티한 성능을 가진 차량에 적용되는데, 그 주된 이유는 고속 주행 시 더욱 날카롭게(민첩하게) 도로를 치고 들어가는 조향을 위해서이다. 추가로, 저속에서는 더욱 편안한 주행이 가능하다는 장점 또한 있다.

15. 제동장치
(Braking System)

제동장치는 주행 중인 자동차의 속도를 감속, 정지 또는 주차 상태 유지를 위해 사용하는 장치이며, 마찰력(Friction)을 이용한 마찰식 제동 시스템이 사용된다. 여기서 마찰력이란 두 물체의 면과 면이 서로 접촉하여 운동하고 있을 때 이를 방해하는 힘을 말하는데, 제동을 발생시키는 최종 힘인 제동력(Braking Force)이 이 같은 마찰력에 의해 만들어지는 것이다.

자동차의 성능이라 하면 주행, 제동, 조향을 의미한다. 자동차에서 이 중 어느 하나 중요하지 않은 것이 없겠지만, 차량이 기본적으로 잘 달리기 위해서는 차량이 낼 수 있는 최대출력 이상의 제동력이 확보돼 있어야 한다. 이를 위해 자동차에는 일반적으로 최대출력 대비 약 2배에 가까운 제동력이 갖추어진다. 즉, 제동이란 잘 달리는 주행을 위한 필수 요소가 되며, 자동차의 액셀 페달보다 브레이크 페달이 큰 이유만 보더라도 제동이라는 것이 얼마나 중요한 요소인지 쉽게 생각해 볼 수 있다.

제동장치의 종류에는 주행 중에 주로 사용하는 주 브레이크와 주차 시 사용하는 주차 브레이크가 있다. 주 브레이크는 운전자의 발로 조작하기

Chapter 2 자동차 기초 공학지식

때문에 풋 브레이크(Foot Brake), 주차 브레이크는 손으로 조작하기 때문에 핸드 브레이크(Hand Brake)라고도 한다.

또한, 제동장치가 작동되는 방식으로는 로드나 와이어를 사용하는 기계식 브레이크와 유압을 사용하는 유압식 브레이크가 있으며, 일반적으로 풋 브레이크는 유압식이 그리고 주차 브레이크는 기계식이 사용된다. 하지만 대부분 고급차에 적용되는 주차 브레이크는 기계식이 아닌 유압을 이용한 전자식 브레이크가 적용된다.

1) 드럼 브레이크와 디스크 브레이크

유압식(Hydraulic) 제동장치로 드럼 브레이크와 디스크 브레이크 두 종류가 있으며, 각각의 기본 원리는 다음과 같다. 운전자가 브레이크 페달을 밟으면 우선 마스터 실린더가 유압을 발생시킨다. 마스터 실린더에 의해 힘을 받은 브레이크 오일이 브레이크 내부에 있는 피스톤을 밀어내면서 드럼 브레이크는 브레이크 슈와 브레이크 드럼 그리고 디스크 브레이크는 브레이크 패드와 디스크가 서로 압착되어 마찰력(제동력)이 발생하여 제동이 이루어지는 것이다.

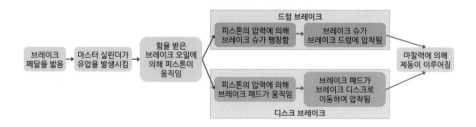

(1) 드럼 브레이크(Drum Brake)

드럼 브레이크는 승용
차에는 뒷바퀴에 그리고
화물차나 승합차와 같은
대형차에는 네 바퀴 모두
에 주로 장착되는 브레이
크 장치이다. 그 원리는 바

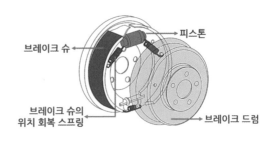

퀴와 함께 회전하는 드럼 안쪽에 브레이크 슈가 휠 실린더의 힘으로 드럼
에 압착되어 이를 통한 마찰력에 의해 브레이크 기능이 작동하는 것이다.

드럼 브레이크의 장점은 가격 대비 긴 수명을 지니며, 무엇보다도 브레
이크 장치의 밀폐력이 좋아 도로 면의 흙탕물이나 각종 이물질 그리고 비
와 같은 날씨 요소로 인한 제동 간섭 걱정이 없는 것이다. 반면 단점에는,
오히려 높은 밀폐력 때문에 첫째, 브레이크의 잦은 반복 사용 시 마찰열이
쉽게 배출되지 않아 드럼이 팽창될 경우 제동력이 떨어질 수 있으며, 둘째,
육안으로 쉽게 브레이크 교환시기를 확인하기 어렵다는 점이 있다.

(2) 디스크 브레이크(Disk Brake)

디스크 브레이크는 브레이크
패드가 바퀴와 함께 회전하는 디
스크를 양쪽에서 압착하여 발생
한 마찰력으로 제동이 이루어진
다. 디스크가 외부 공기에 노출된
상태로 회전하면서 열을 발산하

기 때문에 잦은 사용에도 제동 기능이 쉽게 저하되지 않는 장점이 있다. 또

한, 드럼 방식 대비 육안으로 브레이크 패드의 교체 주기 파악뿐만 아니라 교체 작업 또한 수월하며, 무엇보다 제동력이 우수하다는 장점이 있다. 단점에는 노면이 젖어 있을 때 제동력이 다소 떨어질 수 있다는 것이지만, 이는 다양한 브레이크 보조 기능으로 상당 부분 해결 가능하다.

2) ABS(Anti-lock Brake System, Anti-skid Brake System)

ABS는 전자제어 브레이크 시스템의 한 종류이며, 주행 중 브레이크를 밟으면 바퀴가 잠기는 것을 최대한 억제해 주는 역할을 하는 '자동 잠금 방지 브레이크'를 말한다.

ABS는 독일의 각종 기계 제작 및 자동차 부품을 생산하는 회사인 보쉬(Bosch)에서 개발한 것으로, 개발 초기인 1920년경에는 기계식 ABS가 항공기에 도입된 것이 최초였으며, 자동차에는 1970년대부터 보다 정밀한 작동을 하는 전자식 ABS가 본격적으로 사용되기 시작했다. 역사적으로 자동차 세대를 나눌 때 ABS의 적용 전후가 기준이 되는 경우가 매우 흔할 정도로, ABS는 역사적으로나 실제 기능적으로도 매우 의미 있는 제동 보조 시스템이다.

ABS의 작동 원리와 이에 따른 장점을 더욱 쉽게 이해하기 위해 사전에 알아야 할 것으로 바퀴의 록업(Lock-up) 현상이란 것이 있다.

주행 중 브레이크 페달을 밟는 것은 사실 바퀴의 회전을 멈추기 위해서이며, 이 때문에 차량의 속도가 줄어들거나 정지하게 되는 것이다. 저속 운전 상황에서는 큰 차이가 없지만, 특히 고속 주행 시 차량을 멈추기 위해 브레이크를 세게 밟으면 차가 줄어드는 속도 대비 바퀴의 회전수가 더 빨리 줄어들게 된다. 다시 말해, 이는 차량이 완전히 멈추기 전에 바퀴가 먼저 멈춰 버리는 상황이 발생하는 것이며, 이러한 상황을 차량의 일부 바퀴가 잠긴다는 의미로 록업현상이라 한다.

또 다른 예를 들어 보자. 눈길에서 브레이크를 잡을 때는 한 번에 세게 밟지 말고 살짝씩 끊어 밟는 것이 좋다는 말을 들어 본 적이 있을 것이다. 왜냐하면, 젖은 노면에서도 그렇지만 특히 눈길에서 브레이크를 밟으면 차량은 여전히 진행하고 있는데 타이어는 회전을 멈추는 상황이 발생하기 때문이다. 따라서 한 번에 브레이크를 세게 밟지 않고, 여러 번 나누어 밟으면 타이어가 어느 정도 잠겼다 풀리기를 반복하면서 차량이 미끄러지는 상황을 조금이나마 줄일 수 있게 된다.

정리하면, 록업이란 바퀴가 잠기는 현상이며, 이는 차량이 여전히 진행하고 있음에도 바퀴는 완전히 멈춘 상태를 말한다. 이러한 록업현상이 발생하게 되면 (1) 차량이 밀리게 되고, (2) 타이어가 미끄러지기 때문에 운전자가 원하는 방향으로 조향을 할 수 없는 상태가 발생하며, 또한 (3) 제동거리가 길어지게 된다.

자동차라는 것은 무거운 물체가 이동하는 것이다. 따라서 일반도로에서 운전 시 급브레이크를 밟게 되면 네 바퀴 모두에 똑같은 무게가 실리지 않는다. 도로가 균일하지 않다면 이러한 불균형은 더욱 심할 것이다. 바로 이러한 이유로 일반운전 시에도 록업현상이 발생할 수 있는 확률이 발생하게 된다.

따라서 위에서 예를 든, 주행 시 급제동을 할 때, 균일하지 못한 도로에서 급제동 시, 그리고 다소 미끄러운 도로에서 제동 시 조향력을 확보하기 위해서는 운전자가 브레이크를 밟고 있는 상태를 유지하고 있더라도 브레이크 패드가 브레이크 디스크를 빠른 속도로 잡았다 풀기를 반복해주면 될 것이다. 바로 이것이 ABS의 작동 원리이다.

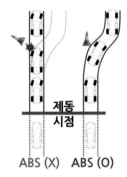

ABS는 1초에 10회 이상 제동이 반복된다. 이는 마치 운전자가 브레이크를 상당히 빠른 속도로 여러 번 밟는 것과 같은 효과이다. 이 때문에 운전자가 커브길에서 또는 장애물의 긴급 회피를 위해 급브레이크를 밟아도 조향이 일정 수준 유지되는 것이다.

참고로, ABS가 장착된 차량은 모든 바퀴에 속도 감지 센서가 달려있다. 개별 바퀴로부터 감지된 정보를 이용해 만일 한쪽 바퀴만 잠겼다(회전이 멈췄다)고 판단되면, ABS는 그 바퀴만 펌핑(브레이크를 잡았다가 놓는 것)을 반복해 줌으로써 네 바퀴의 균형을 유지하는 역할도 한다.

ABS로 인한 대표적인 장점 세 가지를 요약하면, 첫째, 일상주행 시 안정된 조향력 유지, 둘째, 제동 시 조향력 확보, 셋째, 제동 시(특히 빗길 또는 눈길에서 더욱) 제동거리의 최소화이다.

3) 정지거리(Stopping Distance)

정지거리란 운전자가 차량을 정지시키기 위해 정지신호를 발견(감지)한 순간부터 차량이 완전히 멈출 때까지 차량이 이동한 총 거리를 말한다. 이때 걸린 시간은 정지시간이 된다.

정지거리(Stopping Distance)는 총 두 가지로 구성되는데, 공주거리(Free

Running Distance)와 제동거리(Braking Distance)이다.

운전자가 전방에 위험물(또는 정지신호)을 발견하고 차량을 멈추는 과정을 생각해 보자. 운전자는 첫째, 전방에 위험물을 인식할 것이다. 둘째, 반사적으로 액셀 페달에서 발을 떼고 브레이크로 발을 옮겨 갈 것이다. 셋째, 실제 브레이크 페달을 밟은 시점부터 차량은 제동이 시작되어 감속 후 정지하게 된다.

위 첫째와 둘째로 인해 걸린 시간을 공주시간 그리고 이 시간 동안 차량이 움직인

거리를 공주거리라 한다. 이는 당연히 나이나 성별 또는 기타 개인 특성에 따라 달라질 것이다. 그다음 운전자가 실제 제동을 시작한 순간부터 차량이 완전히 멈추는 데 걸린 시간을 제동시간 그리고 이때 차량이 움직인 거리를 제동거리라 한다. 즉, 정지거리(시간)는 공주거리(시간)와 제동거리(시간)의 합이다.

일반적인 제동상황도 마찬가지겠지만, 특히 위급사항 시 차를 안전하게 멈추기 위해서는 정지거리(시간)를 최대한 줄여야 하는 것은 당연하다. 정지거리(시간)를 최대한 줄이기 위해 ABS를 포함한 각종 전자제어 제동 시스템의 수준이 날로 높아지고 있기는 하나, 운전자의 서로 다른 인지 능력과 직접 연결되는 공주거리(시간)를 줄이는 데는 기술적으로 분명히 한계가 있다. 그럼에도 공주거리(시간)를 조금이라도 줄이기 위해 각종 운전 편의/보조장치들이 지속해서 개발되고 있으며 그 수준 또한 날로 향상되어 간다.

대표적인 예로, 운전자 전방 시야에 각종 정보가 나타나는 헤드업 디스플레이(HUD)를 들 수 있다. 주행 속도가 100km/h일 때, 운전자가 시선을 2초간 다른 곳으로 돌리면 눈을 감고 전방을 56m나 이동하는 결과가 만들

Chapter 2 자동차 기초 공학지식

어진다. HUD는 이러한 가능성을 조금이라도 줄여 줌으로써 위급 상황 시 공주거리(시간)를 단축하는 데 도움을 줄 수 있다. 또한, 앞차와의 간격이 급하게 좁혀지거나 충돌이 감지되는 경우 경고음과 함께 경고 메시지가 계기판에 나타나는 기능 같은 다양한 운전자 주행 보조 시스템을 예로 들 수 있다.

안전이 100% 담보되는 무인 자동차가 개발되기 전까지는 앞으로도 정지거리(시간)에 대한 개념이 매우 중요할 것이다. 따라서 고객에게 차량에 적용되는 각종 옵션 설명 시, 이것이 제동과 관련된 경우라면 제동거리와 함께 특히 공주거리의 개념을 적극 활용할 필요가 있다.

16. 전기자동차(EV) 및 EV 기반 자동차 이해를 위한 기초 지식

현대를 살아가는 사람들은 자동차라는 존재 자체를 과연 어떻게 생각할까? 개개인별로 자동차의 사용 목적과 활용 방식이 모두 다르므로 당연히 이에 대해 가지는 의미 또한 서로 다를 것이다. 그럼에도 대부분 사람은 자동차라는 것을 개인의 이동을 위한 필수품과 같은 존재로 느낄 것이며, 심지어 자동차가 없는 삶 자체는 아마 상상하기도 힘들 것이다.

이처럼 자동차는 많은 사람에게 개인이 원하는 다양한 혜택을 제공함으로써 그 중요성이 날로 높아지고 있지만, 여러 혜택의 이면에는 자동차 숫자의 물리적인 증가로 각종 문제점 또한 늘어나게 되었다. 대표적으로 환경 오염과 천연자원 고갈이라는 문제를 꼽을 수 있다.

과거에는 이러한 문제들이 먼 미래에 닥칠 단순히 이론적인 이야기로만 들렸을지 모르나, 현재는 그 심각성이 체감적으로 다가오며, 만약 지금과 같은 상황이 계속된다면 앞으로 인류의 생존과도 연결되는 더욱 심각한 사회적 문제가 될 것은 분명한 사실이다.

따라서 천연자원인 석유의 소비를 줄이고 또한 환경 오염을 최소화하려는 노력이 다양한 산업 분야 걸쳐 점차 확대되고 있으며, 자동차 산업 또한 이러한 사회적인 조류를 피해 갈 수 없는 현실이다.

그렇다면, 자동차 산업에서 위와 같은 문제에 대응하기 위해 현재 어떠한 노력이 일어나고 있으며, 또한 이러한 노력의 최종 결과는 무엇일까? 이두 질문에 대한 답은 각각 기존의 내연기관을 대체할 새로운 동력원의 개발 그리고 자연을 조금도 해치지 않는 100% 친환경 자동차의 보급일 것이다.

이와 관련하여, 전 세계적으로 자동차 제작사 뿐만 아니라 법적/제도적인 노력을 통해 현재 1.0~2.0세대에 속해 있는 자동차 산업을 최종 단계인 3.0세대로의 전환에 박차를 가하고 있다. 그런데

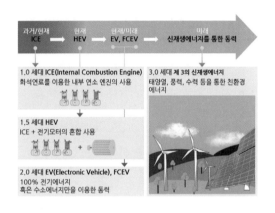

여기서 중요한 사실 하나는, 자동차 산업 전체가 2.0세대의 완벽한 모습을 갖추기 전에는 3.0세대로의 전환은 힘들다는 것이다. 사실 현 단계에서 3.0세대로의 전환은 어찌 보면 다소 먼 미래일 수 있다. 왜냐하면, 현시점은 1.5세대에서 2.0세대로 넘어가는 과도기에 놓여 있으며, 지금의 상황이 당분간은 지속될 것이기 때문이다.

그럼, 지금부터 현재 우리가 속해 있는 1.5~2.0세대의 대표적인 자동차인 EV 기반 자동차에 대해 알아보도록 하자. 참고로, EV 기반의 자동차라 함은 순수한 100% 전기자동차(EV; Electrical Vehicle), 하이브리드 자동차(HEV; Hybrid Electrical Vehicle), 플러그인 하이브리드 자동차(PHEV; Plug-in Hybrid Vehicle) 그리고 수소연료전지 자동차(FCEV; Fuel Cell Electrical Vehicle)

를 통칭하는 용어이다.

위 차량을 좀 더 쉽게 이해하기 위해 전기와 관련된 부분을 사전지식 차원에서 먼저 정확히 이해하고 넘어가도록 하자. 사실 전기 관련 기초 지식은 EV 자동차의 모든 것이라 할 만큼 매우 중요한 부분임을 참고하자.

1) 전기(에너지)

일상생활에서 만약 전기라는 것이 없다면 지금 우리는 과연 어떤 모습을 하고 있을까? 과거 전기(Electricity)라는 것이 발명된 이후 인간의 삶뿐만 아니라 사회 전체는 상상하지 못할 만큼의 많은 변화가 있었으며 앞으로도 더욱 그러할 것은 분명하다.

사실 전기라는 것은 발명이 아닌 발견이라 하는 것이 맞다. 고대 그리스 시대에는 호박(Amber)이라는 보석이 개인의 치장을 위한 장신구 또는 장식품으로 즐겨 사용되었다. 그 당시 사람들은 호박에 광택을 내기 위해 이를 헝겊으로 자주 닦아 주었는데, 이 과정 중 호박 주변에 먼지가 달라붙는(먼지를 끌어당기는) 현상을 종종 목격하였다. 바로 이러한 현상(정전기)을 확인하고 처음으로 기록으로 남긴 사람이 고대 그리스의 철학자 탈레스(Thales, BC 624~BC 545)였다. 이것이 전기를 발견한 최초의 역사이다.

그로부터 약 2,000년이 흐른 1,600년, 영국 왕실의 의사이자 진자기를 연구한 물리학자였던 윌리엄 길버트(William Gilbert)가 자석에 관한 연구 저서에서 정전기 현상을 처음 기록하였고, 이러한 현상에 전기(Electricity)라는 용어를 처음 붙여 사용하였다. 참고로, 길버트가 최초로 만들어 낸 Electricity라는 용어는 고대 그리스어로 호박을 뜻하는 일렉트론(Elektron)에서 그 유래를 찾아볼 수 있다.

책받침을 머리에 문지르다가 살짝 들어 보면, 머리카락이 책받침에 달라붙는 현상을 경험해 본 적이 있을 것이다. 이 현상은 앞에서 예를 든 호박이라는 보석을 헝겊으로 문지른 후 발생하는 현상과 같은 것이며, 그 원인은 정전기(Static Electricity)가 발생했기 때문이다. 이처럼 물체가 전기를 띠게 되는 현상을 대전(Electrification)이라 한다. 대전 된 물체는 전기를 띠고 있는 입자를 가지고 있는데, 이러한 입자를 전하(Electric Charge) 그리고 그 양을 전하량 또는 전기량이라 한다. 전하는 쌍으로 존재하고 있으며, 그 종류로 양(+)전하와 음(-)전하가 있다. 참고로, - 전기의 성질을 띠고 있는 작은 입자인 음전하를 전자(Electron; e-)라고도 한다.

전기라는 것은 바로 이러한 전자(- 성질을 띠고 있는 음전하)가 움직이게 됨으로써 발생하는 것이다. 다시 말해, 전기라는 것은 전자의 움직임으로부터 발생하는 에너지의 한 형태이다.

그리고 전자가 움직이는 흐름을 전류(Electric Current)라 한다. 책받침을 머리카락에 문지르면서 발생하는 정전기는 전류가 흘렀다고 말할 정도는 아니지만, 결국 전자가 이동함으로써 발생한 것이다.

그럼, 전기 흐름에 대한 기본적인 개념 차원에서 1.5V 건전지로 LED 전구를 연결했을 때 전구에 불이 들어오게 되는 과정에 대해 알아보자.

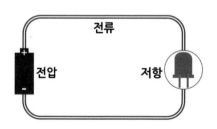

첫째, 건전지와 LED는 도선에 연결되어 있다. 도선이란 전기가 흐를 수 있는 선이며 쉽게 전선을 말한다. 전선의 내부는 전기가 잘 통하는(= 전자가 잘 이동할 수 있는) 도체인 구리선으로 되어 있는 것이 일반적이다. 참고로, 전선(구리선)

안에는 많은 전자가 들어 있으며, 건전지와 같은 어떠한 외부의 압력이 없으면 이것들은 움직이지 않는다.

둘째, 건전지가 전선에 연결되면, 1.5V의 압력으로 -에서 + 방향으로 전자들이 움직이는 전류가 발생하게 된다. 즉, 전기가 통했다 또는 전기가 발생했다는 표현을 쓰는 것이 바로 이것이다.

셋째, 결국 전자가 전선을 따라 이동하면서 발생한 전기에너지에 의해 저항이라 불리는 LED 전구에 불이 켜지는 것이다.

요약하면, 전압을 만들어 내는 건전지에 의해 전자가 전선을 따라 이동하는 전류가 발생하게 되며, 전류의 흐름을 방해한다는 의미에서 저항이라 불리는 LED에 전류가 통과하면서 전기에너지가 빛 에너지로 바뀌는 것이다. 참고로, 다양한 저항들은 전기에너지를 소모함으로써 다양한 일을 하게 되는데, 예를 들어 전등은 빛 에너지, 전기모터는 회전이라는 동력에너지, 전기장판의 경우에는 열에너지를 만들어 낸다. 따라서 전기를 표현할 때 전압, 전류, 저항이란 용어가 일반적으로 사용되는 것이다.

앞서 예를 든 책받침을 머리에 문지름으로써 발생하는 현상처럼 전류가 흐르지 않는 것을 정전기, 전선을 통해 건전지와 LED가 연결되어 발생한 전기에너지를 동전기라 한다. 참고로, 동전기라는 말은 사용하지 않으며, 대신에 이를 전류라 한다.

2) 전류와 전압

무더운 여름철에 에어컨을 작동하기 위해서는 전원을 켜서 우선 에어컨으로 전기가 흘러 들어갈 수 있게 해야 한다. 이는 에어컨으로 전기의 흐름인 전류가 발생한 것이며, 결국 에어컨은 이러한 전류에 의해 작동되는 것이다. 그렇다면, 전류가 잘 흐르기 위해서는 기본적으로 어떤 힘 즉, 압력이라는 것이 필요할 것이다. 물이라는 것도 잘 흐르기 위해서는 수압이 있어야 하는 것처럼, 전기도 전기의 압력인 전압이 필요한 것이다.

전류는 전기의 흐름을 말한다. 기호는 I(Intensity), 단위는 A(Ampere; 암페어)를 사용한다. 1A의 의미는 1초 동안 1쿨롱(C)의 전기량이 이동했을 때이며, 1쿨롱(C)은 1초에 6.24X1018개의 전자가 움직인 것을 말한다. 예를 들어, I = 10A라 표시되면 1초 동안 전류가 10A가 흘렀다는 의미이다.

전압은 쉽게 전기가 얼마나 힘차게 움직일 수 있는 지인 전기의 압력을 의미한다. 정확히는 전기가 아니라 전자(Electron)가 움직였다는 표현이 맞는 것이며, 참고로 전기라는 것은 음전하를 띠고 있는 전자가 −에서 + 방향으로 움직임으로써 만들어지는 것이다. 전압의 기호는 V(Voltage), 단위로는 V(Volt)를 사용한다.

전류와 전압의 관계를 좀 더 쉽게 이해하기 위해 이를 폭포와 비교해 볼 수 있다.

폭포는 높이차에 의해 물이 아래로 흘러내리는 것이다.

첫째, 폭포는 그 높이가 높으면 높을수록 물은 더욱 힘차게 내려올 것이며, 이때 수압이 세다는 표현을 쓸 수 있다. 전압은 마치 폭포의 높이라 할 수 있

는 전위차에 의해 만들어지는 전기의 압력을 의미한다. 따라서 전위차(수위차)가 높으면 전압(수압)도 높아지게 된다. 참고로, 전압이 높다는 것은 전기에너지를 만드는 잠재력이 높다는 의미와 같다. 당연히 전류는 전압에 비

례하여 커진다.

둘째, 동일한 높이를 가진 2
개의 폭포가 있을 때(전압이 같을
때), 이 중 가로 폭이 더 넓은 폭
포에서 더욱 많은 양의 물이 흘
러내릴 것이다. 기본적으로 물

이 흐른다는 것이 전류와 같은 개념이기 때문에 전류가 높다는 것은 흐르
는 물의 양이 많다는 것과 같이 전기가 흐르는 양이 많다는 의미이다.

3) 전력

정전기라는 것은 전기(전류)가 흐르지 않는 정적인 상태의 전기를 말한
다. 즉, 정전기는 전압은 높지만, 이에 비해 전류가 흐르는 양이 거의 없다
할 수 있을 만큼 적다. 정전기가 사람에게 크게 위험하지 않은 이유는 전기
가 가지는 잠재적 에너지인 전압은 높지만, 이것이 거의 흐르지 않는 상태
이기 때문이다. 따라서 전기라는 것은 전압과 전류가 동시에 존재할 때 전
기에너지가 되는 것이다.

이러한 전기에너지를 바로 전력(P; Power)이라하며, 단위는 W(Watt)를
사용하다. 위 폭포의 예에서, 폭포의 높이인 전압과 그 넓이인 전류를 곱하
면 폭포수의 전체 에너지가 될 것이다. 이와 마찬가지로, 전력은 전압과 전
류의 곱이 된다.

이를 식으로 표현하면 'P(W) = V X I'가 되며, 1W의 전력이란 1초 동안
할 수 있는 일의 양인 단위 시간(1초)당 전기에너지의 크기를 의미한다.

4) 전력량

전력(1W)이란 전압(1V)과 전류(1A)를 곱한 전기에너지의 크기이며, 여기에 시간(t)의 개념이 추가되면 전기에너지의 전체 양인 전력량이 된다. 여기서 시간의 기준은 시(Hour)가 되며 전력량은 Wh(Watt hour; 와트시)로 표시한다. 참고로, Wh는 단위 크기상의 이유로 kWh(킬로와트시; Wh X 1,000)가 일반적으로 사용된다. (1kWh = 1,000Wh) 즉, 1kWh는 1kW의 전력을 1시간 사용했을 때의 전력량이 되며, 참고로 전기요금은 kWh로 부과된다.

전력량은 전기자동차에서 매우 중요한 개념인데, 이와 관련된 핵심 부품/장치 세 가지는 충전기, 배터리, 구동 모터이다.

첫째, 충전기에서 전력량이란 배터리를 충전할 수 있는 용량을 의미한다. 따라서 충전기는 표시된 kWh에 따라 서로 다른 크기의 전류를 흘려보내기 때문에 배터리의 충전 시간 또한 달라진다. 참고로, 충전기는 크게 급속 충전기(Level 3), 완속 충전기(Level 2), 완속(저속) 충전기(Level 1)로 나뉘는데, 이 셋의 차이는 배터리를 충전할 수 있는 능력인 충전기의 전력량(kWh; 시간당 배터리를 충전할 수 있는 용량)이 다른 것이다.

둘째, 배터리에서 전력량 kWh는 해당 배터리에 충전 가능한(저장할 수 있는) 전기에너지의 총 용량을 의미한다. 따라서 이는 차량의 총 주행거리를 결정하는 첫 번째 요소가 된다. 예를 들어, 30kWh 배터리 대비 60kWh 의 배터리 용량을 가진 차량의 주행거리가 2배 정도 되는 것으로 생각해 볼 수 있다. 하지만 이것은 물리적인 계산일뿐, 차량의 무게에 따라 그 최대 주행거리는 크게 차이가 난다. 왜냐하면, 배터리의 용량이 커지면 그 부피와 무게 또한 같이 커짐으로써 늘어난 중량으로 총 주행거리가 짧아질 수 있기 때문이다.

17. 리튬이온 배터리

배터리는 크게 1차 전지와 2차 전지로 나뉜다. 1차 전지는 TV 리모컨이나 컴퓨터 마우스 등과 같은 곳에 사용하는 흔히 건전지라 불리는 것이며, 이는 한번 사용하고 나면 재충전해서 다시 사용할 수 없다. 이에 반해 2차 전지는 배터리가 다 닳으면 재충전할 수 있으며, 그 예로 흔히 사용하는 보조배터리가 있다. 전기자동차에 사용되는 배터리 또한 2차 전지에 속한다.

전기자동차에서 가장 핵심 부품을 꼽으라고 한다면 단연코 배터리라 할 수 있으며, 이는 마치 내연기관 자동차의 연료탱크와 같은 것이다.

배터리를 제외한 전기자동차의 구성요소들, 가령 보디와 섀시 그리고 심지어 구동 모터 등은 이미 많은 발전이 이루어진 상태이기 때문에 기술적인 측면에서 전기자동차만을 위한 추가적인 노력이 크게 필요하지는 않다. 사실 배터리 또한 오래전부터 자동차에 사용되긴 했으나, 더욱 긴 시간 동안 사용할 수 있으며 또한 더욱 안전하고 편리한 사용을 위해 향상된 배터리 기술 개발은 지속해서 요구된다. 이러한 이유로 향후 전기자동차의 성공 여부는 배터리 기술 혁신에 달려 있다 해도 과언이 아닐 것이다.

과거부터 여러 종류의 배터리가 다양한 전자기기에 사용되어 왔다. 대표적으로 니켈 수소 배터리, 니켈 카드뮴 배터리 그리고 리튬이온 배터리가 바로 그것이다. 이 중 리튬이온 배터리가 다른 종류의 배터리 대비 에너지 밀도뿐만 아니라 안전성 또한 높기 때문에 현재 전기자동차뿐만 아니라 주변에서 흔히 볼 수 있는 거의 모든 전자기기에 사용되고 있다.

1) 배터리의 구성

전기자동차에 들어가는 배터리는 전기자동차의 종류와 특징에 따라 그 양과 구성만 다를 뿐, 배터리 팩 형태로 장착되는 것은 같다. 배터리는 다음과 같이 구성된다.

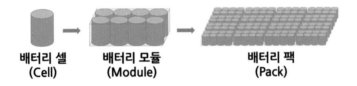

배터리 셀
(Cell)

배터리 모듈
(Module)

배터리 팩
(Pack)

첫째, 배터리 셀(Cell)이다. 이는 자동차의 배터리를 구성하는 기본 단위가 되며, 리튬이온 배터리 1개를 말한다.

둘째, 배터리 모듈(Module)이다. 이것은 주행 중 발생하는 외부의 각종 충격과 진동 그리고 외기온도 등으로부터 배터리를 보호하기 위해 배터리 셀들을 조립한 것이다.

셋째, 전기자동차의 배터리는 배터리 팩(Pack) 형태로 장착이 된다. 배터리 팩은 쉽게, 배터리 모듈을 모아서 만든 하나의 패키지이다.

배터리 팩에는 BMS(Battery Management System)라 불리는 배터리 관리 시스템이 적용되며, 이는 각종 작동 환경하에서 충전과 방전 상태, 배터리 성능과 온도 등 배터리의 전체적인 관리와 제어를 담당하는 매우 중요한 역할을 한다.

또한, 배터리 팩에는 냉각 시스템이 필수적으로 설치된다. 사실 전기자동차의 안전성 문제와 관련하여 가장 큰 부분으로 언급되는 것이 바로 배터리 과열로 인한 화재나 폭발 위험이다. 그리고 배터리 자체의 성능이 향상되어 감에 따라 이에 대한 예방의 중요성 또한 점차 높아지고 있다.

냉각과 더불어 히팅 또한 중요하다. 예를 들어, 낮은 온도에서는 배터리의 충전 속도 저하와 함께 방전율이 높아지게 된다. 따라서 배터리 히팅 시스템 또한 필수로 설치되는데, 대표적인 역할로 동절기 시 배터리 충전 효율 향상과 성능 저하 예방 그리고 냉각 시스템과의 협업을 통해 충전, 방전 모든 상황에서 배터리의 적정 온도 유지를 담당한다.

추가로, 배터리 셀들의 조합인 모듈과 팩에 대한 설계와 배치도 매우 중요한 부분이며, 이 또한 앞으로 기술 개발이 지속해서 요구되는 부분이기도 하다.

2) 리튬이온 배터리의 구조

(1) 리튬이온 배터리의 구성요소와 역할

리튬이온 배터리의 4대 구성요소는 양극(양극 활물질), 음극(음극 활물질), 분리막, 전해질이다.

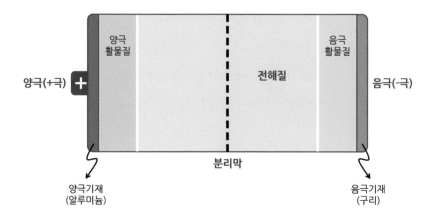

양극
활물질

전해질

음극
활물질

양극(+극) **+**

음극(-극)

분리막

양극기재
(알루미늄)

음극기재
(구리)

① 양(+)극

리튬이온 배터리는 양(+)극에 있는 리튬 금속의 화학에너지가 전기에너지를 만들어 내는 힘의 원천이 된다. 다시 말해, 배터리에서 양(+)극은 전기에너지의 원천인 리튬이온(Li+)과 전자(e-)가 만들어지는 부분이다.

리튬은 금속의 반응성이라고도 불리는 이온화 경향이 가장 높은 금속이다. 이온화 경향이란 금속이 전자(e-)를 내주어 이온이 되려고 하는 정도를 말한다. 따라서 리튬이라는 금속이 이온화 경향이 높다는 의미는 리튬이 전자(e-)를 잃고 양이온(Li+)이 되려는 경향이 높다는 것이다.

또한, 양(+)극은 양극 활물질의 종류에 따라 배터리 성능이 달라진다. 양극 활물질이란 배터리 전극 반응에 참여하는 물질로서, '리튬(Li) + 산소(O) + 다른 물질들(양극 활물질)'이 합쳐져 리튬산화물(리튬과 또 다른 금속성분들의 조합)이 된다.

양극 활물질의 적절한 배합이 배터리의 특징을 결정하는데, 리튬이온 배터리의 양극 활물질에 주로 쓰이는 금속원소로 니켈(Ni), 망간(Mn), 코발트(Co), 알루미늄(Al) 등이 있다. 각각의 금속원소는 종류별 특징이 있는데,

니켈은 배터리 용량, 망간과 코발트는 안전성, 알루미늄은 출력과 관계가 있다. 예를 들어, 배터리 용량을 높일 목적으로 니켈의 함량을 너무 높이게 되면 상대적으로 망간의 함량이 떨어져 배터리의 안전성에 문제가 발생할 수 있다.

최근 전기자동차에는 NCM523, NCM622, NCM811 등의 배터리가 주로 쓰이고 있다. NCM은 각각 니켈, 코발트, 망간의 앞글자이며, 뒤에 붙는 숫자는 각 원소가 포함된 비율을 뜻한다. 예를 들어, NCM523이란 니켈:코발트:망간의 비율이 각각 50%:20%:30%인 양극 활물질이 사용된 배터리를 뜻한다.

참고로, 전기자동차의 주행거리를 늘리기 위해서는 당연히 배터리 용량 증대가 필수적이다. 이를 위해 배터리의 안전성이란 과제를 해결해야 하는데, 양극재 자체의 안전성뿐만 아니라 양극과 음극을 차단해 주는 분리막의 기술 혁신을 통해 니켈의 비중을 90% 이상 높인 고밀도 배터리 또한 점차 상용화되고 있다.

② 음(-)극

음극은 리튬이온(Li+)의 저장소라 할 수 있다. 따라서 음극은 양극에서 나온 리튬이온(Li+)을 최대한 많이 그리고 안전하게 잘 저장할 수 있는 능력을 갖추어야 한다. 양(+)극재에 금속산화물질을 사용하는 것과 달리, 음(-)극재는 음극 활물질로 흑연(Graphite)을 사용한다.

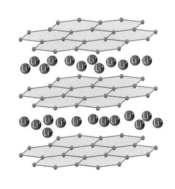

왜냐하면, 흑연은 탄소들이 서로 결합한 층상구조(격자구조)로 되어 있어서,

이러한 층상구조 안으로 리튬이온(Li+)이 최대한 많이 그리고 안전하게 저장될 수 있기 때문이다.

참고로, 배터리의 충방전이 지속해서 일어나게 되면, 다시 말해 배터리 사용 기간이 길어질수록 리튬이온(Li+)을 저장하는 층상구조에 미세한 변화가 생길 가능성이 존재한다. 이 때문에 흑연의 층상구조 안으로 들어가는 리튬이온(Li+)의 양이 늘어나면서 배터리의 부피가 커지는 문제가 발생할 수도 있다. 이러한 문제를 방지하기 위해 배터리의 용량 저하를 희생하면서까지 이 부분에 어느 정도의 여유 공간을 두는 것이 일반적이다. 따라서 배터리의 소형화와 성능 향상이라는 두 마리 토끼를 잡기 위해, 지속적인 충방전 상황에서도 음극이 팽창하지 않는 기술과 기존에 사용하던 흑연이 아닌 전혀 새로운 소재의 개발이 배터리 기술 발달 과제로 여전히 남아있다.

③ 분리막

분리막(Separator)은 양극과 음극이 서로 전기적으로 접촉하지 못하게 막아 주는 하나의 차단막이다. 여기서 전기적인 접촉을 차단한다는 말은 충방전 시 배터리 내부의 양극과 음극 사이로 리튬이온(Li+)만 쉽게 이동할 뿐, 전자(e-)의 이동은 일어나지 못하게 한다는 것이다. 만약 전자(e-)가 배터리 내부에서 두 극 사이를 이동하게 된다면 양극과 음극이 합선되는 것 같은 현상인 쇼트(Short)가 발생하기 때문이다. 이는 곧 배터리 내부의 괴열로 이어지며, 심한 경우 화재나 폭발 같은 치명적인 문제가 발생할 수도 있다.

따라서 배터리의 구성요소 중 어느 하나 중요하지 않은 것은 없겠지만, 화재나 폭발 측면에서 본다면 분리막이라는 것은 좀 더 직접적이며 적극적인 배터리의 안전장치라 할 수 있다.

참고로, 분리막은 수십 나노미터 크기의 미세한 기공(Pore) 형태로 되어 있어 리튬이온(Li+)만 쉽게 통과할 뿐, 배터리 내부의 화학 반응으로 인해 발생하는 이물질들의 이동은 이루어지지 않는다.

④ 전해질

전해질(Electrolyte)은 리튬이온(Li+)의 원활한 이동을 목적으로 배터리 내부에 채워져 있는 액체 상태의 유기용제이다. 이는 배터리 내부의 높은 이온 전도도와 고전압 상태에서도 분해되지 않기 위해 낮은 전기화학 반응성과 온도 변화에 따른 안전성 그리고 활발한 이온의 움직임에 좋은 특성이 있는 액체 상태의 물질이다.

참고로, 액체 형태가 아닌 젤(Gel)과 같은 고체 형태의 전해질은 현재 리튬폴리머 배터리에 사용된다. 이와 같은 형태를 전고체배터리(All Solid-State Battery; 고체 전해질로 만든 배터리)라 한다. 고체 형태의 전해질을 사용하게 되면 많은 장점이 있는데, 예를 들어 낮은 발화(화재) 가능성, 낮은 누수 위험성, 대용량 배터리의 구현, 높은 밀도로 인한 짧은 충전 시간, 잦은 충방전에도 높은 배터리 성능 유지, 긴 수명, 저온에서도 높은 성능 유지 그리고 경량화 등을 들 수 있다. 현 단계에서만큼은 배터리로서 가장 이상적인 조건을 갖추었다 해도 과언이 아니다. 이 때문에 전고체배터리가 전기차 부분에 차세대 배터리로 부상하고 있으며, 이에 대한 대량 생산을 선점하는 기업이 향후 전기차 시장의 패권을 잡을 만큼 크게 주목받고 있는 배터리이다. 그럼에도, 생산 조건이 매우 까다롭고 높은 성능을 위해 투자해야 하는 비싼 원료 가격으로 제작 단가가 높으며 또한 배터리 충전 시 분리막 훼손에 대한 위험성 등으로 좀 더 많은 기술 개발이 필요한 것이 현실이다.

따라서, EV 기반 자동차에 전고체배터리가 양산되기 전까지는 액체 형태 전해질의 리튬이온 배터리 사용이 당분간은 주를 이룰 것이다.

3) 리튬이온 배터리의 충방전 원리

충전(Charge)이란 배터리에 전기에너지가 저장되는 것이며, 방전
(Discharge)이란 전기모터를 구동하기 위해 배터리에서 전기에너지가 사용
되는(빠져나가는) 것을 말한다.

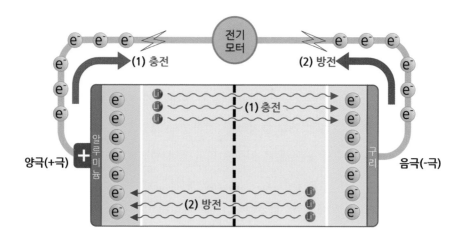

앞선 전기 원리 부분에서 살펴본 비와 같이, 전기에너지는 기본적으로
전자(e-)가 음극에서 양극으로 이동함으로써 발생하는 것이다. 그렇다면
반대로 전자(e-)가 양극에서 음극으로 이동할 때는 전기에너지가 사용되는
경우라 생각해 볼 수 있다.

(1) 충전 원리

배터리에 충전기가 연결되면, 리튬의 높은 이온화 경향으로 양극에 있던 리튬산화물이 전자($e-$)와 리튬이온($Li+$)으로 분리된다. 이렇게 분리된 전자($e-$)는 도선(전선)을 따라 음극으로 이동하고, 리튬이온($Li+$)은 배터리 내부의 전해질을 타고 분리막을 통과 후 음극으로 이동해 음극의 층상구조 안에 저장된다. 즉, 충전이란 음극의 층상구조 안으로 리튬이온($Li+$)이 이동하여 저장되는 것을 말한다.

(2) 방전 원리

배터리에 저장된 전기에너지가 전기모터를 돌린다는 의미인 방전이란 배터리에 어떠한 부하(전기모터)가 연결되면(도선에 연결된 전기모터의 스위치가 켜진다는 의미) 리튬이온($Li+$)은 배터리 내부를 통해 원래 있던 양극 쪽으로 그리고 전자($e-$)는 도선(전선)을 따라 양극 쪽으로 이동하는 것을 말한다. 이로 인해 결국 전기모터가 돌아가게 된다.

18. 전기모터

전동기라고도 불리는 전기 구동 모터는(줄여서 전기모터) 내연기관 자동차의 엔진과 같은 역할을 하며, 전기자동차에서 배터리 팩 다음으로 중요한 핵심 부품이다.

전기모터 작동의 기초가 되는 자석에 대해 우선 간단히 알아보자.

자석(Magnet)은 자성을 띠고 있는 물체이다. 자성이란 자기장(자석 주변에 자기가 미치는 공간)이 형성되는 것을 말하며, 이는 자석의 N극에서 S극 쪽으로 자력선이 형성되는 것이다. 참고로, 지

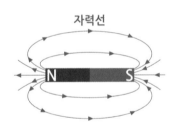

구도 하나의 큰 자석이기 때문에 지구 주변을 따라 큰 자기상이 형성되어 있다. 지구의 북쪽은 S극, 남극은 N극을 띠고 있어서 나침반의 N극이 북쪽 그리고 S극이 남쪽을 가리키는 것이다.

자석의 종류에는 크게 영구자석(Permanent Magnet)과 전자석(Electromagnet)이 있다.

영구자석은 자성을 잃지 않는 특징이 있으며, 흔히 주변에서 볼 수 있는 막대 형태 혹은 U자 형태와 같은 일반적인 자석을 말한다. 영구자석은 자동차, 항공기, 심지어 일상에서 자주 사용하는 스피커나 이어폰 등 다양한 물건에 광범위하게 사용된다. 특히 전기자동차의 고성능 전기모터와 같은 장치에는 이에 맞는 고성능 영구자석인 네오디뮴(Neodymium)이 사용된다. 희토류(Rare Earth Material)의 총 17개 원소 중 하나인 네오디뮴은 그 무게가 매우 가벼우며 일반적인 자석에 비해 그 자력이 약 10배 이상 강한 특징을 가지고 있어 수력이나 풍력발전에까지 사용될 정도이다.

전자석 또한 자석의 한 종류이다. 전자석은 전기로 만든 자석이란 의미에서 이를 전기 자석이라고도 한다. 도체(전기가 통하는 물체)에 구리선을 감아 양 끝에 전류를 흘려주게 되면 그 주변에 자

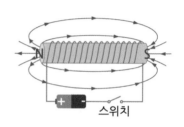

스위치

기장이 만들어지며, 반대로 전류가 흐르지 않을 때는 자석의 성질인 자기장이 사라지는 특성이 있다. 우리 주변에 전자석이 사용되는 분야는 상당히 많으며, 휴대용 선풍기에서 자기부상 열차까지 그 쓰임새 또한 무척 다양하다.

1) 전기모터의 원리와 종류

전기모터는 2개 혹은 그 이상의 자석 간 같은 극(N극과 N극 혹은 S극과 S극)과 다른 극(N극과 S극) 사이에 작용하는 힘으로 작동(회전)하는 구동장치이다. 자석과 자석 간 극 사이에 작용하는 힘은 같은 극(N극과 N극, S극과 S극)

끼리는 서로 밀어내는 힘인 척력, 다른 극(N극과 S극)끼리는 서로 끌어당기는 힘인 인력을 말한다.

전기모터는 한 개 혹은 그 이상의 영구자석과 전자석의 조합으로 만들어지며, 이를 통해 발생하는 척력과 인력으로 전기모터가 작동하는 것이 그 기본 원리이다.

(1) 직류 모터(DC 모터)

전기모터의 종류 중 하나인 직류 모터(DC 모터)에 대해 먼저 알아보자. 직류 모터는 자동차의 와이퍼, 윈도우 등뿐만 아니라 선풍기, 세탁기, 헤어 드라이어 등과 같은 일상용품에도 매우 많이 사용되고 있는 모터이다.

직류를 영어로 Direct Current, 줄여서 DC라 하며 이는 전류의 방향이 일정하게 한 방향으로 흐르는 것을 말한다. 이러한 직류를 이용하여 만든 모터가 직류 모터이며, 그 종류에는 대표적으로 브러쉬가 있는 브러쉬드(Brushed) DC 모터와 브러쉬가 없는 BLDC(Brushless DC) 모터가 있다.

모터의 구동 원리에 대해 알아보기 전에 기본적인 용어에 대해 간략히 정리해 보자.

> · **스테이터**(Stator)
>
> 모터의 회전력을 만들어 내기 위해 고정되어 있는 부분이며 고정자 또는 계자라고도 함.
>
> · **로터**(Rotor)
>
> 모터에서 회전력을 만들어 내기 위해 실제 회전하는 부분이며 회전자라고도 함.

· **정류자**(Commutator)

전류가 일정하게 한 방향으로 흐르도록 해 주는 것이며, 다른 표현으로

교류를 직류로 바꾸어 주는 것이다.

· **브러쉬**(Brush)

정류자에 밀착되어 각각 +와 −전류를 정류자에 전달해 주는 것.

① 브러쉬드(Brushed) DC 모터

브러쉬드 DC 모터는 말 그대로 브러쉬가 있는 모터이며, 간단한 형태의 각종 전동 완구 등에 들어가는 가장 기본이 되는 모터이다.

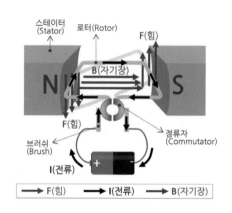

DC 모터는 고정자인 스테이터가 영구자석으로, 실제 회전하는 로터는 전자석으로 되어 있는 방식이다.

DC 모터가 회전하는 원리에 대해 그림을 참고하여 간략히 알아보자.

그림에서 보는 바와 같이,

1. 자기장(B)은 좌에서 우측(N극 → S극) 방향으로 발생한다.

2. 전류(I)는 도선을 따라 검은색 화살표처럼 흐른다.

3. 이때 코일을 감고 있는 로터(회전자)는 전류의 방향에 따라 좌측은 아래로, 우측은 위로 힘을 받게 되어 결국 회전운동을 하게 된다. 이때 힘의 방향은 '플레밍의 왼손 법칙(Fleming's Left Hand Rule)'을 따른다. 참고로, 이 법칙에 따르

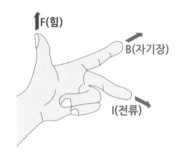

면 왼손을 기준으로 엄지, 검지, 중지를 각각 90°로 했을 때 엄지는 힘의 방향(F), 검지는 자기장의 방향(B), 중지는 전류(I)의 방향이 된다.

4. 로터(회전자)가 90° 회전을 하게 되면 이와 연결된 마치 도넛처럼 생긴 정류자의 위아래 부분(도넛이 단절된 부분) 또한 90° 회전을 함으로써 브러쉬와 맞닥뜨리게 된다. 이 순간 전류는 흐르지 않는 상태가 되어 로터는 관성에 의해 무부하 상태로 좀 더 회전하게 된다.

5. 로터가 시계 반대 방향으로 90°를 지나 180° 회전에 가까워지면 위 3, 4번의 과정이 그대로 반복되면서 돌고 있던 방향으로 지속해서 모터(로터)가 회전하게 된다.

참고로, 만약 정류자가 없다면 로터가 반 바퀴(180°) 돌았을 때 전류의 방향이 반대로 흐르게 되어, 결국 로터가 원 방향으로 회전하지 못하게 될 것이다. 따라서 정류자라는 것은 전류를 계속 하나의 방향으로 흐르게 해 주는 역할을 해 줌으로써 로터(회전자)는 지속해서 같은 방향으로 회전할 수 있다.

DC 모터에서 브러쉬와 정류자는 사실 장점임과 동시에 단점이 되는 부분이다. 장점으로 전압의 크기를 바꾸어 회전 속도를 쉽게 바꿀 수 있으며 전류의 극성을 바꾸게 되면 회전 방향 또한 쉽게 바꿀 수 있고 또한 모터의 크기를 다양하게 설계할 수 있다는 점 등이 있지만, 브러쉬와 정류자의 접

Chapter 2 자동차 기초 공학지식

촉으로 회전이 만들어진다는 측면에서 마찰로 인한 소음과 열 발생, 간혹 이긴 하지만 스파크 발생 가능성 그리고 장기간 사용 시 교체해 주어야 하는 것과 같은 단점이 있다.

② BLDC(Brushless DC) 모터

BLDC 모터는 기존 DC 모터(Brushed DC 모터)의 세 가지 대표적인 문제인 소음, 열, 유지보수를 해결하기 위해 새롭게 고안된 방식의 모터이며, 현재 DC 모터라 하면 대부분 BLDC 모터를 말한다.

BLDC 모터는 기존 DC 모터와 달리 브러쉬와 정류자가 없으며 고정자(Stator)는 전자석 그리고 회전자(Rotor)는 영구자석으로 되어 있다.

BLDC 모터의 회전 원리에 대해 그림에 나와 있는 구조를 기반으로 간략히 살펴보자.

우선, 구조적으로 봤을 때 양쪽 정면으로 마주 보고 있는 전자석이 총 3개가 있으며, 그 안에 회전자인 영구자석이 설치되어 있다. 양쪽 정면으로 마주 보고 있는 전자석에 직류 전류를 흘려주면, 마주 보고 있는 전자석들의 코일은 서로 연결되어 있어서 양 끝은 서로

다른 극성(N극과 S극)이 만들어지는 구조이다. 추가로 BLDC 모터에는 별도의 스위치가 적용되어 있는데 이는 서로 마주 보고 있는 전자석들에 직류 전류를 옆 전자석으로 차례대로 흘려보내 주는 역할을 한다.

서로 다른 2개의 자석 간 같은 극끼리는 서로 밀어내고(척력) 다른 극끼리는 잡아당기는(인력) 자석의 성질로 인해, 전자석과 영구자석 사이에도 당연히 척력과 인력이 발생할 것이다.

따라서 첫째, 전자석(고정자)과 영구자석(회전자)이 서로 같은 극을 만나면 이 둘은 밀어낼 것이다. 둘째, 이때 바로 옆에 있는 전자석은 영구자석과 다른 극이기 때문에 이 둘은 서로 잡아당기는 힘이 발생할 것이다. 결국, 영구자석은 이처럼 밀고 당기는 힘이 반복되는 과정을 통해 회전하게 되는 것이다. 위 첫째와 둘째의 중간 상황에서는 영구자석은 관성의 힘으로 움직인다는 것을 참고하자. 결국, 척력-관성-인력이 반복되는 상황이 BLDC 모터의 회전 원리이다.

BLDC 모터는 기존의 DC 모터 대비 회전자가 전자석이 아닌 상대적으로 가벼운 영구자석이기 때문에 고속회전과 소형화에 유리하고 또한 브러쉬와 정류자가 필요치 않아 낮은 소음과 발열 그리고 긴 수명의 장점이 있다.

(2) 교류 모터(AC 모터)

전기자동차의 구동 모터로 사용하는 교류 모터(전동기)를 알아보기 전에 먼저 교류에 대한 개념부터 살펴보자.

교류전류를 영어로 AC(Alternating Current)라 하며, 이는 말 그대로 교차하는(Alternating) 전류(Current)를 말한다. 여기서 교차한다는 것은 전기의 +극과 -

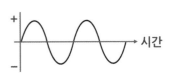

극이 주기적으로 변한다는 뜻이다. 이를 직류(DC)와 비교하면, 직류는 전류가 +극에서 -극으로 항상 같은 방향으로만 흐르지만, 교류는 전류의 +극과 -극이 지속해서(물결 모양처럼 생긴 싸인파의 형태로) 주기적으로 바뀌며 흐르는 전기이다. 가정에서 사용하는 콘센트에 별도로 +극과 -극의 구분이 없는 이유가 이러한 교류전기를 사용하기 때문이다.

참고로, 1800년대 후반 미국에서 전기의 송전 방식을 두고 큰 논쟁이 있었는데, 그 주역으로 직류(DC) 전기의 사용을 주장한 발명왕 토머스 에디슨(Thomas Edison)과 교류(AC) 전기의 사용을 주장한 소위 교류의 아버지라 불리는 니콜라 테슬라(Nikola Tesla)가 있었다. 이 논쟁의 결과는 교류(AC)의 사용으로 일단락되었으며, 이로 인해 발전소에서 전기를 만들어 각 가정과 회사 등으로 전기를 보내는 송전이 현재도 교류 방식이 사용되고 있다.

교류를 사용하는 교류전기모터(전동기)는 그 형식과 제어 방식에 따라 여러 종류가 있는데, 이 중 '교류 3상 동기모터'와 '교류 3상 유도모터'가 전기자동차뿐만 아니라 다양한 산업 분야에 가장 주가 되는 전기모터이다.

① 교류 3상 동기모터(SM: Synchronous Motor)

교류 3상 동기모터는 앞에서 살펴본 BLDC 모터와 기본적인 원리 그리고 구조 측면에서 유사한 부분이 매우 많다. 크게 다른 점이 있다면, BLDC 모터는 서로 마주 보고 있는 전자석에 직류전원(DC)을 흘려 주는 것이며 또한 쌍을 이루고 있는 옆 전자석 방향으로 직류전원을 차례로 흘려 주기 위한 스위치 장치가 장착돼 있다는 것이다.

교류 3상 동기모터는 BLDC 모터와 달리 직류전원을 차례대로 흘려 주기 위한 스위치 장치가 필요 없다. 왜냐하면, +와 − 전류가 지속해서 변하는 교류가 각각의 전자석에 연결되어 있기 때문이다. 그래서 위상차가 서로 다른 3개의 교류전류를 사용한다는 의미로 교류 3상이라는 말을 쓰는 것이다. 위상차란 위아래로 움직이는 위상(물결 모양의 싸인파)을 가진 교류전류들이 서로 겹치지 않게 시간의 차이를 두고 흐른다는 것을 말한다.

참고로, 자동차의 스펙을 확인해 보면 간혹 교류 3상 동기모터를 브러쉬리스(Brushless) DC 모터로 표기하고 있는 경우도 더러 있는데, 이 둘은 표현만 다를 뿐 서로 같은 것으로 보면 된다.

그럼, 교류 3상 동기모터의 구조와 작동 원리에 관해 확인해 보도록 하자. 참고로, 회전자에 영구자석이 아닌 전자석을 사용하는 때도 있는데, 이를 권선형 동기모터라 한다. 권선이란 철심에 전선과 같은 코일을 감아 놓은 것을 말한다.

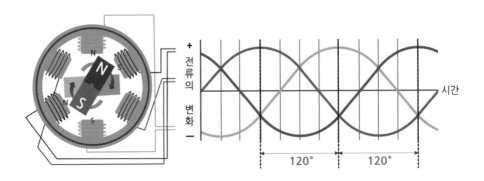

위 그림을 보면, 3쌍의 전자석이 각각 120° 각도로 설치되어 있으며, 여기에 120°의 위상차(시간 차이)를 가진 3개의 교류전기가 연결되어 있다.

시간의 지남에 따라, 자석의 특성인 척력(밀어내는 힘)과 인력(끌어당기는 힘)이 고정자(전자석)와 회전자(영구자석) 사이에 지속해서 번갈아 가며 발생함으로써, 결국 로터(영구자석)가 회전운동을 하는 것이 동기모터의 원리이다.

동기모터라 부르는 이유는 고정자(전자석)의 극성 변화에 따라 회전자(영구모터)가 이와 똑같은 속도로 동기화되어 돌아가기 때문이다.

동기모터의 장점으로 1) 소형 및 경량화, 2) 모터로 입력되는 교류 전압의 파장 즉, 전압 주파수에 따라 모터의 회전수를 정확하게 제어 가능, 3) 회전자가 고정자와 동기화되어 돌아가기 때문에 고정자의 슬립 발생이 없음, 4) 정숙성, 5) 상대적으로 낮은 발열, 6) 높은 효율성, 7) 높은 출력 등이 있다.

반면에 단점에는 1) 회전자에 영구자석을 사용하는 경우 높은 가격의 희토류 사용으로 인한 높은 제작 단가가 있으며, 2) 복잡한 구조 및 보수의 어려움, 그리고 3) 영구자석이 지나친 고온과 저온에 빈번히 노출될 때 혹은 과부하 전력으로 너무 높은 자기장이 영구자석에 전달될 때는 영구자석의 치명적인 자력 손상으로 모터의 힘이 떨어질 수 있으며, 심할 경우 모터의 영구 손상으로 이어질 가능성도 있다.

② 교류 3상 유도모터(IM; Induction Motor)

인덕션(Induction) 모터라고도 불리는 교류 3상 유도모터는 동기모터와 같은 구조를 가지고는 있지만, 가장 큰 차이점은 동기모터처럼 회전자가 고정자의 극성 변화에 동기화되어 돌아가는 것이 아니라, 회전자가 고정자로부터 만들어지는 회전자기장에 유도되어 돌아가는 것이다.

여기서 유도되어 돌아간다는 말을 좀 더 쉽게 이해하기 위해 유도모터의 기초가 되는 '아라고의 원판(Principle of Arago's Disk)'과 '앙페르의 오른나사의 법칙(Ampere's Right-Handed Screw Rule)'에 대해 알아보자.

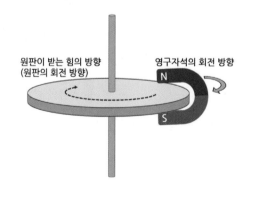

원판이 받는 힘의 방향
(원판의 회전 방향)

영구자석의 회전 방향

프랑수아 아라고 (François Arago)는 1820년 전자석을 최초로 만든 프랑스의 과학자였다. 1824년에 그는 회전이 가능한 구리판과 말굽자석을 이용해 맴돌이 전류(금속판과 같은 도체 내부 중 일부분에 소용돌이 모양으로 흐르는 전류)가 발생하는 실험 하나를 하게 되는데, 이것을 그의 이름을 따 아라고의 원판(Argao's Disk) 또는 아라고의 회전(Argao's Rotation)이라 한다.

아라고는 이 실험을 통해 구리로 만들어진 원판 주변을 따라 말굽자석을 회전시키면 이 원판 또한 자석의 회전 방향과 같은 방향으로 회전한다는 것을 확인하였다. 원판은 자석이 붙지 않는 구리나 알루미늄이며 말굽자석이 돌아감으로써 원판에 맴돌이 전류가 발생하여 결국 자석이 도는 방향으로 원판이 힘을 받아 돌아가는 것이다.

참고로, 대부분 자동차의 속도계는 지금도 이러한 아라고의 원판의 원리에 의해 작동된다. 자동차 바퀴 쪽에 자석을 부착하고 그 앞에 원판을 달아 놓은 상태에서 바퀴가 돌게 되면 그 원판 또한 바퀴가 돌아가는 속도로 따라 돌게 된다. 이처럼 원판의 회전 속도에 따라 속도계의 바늘이 변하게 되는 것이 속도계의 원리이다.

유도모터는 아라고의 원판에서처럼, 고정자에 전자석을 이용하여 회전자계(영구자석이 도는 효과)를 만들어, 회전자(원판)가 회전자계를 따라 도는 기본 원리로 작동한다.

둘째로 알아 두어야 할 법칙으로 전류가 흐르는 방향에 따라 자기력선(자기장)이 만들어지는 방향을 설명해 주는 '앙페르의 오른나사의 법칙(Ampere's Right-Handed Screw Rule)'이 있다. 이것은 오른나사가 진행하는(들어가는) 방향으로 전류가 흐르게 되면 자기력선은 오른나사가 돌

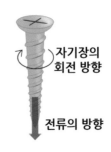

아가는(회전하는) 방향으로 만들어진다는 것이다. 참고로, 엄지를 들고 나머지 네 손가락은 감고 있는 소위 엄지 척을 하고 있는 오른손을 오른나사에 비교해 생각해 보면 좀 더 쉽게 이해가 갈 것이다. 즉, 엄지 방향(N극의 방향)

으로 전류가 흐르면 손가락이 감기는 방향이 자기장의 방향이 된다.

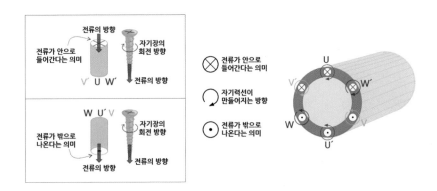

따라서 유도모터의 고정자에 설치된 코일에 3상(U, V, W) 교류전류가 들어가고(V', U, W') 나오는(W, U', V) 방향에 따라 앙페르의 오른나사의 법칙에 의해 그림과 같은 방향의 자기력선이 형성된다.

그럼, 앞의 내용을 종합하여 교류 3상 유도모터의 원리에 대해 좀 더 구체적으로 알아보자.

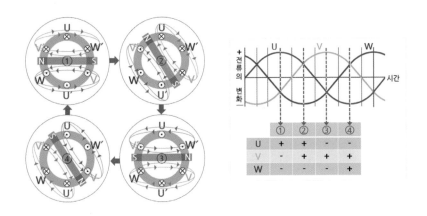

앞의 그림을 보면 120°의 위상차를 가진 교류전류가(U, V, W) 서로 마주 보고 있는 총 3개의 전자석에 들어가고 나오고 있다. 시간이 흐르면서 교류전류의 극성이 변함에 따라 인접한 총 3개의 코일관끼리는 같은 방향의 자기력선이 지속해서 형성되고 있는 것을 볼 수 있다.[*]

이러한 자기력선들은 서로 모여(인접한 3개 단위로) 하나의 큰 전자석 역할을 하게 되는데, 이는 마치 영구자석이 회전하는 것과 같은 효과를 만들어 낸다. 다시 말해, 유도모터의 고정자에 지속해서 회전하는 회전자기장이 형성되는 것이다.

이처럼 고정자에서 만들어지는 자기장의 회전이 회전자의 회전을 유도하여 모터가 구동되는 것이 유도모터의 작동 원리이다.

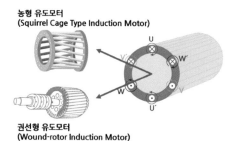

농형 유도모터
(Squirrel Cage Type Induction Motor)

권선형 유도모터
(Wound-rotor Induction Motor)

유도모터에 사용되는 회전자는 크게 두 가지가 있으며 바로 농형과 권선형이다.

우선 농형 유도모터에서 농은 한자로 籠(대바구니 농)이 쓰인다. 말 그대로 농형이란 고정자가 바구니 모양이란 뜻이다. 또한, 농형은 영어로 Squirrel Cage Type으로 표시되며, 이 뜻은 다람쥐(Squirrel)가 쳇바퀴를 돌기 쉽게 철판을 둥글게 휘어 만들어 놓은 우리(Cage)의 형태(Type)란 뜻이다. 그림에서 보는 것처럼 원통 형태의 도체(구리 막대)를 회전자로 사용하는 것을 농형 유도모터라 한다.

둘째, 권선형이란 의미는 권선 즉, 코일을 감아 놓은 형태를 말한다. 따

---

[*] 자기력선의 방향은 N극에서 S극으로 들어감

라서 권선형 유도모터는 권선을 감아 놓은 형태의 회전자가 돌아가는 모터이며 그 원리는 농형과 같다.

이 둘 다 구조가 간단해서 고장이 잘 나지 않고, 내구성이 좋으며 취급도 쉬워 편리한 사용이 가능하다. 사실 유도형 동기모터를 쓰는 가장 큰 장점이자 이유 중 하나는 고가의 희토류 영구자석을 사용할 필요가 없어 가격 경쟁력을 갖출 수 있으며 또한 희토류 원재료의 수급 문제 또한 걱정할 필요가 없다는 것이다. 이와 같은 공통적인 장점에 더해 농형과 권선형 각각이 가지는 추가적인 장점을 간단히 정리하면 다음과 같다. 참고로, 농형의 장점이 권선형의 단점이 되며, 그 반대도 마찬가지이다.

농형의 장점(혹은 특징)으로 (권선형 대비 상대적으로) 1) 구조가 간단함, 2) 소형으로 제작이 쉬움, 3) 효율이 높음, 4) 취급(사용 및 유지보수)의 용이함 등을 꼽을 수 있다.

또한, 농형의 단점(혹은 특징)에는 (권선형 대비 상대적으로) 1) 속도 조절을 자유롭게 하기 어려움, 2) 모터 용량이 적음, 3) 큰 기동 전류, 4) 작은 기동 토크를 들 수 있다. 기동이란 말은 시동과 같은 의미이며, 기동 전류는 정지상태에 있는 모터를 움직이기 위해 전원을 가할 때 소요되는 전류의 양을 말하며, 기동 토크란 정지상태에 있는 모터를 움직일 때 순간적으로 발생하는 회전력(토크)의 크기를 말한다.

농형과 권선형 모두 유도형이기 때문에 공통적인 단점을 꼽자면 (동기모터 대비) 고정자 회전자기장의 속도와 회전자의 회전 속도에 차이가 발생한다는 것이다. 이것을 슬립(Slip)이라 한다. 하지만 진보된 전자 센서와 제어장치 기술의 적용으로 이러한 슬립 발생에 대한 취약점은 상당 부분 극복 가능하며, 유도모터가 갖는 장점이 워낙 큰 관계로 많은 EV 기반의 자동차뿐만 아니라 다양한 가전제품에 이르기까지 유도모터가 널리 사용되고 있다.

2) EPCU(Electric Power Control Unit)

(1) 인버터(Inverter), 컨버터(Converter)

전기자동차에 AC 모터를 탑재하기 위해서는 인버터를 반드시 설치해야 한다. 왜냐하면, 배터리는 기본적으로 직류전원 공급 장치이기 때문에 배터리의 직류전류(DC)를 교류전류(AC)로 변환해 이를 모터에 전달(출력)해 주어야 하기 때문이다.

하지만 전기자동차에 탑재되는 인버터는 단순히 직류전류를 교류전류로 전환해 주는 것보다 더 많은 역할을 한다. 대표적으로 직류를 교류로 변환할 때 교류전압 파장의 크기(전압의 크기)인 주파수와 전류량을 조절하는 것이며, 이를 통해 인버터는 AC 모터의 회전수(속도)와 회전력(토크)을 자유롭게 제어할 수 있다. 이러한 이유로 전기자동차는 내연기관 자동차에 장착된 복잡한 형태의 변속기가 필요 없다. 따라서 안정된 주행을 실현하기 위해 좋은 성능을 갖춘 인버터는 필수적이다.

참고로, 인버터와 정류기(혹은 정류자) 모두 직류를 교류로 바꾸어 주는 역할을 하지만, 정류기와는 달리 인버터는 변환된 교류 전압의 크기와 전류의 양까지 조절할 수 있다는 점을 기억하자.

인버터를 말할 때 늘 거론되는 것이 컨버터(Converter)이다. 컨버터는 기본적으로 인버터와 반대 역할을 한다. 다시 말해, 인버터가 직류를 교류로 바꾸어 주는 것이리며, 컨비터는 교류를 직류로 바꾸어 주는 장치이다. EV 기반 자동차는 주행거리 확대하기 위해 필수적으로 회생제동 기능이 들어가는데, 여기에 컨버터가 필요하다. 왜냐하면, 전기모터가 발전기 역할을 함으로써 만들어지는 교류전류를 직류전류로 바꾸어 배터리에 저장해야 하기 때문이다.

그렇다면 EV 기반의 자동차에는 인버터와 컨버터가 개별로 설치되어 있어야 할 것이다. 과거에는 이 두 가지 장치가 개별로 설치된 경우가 많았으나, 최근 출시 차량에는 인버터 하나에 정류기 역할(교류 → 직류 변환)을 하는 컨버터의 기능까지 포함하고 있는 것이 대부분이다. 정확히 말하면, 인버터에 컨버터 기능이 포함되어 있다는 표현보다는 큰 의미에서 EPCU가 장착되어 있다고 하는 것이 맞다.

(2) EPCU(Electric Power Control Unit)

EPCU(Electric Power Control Unit)는 '통합전력제어장치'를 말하며, EV 기반의 자동차에 없어서는 안 될 필수 장치 중 하나이다. EPCU는 사실 인버터의 기능뿐만 아니라 EV 기반 자동차의 전체적인 주행 제어를 담당하는데, 이 모든 기능은 EV 기반 자동차의 핵심 부품인 구동 모터, 고전압 배터리에 대한 제어를 위한 것이다. 내연기관과 비교하면 EPCU는 엔진의 전반적인 상태를 감지하고 제어하는 ECU(Engine Control Unit) 그리고 엔진에서 만들어진 출력 제어를 위한 미션 제어장치인 TCU(Transmission Control Unit)의 모든 기능을 수행하는 것이라 할 수 있다.

EPCU는 총 3개의 모듈로 구성된 통합패키지의 명칭이다.

첫째, 인버터(Inverter)이다. 앞에서 설명한 바와 같이 인버터는 고전압 배터리의 고전압 직류전류(DC)를 3상 교류전류(AC)로 변환시켜 AC모터에 전력을 제공한다. 그리고 감속 시에는 발전기 역할을 하는 구동 모터로부터 교류전류(AC)를 공급받아 이를 직류전류(DC)로 바꾸어 배터리에 저장하는 에너지 회생기능을 담당한다. 추가로, 인버터는 유도모터 회전자의 위치 보정뿐만 아니라 그 속도를 감지하며, 또한 차량의 가속과 감속과 관련해 구동 모터에 필요한 속도와 토크 제어를 통해 전체적인 주행 상태를 관리하는 역할을 한다.

둘째, LDC(Low Voltage DC-DC Converter) 즉, '저전압 직류 변환장치'이다. LDC는 고전압 배터리로부터 공급되는 고전압 상태의 직류전압을 저전압(12V)으로 변환하여 차량에 사용되는 각종 전자장치에 이를 공급하는 역할을 담당한다. 내연기관 자동차에 기본적으로 12V 배터리가 장착되는데, EV 기반 자동차에도 똑같이 장착된다. 전기모터를 구동시키는 고전압 배터리를 주(Main) 배터리라 한다면, 12V 배터리는 보조배터리 역할을 한다. 즉, LDC는 12V 보조배터리와 관련된 모든 전기적인 역할을 담당하는 것으로 보면 된다.

셋째, EPCU에서 가장 중요한 VCU(Vehicle Control Unit)이다. VCU는 차량의 모든 전자적인 부분을 지휘 및 통제하는 가장 상급의 지휘통제실 같은 역할을 하는 것이다. 즉, 인버터와 LDC뿐만 아니라 주행 상태, 운전자의 운전상태 및 배터리 상태 등 모든 것을 일괄적으로 통합 제어하는 모듈이다. 사람으로 치며 두뇌와 같은 역할을 한다고 볼 수 있다.

19. 회생제동
(Regenerative Braking)

EV 기반 자동차를 선택하
는 고객의 가장 큰 관심사 중
하나는 장착된 배터리로 얼마
나 긴 주행거리를 갈 수 있는

지 일 것이다. EV 기반 자동차의 총 주행거리는 효율적인 전기 구동 모터,
큰 배터리 용량 그리고 이에 대한 효과적인 관리 시스템에 가장 큰 영향을
받는다.

그런데 여기에 차량의 효율성을 높일 수 있는 추가 기능들이 있다면 조
금 더 늘어난 전체 주행거리를 기대할 수 있을 것이다. 이와 관련하여 가장
큰 역할을 담당하는 것이 바로 에너지 회생제동 시스템이다.

회생제동이란 구동용 모터가 상황에 따라 발전기로 사용되어 주행 시
만들어지는 운동에너지를 전기에너지로 바꾸고 이를 배터리에 저장하는
것을 말한다. 회생제동이란 단어를 풀어서 생각해 보면 그 의미를 좀 더 명
확히 이해할 수 있는데, 회생이란 손실 즉, 버려지는 운동에너지를 회수하

여 전기에너지를 생성한다는 의미이며, 제동은 이러한 에너지 회수과정이 제동 즉, 감속 시 이루어진다는 것이다. 따라서 이 같은 회생제동은 충전전용장치를 통해 직접 배터리를 충전하는 수준까지는 아니지만, 에너지 손실의 최소화와 이를 통한 주행거리 확장 측면에 큰 도움이 된다.

회생제동이 이루어지는 과정은 다음과 같다.

주행 중 운전자가 액셀 페달에서 발을 떼면 배터리에서 구동 모터로 흐르는 전류는 차단되지만, 차량은 관성의 힘으로 일정 시간 동안 진행할 것이다. 이때 차량이 굴러가는 힘인 운동에너지가 구동 모터의 고정자를 돌림으로써 전자유도 현상이 발생하여 전기에너지가 만들어진다. EPCU(Electric Power Control Unit)는 이렇게 만들어진 교류전류(AC)를 직류전류(DC)로 변환하여 이를 배터리에 저장한다.

참고로, 전자유도 현상이란 자기장의 변화 때문에 전기적인 성질이 만들어지는 것을 말한다. 이는 구동 모터가 동력을 만들어 내는 반대 현상인 동력을 통해 전기를 만들어 내는 발전기의 원리와 같은 것이다.

회생제동 기능은 운전자가 액셀에서 발을 뗀 상태에서 차량이 관성에 의해 진행하는 동안 그리고 브레이킹을 하는 순간 활성화되지만, 가파른 언덕길, 급제동 그리고 저속(통상 10km/h 이하) 주행상황에서는 작동되지 않음을 참고하자.

20. 충전장치 및 충전규격

EV 기반 자동차의 배터리를 충전하는 것은 내연기관 자동차에 연료를 주입하는 것과 같다. 내연기관 차량은 짧은 시간에 연료통을 채우면 끝나지만, EV 기반 자동차는 충전장치의 종류 및 배터리 용량에 따라 충전 시간이 모두 다르다.

우선 배터리 충전장치는 크게 급속 충전기(Level 3), 완속 충전기(Level 2), 완속(저속) 충전기(Level 1)로 나뉜다. 그 종류에 따라 충전능력인 kWh(킬로와트시; 시간당 배터리를 충전할 수 있는 용량)가 다르며 참고로, 충전 커넥터는 장치별로 다양하게 사용된다.

1) Level 1: 완속(저속) 충전기

Level 1은 가정용 콘센트나 월박스를 통해 배터리를 충전하는 방식이다. 이는 110V나 120V를 국가 표준으로 사용하는 나라에만 적용되는 충전 방식으로 220V가 표준인 한국에서는 사용되지 않는다. Level 1의 충전 전압과 출력은 각각 120V, 1.4kW로 매우 낮아 충전 속도 또한 매우 느리다. 따라서 배터리 용량이 적은 차량이나 차량을 자주 사용하지 않는 고객에게 적합한 방식이다.

2) Level 2: 완속 충전기

Level 2는 Level 1과 충전하는 방식은 같지만, 주거용은 240V(혹은 220V) 그리고 상업시설용은 280V의 충전 전압을 지원한다. 여기서 방식이 같다는 것은 가정용 콘센트에 이동식 케이블을 직접 꽂아 충전하거나 월박스(벽부형; 벽에 부착하는 형태) 혹은 스탠드형 충전기를 이용해 충전하는 것을 말한다.

Level 2의 충전 출력은 3~20kW인데, 한국에서는 벽면에 설치된 전기 단자에 휴대용 케이블 연결 사용 시 3kW, 개인용으로도 설치 가능한 월박스 혹은 공용 월박스/스탠드의 경우에는 7kW 용량으로 충전할 수 있다(충전 용량은 충전 설비에 따라 차이가 있을 수 있음).

예를 들어, 완속 충전기를 이용해 28kWh 용량 배터리의 충전 소요 시간을 계산해 보면, 휴대용 케이블을 이용해 가정용 전기 사용 시 약 9~10시간(28kWh/3kW = 9~10), 월박스 사용 시 약 4~5시간(28kWh/7kW = 4~5) 정도가 걸린다. 하지만 이는 단지 이론적인 계산일 뿐, 외기온도, 차량별 적용된 충전 기술 및 장치 등에 따라 차이가 있을 수 있다.

참고로, Level 1과 Level 2는 교류전기를 공급하여 충전하는 방식이기 때문에 차량에 탑재된 OBC(Onboard Battery Charger)라는 장치가 이러한 교류를 직류로 바꾸어 주는 역할을 한다. 왜냐하면, EV 기반 자동차의 모든 배터리는 직류 방식이기 때문이다.

3) Level 3: 급속 충전기

Level 3는 직류 100~400V, 교류 380V 고전압을 제공하며 충전 출력 50kW 이상급의 급속 충전기를 말한다. 전기자동차 배터리는 고전압 직류를 사용하기 때문에 급속 충전기는 고전압 직류를 직접 차량의 배터리에 제공 가능한 충전 방식이다. 향후 400V 이상의 직류를 받아들일 수 있는 차량이 출시되면 충전기 성능 또한 상승할 것이며, 이는 당연히 늘어난 주행거리에 더해 상당히 빠른 시간에 배터리 완충이 가능할 것이다. 현재 모든 EV 기반 차량이 급속 충전을 지원하는 것은 아니므로 차종별 충전 가능 여부는 확인해 볼 필요가 있다.

급속 충전은 높은 압력(고전압)으로 배터리에 전류를 공급하기 때문에 당연히 충전 시간이 빠르기는 하나, 배터리가 100% 충전될 때까지 계속 급속 충전이 이루어지지는 않는다. 약 80% 충전까지는 급속으로 충전이 이루어지지만, 배터리 보호 자원에서 완충까지 남은 나머지 약 20%는 전압을 내려 완속으로(서서히) 충전됨을 참고하자.

4) 충전 방식과 규격

EV 기반 차량이 본격적으로 양산되기 시작한 지는 사실 그리 오래되지 않았다. 그래서 초기 시점부터 각 브랜드마다 서로 다른 충전규격을 개발

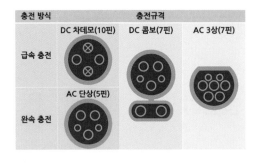

충전 방식	충전규격		
	DC 차데모(10핀)	DC 콤보(7핀)	AC 3상(7핀)
급속 충전			
	AC 단상(5핀)		
완속 충전			

해 사용해 왔으며, 국가마다 채택하고 있는 방식 또한 다른 것이 현실이다.

현재 한국에서 사용하는 충전규격 네 가지는, 2010년 일본의 도쿄 전력에서 개발한 차데모(CHAdeMO) 10핀(급속), 2011년 GM을 포함한 독일과 미국의 7개 기업에서 개발한 DC 콤보 7핀(완속과 급속 동시 지원), 2012년 르노에서 개발한 AC 단상 5핀(완속)과 AC 3상 7핀(완속과 급속 동시 지원)이다. 이 중 한국의 표준 규격은 AC 단상 5핀과 DC 콤보 7핀이다.

참고로, 테슬라(Tesla) 차량은 테슬라 전용 규격을 사용하고 있어 한국의 표준 규격과 호환이 되지 않지만, 어댑터를 별도 구매하면 한국 표준 규격 사용이 가능하다.

21. 전기자동차의
구성 및 핵심장치

전기자동차는 기본적으로 내연기관 자동차를 기초로 제작되며, 여기에는 내연기관 자동차의 가장 핵심이 되는 엔진과 이를 구동하는 데 필요한 각종 장치가 단지 전기자동차만을 위한 새로운 장치와 개념이 적용될 뿐이다.

현재 여러 브랜드에서 다양한 종류의 전기자동차를 출시하고 있으며, 내연기관 자동차도 그러했듯이 시간이 지남에 따라 전기자동차 또한 매우 빠르게 발전해 가고 있다. 여기서 발전이란 전기자동차만의 핵심장치들을 대체할 새로운 장치가 개발되는 것이 아니라, 기존 핵심장치 및 기타 주변 장치 그리고 장치 간 유기적인 네트워킹에 관한 기술 개선을 말하는 것이다. 즉, 내연기관 자동차에도 엔진과 변속기 등이 있는 것처럼, 전기자동차만의 핵심장치들의 기술 개선은 거듭되겠지만 핵심장치 자체는 변함없이 적용될 것이다. 여기에는 대표적으로 전기 구동 모터, 배터리, 인버터, 감속기, OBC가 있다.

그럼, 그림에서 보는 전기자동차 구성의 다섯 가지 핵심장치 중 앞에서 설명되지 않은 감속기와 OBC(Onboard Charging Control)에 대해 알아보자.

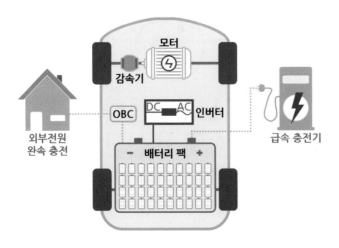

1) 감속기(Reducer)

전기자동차에서 감속기는 내연기관 자동차의 변속기(트랜스미션)와 같은 역할을 한다.

기본적으로 자동차라는 것은 내연기관(엔진)이건 전기모터이든 간에 동력장치로부터 만들어지는 rpm 즉, 그 회전수 관리가 매우 중요하다. 왜냐하면, 회전수를 높이면 속도는 높아지지만 토크는 낮아지며, 회전수를 낮추면 그 반대가 되기 때문이다. 따라서 자동차는 주행 속도 및 상황에 맞는 적절한 기어 변경을 통해 토크를 적절히 분배해 주는 변속기가 필요한 것이다.

전기모터는 내연기관인 엔진과 달리 차량의 최초 출발 시부터 최대 토크(높은 기동 토크)를 만들어 낼 수 있으며, 또한 토크뿐만 아니라 회전수까지 필요에 따라 손쉽게 조절할 수 있는 특징이 있다. 그 이유는 인버터(Inverter)를 통해 모터로 들어가는 전기의 전압과 주파수(Hz; 교류전기가 마치 파도처럼 위아래로 움직이는 파형) 제어가 가능하기 때문이다. 이를 통해, 감속기는 필요시 모터의 회전수를 낮춰 줌(높여 줌)으로써 모터의 출력, 즉 토크를 더욱 증가(감소)시켜 주는 기능을 할 수 있다. 따라서 결국, 전기자동차에 복잡한 구조로 된 여러 단수의 변속기가 필요 없는 가장 핵심적인 이유는 전기모터의 구동 자체의 특징과 함께 바로 인버터란 것이 있기 때문이다.

감속기 개념에 대한 더욱 쉬운 이해를 위해 모터 출력이라는 것을 생각해 보자. 우선, 모터의 출력은 토크 X 회전 각속도이다. [P(Power; 출력, 즉 운동에너지) = T(토크) X w(회전 각속도)] 참고로, 이 공식에 따르면 모터의 출력을 높이기 위해서는 전기모터에 공급하는 전류량을 늘려 토크와 회전수(회전 각속도)를 증가시키면 된다. 하지만 동력장치는 정격출력(차량의 정해진 조건 내에서 낼 수 있는 출력의 한계치)이란 것이 있어서 전류량을 무한정 늘린다고 해서 출력 또한 한없이 올라가는 것은 아니다.

차종과 관계없이 출력이라는 것은 차량의 효율적인 사용과 구동장치의 내구성을 위해 주행상황에 따른 적절한 관리가 필수적이다. 출력인 P(Power)는 토크와 회전 각속도를 곱한 것이기 때문에, 출력을 관리한다는 것은 토크와 회전 각속도를 적절하게 조절 및 제어한다는 의미이다. 참고로, 회전 각속도(Angular Speed)는 모터와 같이 회전운동을 하는 물체가 단위 시간당 움직인(회전한) 각의 크기란 의미이며, 쉽게 회전 속도(또는 회전수)인 rpm과 같은 의미로 보면 된다.

앞에서 전류량을 늘리면 토크와 회전수를 증가시켜 일정 한계치까지는 출력을 높일 수 있다는 것을 알았다. 여기서, 출력을 증가시키는 것이 아닌, 일정한 크기의 출력을 유지한 상황에서 P = T X w 공식을 적용하여 T와 w의 관계를 생각해 보자.

출력(P)이 고정된 상태에서 토크(T; 회전력 = 견인력 = 추진력 = 가속력)를 높이기 위해서는 회전수(w)를 낮춰야 할 것이며, 반대로 토크를 줄이기 위해서는 회전수를 높여야 할 것이다. 즉, 일정한 출력 하에서 토크와 회전수는 개념상 서로 반비례 관계가 된다.

바로 이러한 상황에서 감속기는 1차적으로 인버터에 의해 조정된 모터의 회전수를 다시 한번 감속시킴으로써 토크를 더욱 증대시켜 주는 역할을 한다. 앞서 설명한 바와 같이 전기자동차는 인버터란 장치가 있기 때문에 전기자동차의 감속기는 대부분 1단으로 되어있다. 1단으로 되어 있다는 것은 모터의 회전수를 정해진 하나의 비율로 줄일 수 있다는 의미이다.

참고로, 감속기가 1단이 아닌 2단으로 되어 있는 전기자동차도 있다. 2단 감속기를 적용하는 이유는 비록 2개의 비율이긴 하지만 1단 대비 전기모터의 토크를 좀 더 다양하게 조절하기 위함이다. 따라서 이는 효율성과 성능 향상 중 성능 쪽에 치중된 거의 슈퍼카에 버금가는 고성능 전기자동차에 주로 적용되는 경우가 많다. 1단은 출발 시나 순간적으로 높은 회전력(가속력)이 요구될 때, 2단은 특히 고속 주행 시 이에 필요한 출력을 균일하게 유지하면서 동시에 일정 부분 효율성 또한 고려해야 하는 상황에 주로 사용된다.

요약하면, 전기자동차의 감속기는 '전기모터의 회전수를 감속시킴으로써 토크를 향상시켜 주는 장치'라 할 수 있다.

2) OBC(On Board Charger)

OBC(온보드 차저)는 EV 기반 자동차 내부에 설치된 하나의 충전장치이다. 그 역할은 외부 완속 충전 또는 휴대용 충전기로부터 차량에 공급되는 교류전류(AC)를 직류전류(DC)로 변환하여 전기모터 구동을 위한 고전압 배터리를 충전해 주는 것이다.

참고로, 급속 충전의 경우 처음부터 직류전류(DC)가 차량으로 공급되기 때문에 전류의 변환과정 없이 곧바로 고전압 배터리를 충전하게 된다. 따라서 급속 DC 충전 시 OBC는 아무런 역할을 하지 않는다.

22. 하이브리드 자동차
(HEV; Hybrid Electrical Vehicle)

Hybrid 자동차란(줄여서 하이브리드) 차량을 구동시키기 위해 서로 다른 2개 혹은 그 이상의 동력원을 사용하는 자동차를 말하며, 통상적으로 내연기관(ICE; Internal Combustion Engine)과 전기모터(EV; Electric Motor)를 혼용하는 방식을 사용한다. 참고로, Hybrid란 단어는 이종 교배를 통해 태어난 동물의 '잡종' 또는 '혼혈'이란 의미의 라틴어 Hybrida에서 온 말이다.

1) 하이브리드의 종류

하이브리드가 전기모터와 내연기관 2개의 동력원을 가지는 자동차라는 것을 알았다. 하지만 엄밀한 의미에서 하이브리드에는 전기모터가 구동장치로 사용되지 않는 Micro 하이브리드도 포함된다. 다음 표는 기존의 엔진

Chapter 2 자동차 기초 공학지식

구동(내연기관) 차량에서부터 순수 전기자동차까지 이르는 전체적인 개념을 요약한 것이다.

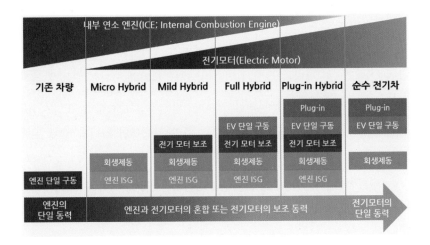

PHEV를 제외하면 하이브리드는 총 세 가지 종류로 구분할 수 있다.

첫째, Micro 하이브리드는 구동장치가 추가의 보조 동력장치 없이 내연기관 하나인 차량을 말한다. 하지만 연비 상승과 배출가스 절감을 위해 기본적으로 회생제동 기능과 차량 정차 시 시동이 꺼지고 출발 시 다시 걸리는 ISG(Ingnition Stop & Go) 장치가 들어간다. 이 두 가지 이외에 공기역학을 고려한 디자인과 공기역학 개선 장치의 적용이라든지 연료 절약을 위한 Eco 주행 모드 등과 같은 장치와 기능이 추가되기도 한다. 참고로, Micro 하이브리드는 모든 하이브리드 차량의 가장 기본이 되는 개념의 차량이기 때문에, Mild, Full, Plug-in 하이브리드는 당연히 Micro 하이브리드의 특징을 모두 갖추고 있는 경우가 대부분이다.

둘째, 전기모터가 추가 동력원으로 들어가는 것은 Mild 하이브리드부터 시작된다. Mild 하이브리드에는 상대적으로 저용량의 전기모터와 배터리가 장착된다. 이 말인즉슨, 전기모터가 내연기관을 보조하는 역할밖에 수행하지 못한다는 의미이다. 내연기관의 동력을 보조함으로써 그만큼 내연기관의 부담을 줄여 연비와 배출가스 측면에서 이점이 있다.

셋째, Full 하이브리드는 Mild 하이브리드 대비 전기모터와 배터리 용량이 상대적으로 크다는 특징이 있으며, 이를 제외하곤 거의 모든 부분이 비슷하다. 따라서 Full 하이브리드는 Mild 하이브리드와 달리 전기모터의 단독 작동으로 차량 운행이 가능하므로 차량 금액뿐만 아니라 무게 또한 높을 수밖에 없다.

참고로, 위에서 살펴본 세 가지 하이브리드와 PHEV의 가장 큰 차이점을 하나만 꼽으면, 구동용 배터리의 외부충전 여부이다. PHEV는 구동용 배터리를 외부로부터 충전할 수 있지만, 다른 세 종류의 하이브리드는 외부충전이 불가하며, 단지 차량 내부에 별도로 설치된 발전기에 의해서만 충전할 수 있다.

2) 하이브리드의 세 가지 방식

하이브리드는 총 세 가지 방식(타입)이 사용된다.

(1) 직렬형 하이브리드 (SHEV; Series Hybrid Electrical Vehicle)

직렬형 하이브리드는 엔진, 발전기, 모터가 직렬로 연결된 구

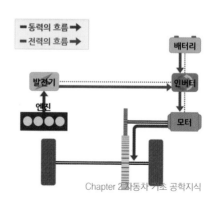

Chapter 2 자동차 기초 공학지식

조를 가진다.

엔진은 구동 바퀴에 동력을 전달하지 않으며, 단지 발전기 구동만을 위한 역할을 한다. 구동 바퀴에 동력을 전달하는 것은 모터가 유일하다. 엔진으로부터 동력을 얻는 발전기는 배터리를 충전하며 또한 차량을 움직이기 위해 모터에 동력을 전달하는 역할을 한다.

큰 동력(전력)이 필요한 순간에는 모터는 배터리와 인버터 모두로부터 전력을 공급받게 된다.

(2) 병렬형 하이브리드 (PHEV; Parallel Hybrid Electrical Vehicle)

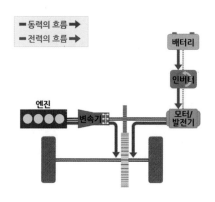

병렬형 하이브리드는 엔진과 모터가 병렬로 연결된 형태이며, 필요에 따라 엔진과 모터가 개별적으로 또는 엔진과 모터가 동시에 구동 바퀴에 동력 전달이 가능하다.

병렬형 하이브리드에서 주 동력원은 엔진이다. 엔진과 모터가 동시에 구동 바퀴에 동력을 제공할 때는 모터가 단지 엔진의 보조 동력원으로서 역할만을 한다. 저속 구간에서는 모터의 단독 작동도 가능하다.

병렬형 하이브리드는 앞서 살펴본 Mild 하이브리드와 Full 하이브리드에 적용되는 방식이며, 이 둘은 모터와 배터리 용량에 따라 나뉜다.

병렬형 하이브리드만의 특이한 점은, 모터와 발전기가 따로 구분되어 있지 않고 모터가 발전기의 역할을 동시에 수행한다는 것이다. 예를 들어,

엔진이 작동하는 동안 또는 제동/감속 시 모터는 발전기로 전환되어 배터리를 충전하는 역할을 하는 것이다.

(3) 혼합형(직병렬형) 하이브리드(SPHEV; Series Parallel Hybrid Electrical Vehicle)

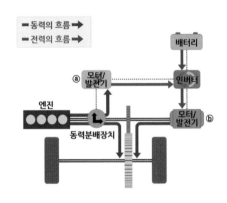

혼합형 하이브리드는 총 세 가지 방식으로 구동 가능하다. 첫째, 모터의 단독 작동, 둘째, 모터와 엔진의 동시 작동, 셋째, 엔진의 단독 작동이다. 이것이 가능한 이유는 혼합형 하이브리드의 핵심이라 할 수 있는 동력분배장치(Power Split)가 있기 때문이다.

동력분배장치의 역할은 엔진의 동력을 엔진과 발전기(ⓐ)에 별도로 또는 동시에 전달할 수 있도록 해 주는 것이다. 이런 이유로 혼합형 하이브리드는 Full Hybrid에만 적용되는 방식이다.

혼합형 하이브리드의 장점은 다음과 같다.

첫째, 출발 또는 저속 주행 시 상대적으로 높은 토크, 높은 연비 효율 그리고 배출가스 저감 측면에서 유리한 모터 단독으로 작동하는 직렬 방식으로 구동이 가능하다.

둘째, 중고속 주행 시에는 모터와 엔진이 동시에 작동하는 병렬식 방식으로 구동된다. 이 경우, 어느 정도 회전수가 만들어지고 나면 그 이후부터는 최대한의 회전력을 만들어 내는 데 더욱 유리한 엔진을 구동에 사용함으로써 주행 성능과 동시에 효율성을 기대할 수 있다.

추가로, 모터와 발전기 역할을 동시에 할 수 있는 장치가 2개(ⓐ, ⓑ)나 들어가기 때문에, 모터(ⓑ)로만 작동할 때는 별도의 발전기(ⓐ)를 돌려 배터리 충전이 가능하다. 또한, 엔진이 작동할 때도 모터(ⓐ)는 발전기 역할을 함으로써 배터리 충전이 가능하다. 따라서 일정 수준 이상의 출력과 함께, 특히 출력 대비 연비 측면에 있어 큰 장점을 기대할 수 있다.

3) 플러그인 하이브리드(PHEV; Plug-in Hybrid)

플러그인 하이브리드(이하 PHEV)는 말 그대로 전기를 꽂는다는 의미인 플러그인(Plug-in)과 하이브리드의 합성어로, EV처럼 외부로부터 배터리 충전이 가능함과 동시에 하이브리드와 같은 방식으로 차량 내부에서 엔진과 모터(발전기)에 의해서도 충전이 가능한 차를 말한다. 따라서 PHEV는 EV와 HEV의 중간 형태로 볼 수 있다.

차량 내부에 탑재된 배터리 용량을 크기순으로 보면, EV - PHEV - HEV가 된다. 따라서 PHEV는 배터리를 통한 모터의 단독 작동으로(EV 모드) 최대 수십 km 정도는 주행이 가능하다. 도심 주행을 주로 하는 운전자에게 매우 유리한 측면이 있는 차량이다. 주행 중 배터리가 다 소진될 때는 연료를 주입하고 내연기관을 사용하여 주행할 수 있어서 장거리 운전 시에도 주행거리에 대해 걱정을 하지 않아도 된다. 하지만 뭐니 뭐니 해도 PHEV는 약 30~50km 정도의 비교적 짧은 거리의 주행이 주목적이거나 또는 가다 서기를 반복하는 도심 주행 용도로 사용 시 그 진가가 발휘되는 차량이다.

일반적인 하이브리드 대비 큰 용량의 배터리가 장착되기 때문에 차량의 부피 및 무게 측면에서 다소 불리한 부분이 있긴 하나, PHEV는 대형차량으로도 제작 가능하며, 배터리 기술 또한 발전해 감에 따라 그 활용도가 점차 증가하고 있다.

PHEV의 장점을 정리하면, 전기모터만을 사용하는 영역이 고속 주행영역까지 가능한 점, 전기모터로만의 주행거리가 기존의 하이브리드 대비 훨씬 길다는 점, 엔진 사용을 최대한 줄임으로써 유류비의 절감과 배기가스를 최소화할 수 있는 점, 높은 효율성 달성 그리고 큰 동력이 필요할 때는 기존의 내연기관 방식을 사용할 수 있다는 점 등을 꼽을 수 있다.

하지만 PHEV는 EV로 가는 바로 전 단계의 차량이기 때문에 그 한계는 분명히 존재한다. 어찌 보면 장점과 동시에 단점이 될 수 있는 부분인데, PHEV는 HEV도 아니고 EV도 아닌 그 중간에 있다는 것이다.

차량을 구매할 때 소비자 개인의 주행 패턴이나 사용 목적 또는 주요 관심사 등에 맞는 선택이 매우 중요하듯이, 소비자 자신의 니즈가 EV와 HEV의 중간 정도에 위치한다면, PHEV는 최고의 신택이 될 것이다.

Chapter 2 자동차 기초 공학지식

4) 앳킨슨 사이클(Atkinson Cycle)

앳킨슨 사이클 엔진이란 연료 효율을 높이기 위한 구동 방식이 적용된 엔진을 말한다.

1876년에 니콜라우스 오토(Nikolaus August Otto)가 4행정 사이클(흡입-압축-폭발-배기)을 발명한 이후, 현재까지도 그 기본 작동 원리와 구조가 내연기관에 지속해서 사용되고 있다. 참고로, 4행정 사이클은 니콜라우스 오토의 이름을 따서 오토 사이클(Otto Cycle)이라고도 한다.

오토 사이클 엔진의 다양한 장점에도 불구하고 단점으로 꼽을 수 있는 것 중 하나는 바로 펌핑 로스(Pumping Loss)가 발생한다는 것이다. 펌핑 로스란 쉽게 가솔린 엔진의 실린더 안에서 폭발 행정 시 만들어진 열에너지가 100% 운동에너지로 바뀌지 못하는 것을 말한다. 휘발유 터보 또는 디젤 엔진과 달리, 자연흡기 방식의 가솔린 엔진은 최초 연료를 흡입하는 흡기 행정과 배출가스를 배출하는 배기행정 시 별도의 에너지가 필요하게 된다. 이러한 에너지는 엔진 측면에서 보면 100%의 구동력을 만들어 내는 데 손해를 입는, 즉 손실되는 것이다.

사람을 예로 들어보면, 10만큼의 힘(에너지)을 가진 사람이 현재 격한 운동을 하는 중이라 생각해 보자. 과연 이 사람은 자신이 가진 힘 모두를 운동하는 데 쓸 수 있을까? 운동을 위해 신체의 다양한 기관에서 10이란 에너지가 주로 소비되겠지만, 숨을 들이마시고(흡입) 내뱉는(배기) 데도 적지 않은 에너지가 소모될 것이다. 즉, 10이란 힘 중에서 약 1~2 정도의 힘은 호흡하는 데 소모되고 나머지 약 7~8 정도는 운동(출력)에 사용되는 것으로 생각해 볼 수 있다. 이처럼 호흡을 하는 데 소비해야 하는 에너지가 바로 자연흡기 휘발유엔진의 펌핑 로스와 같은 것이다.

따라서 오토 사이클 엔진의 단점으로 꼽히는 펌핑 로스를 줄이기 위해 즉, 연소의 효율을 높이기 위해 만들어진 엔진이 바로 1882년 영국의 제임스 앳킨스(James Atkinson)에 의해 개발된 앳킨슨 사이클 엔진이다. 이 엔진은 연소 효율이 높다는 장점이 있지만, 오토 사이클 엔진 대비 낮은 출력 문제를 가지고 있었기 때문에 과거 오랜 시간 동안 빛을 발하지는 못했다. 하지만 하이브리드 차량의 본격적인 개발과 보급에 힘입어 많은 하이브리드 자동차 제작사로부터 크게 주목받기 시작한 엔진 구동 방식이다.

앳킨슨 사이클 엔진의 원리를 이해하기 위해서는 효율적인 엔진이 갖추어야 할 기본 요소가 무엇인지에 대한 이해가 필요하다.

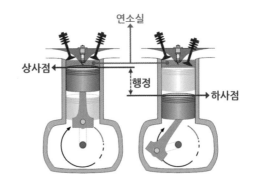

피스톤이 실린더 내부에서 상사점과 하사점 사이에 움직인 위아래 거리를 행정(스트로크)이라 한다. 그리고 상사점 위에 있는 공간은 피스톤의 4행정 사이클 중 압축 이후에 연료가 폭발하는 연소실이 된다. 엔진의 효율을 높이기 위해, 즉 실린더 내부의 압축비를 높이기 위해 알아야 할 식이 하나 있다. 바로 '(연소실 체적 + 행정 체적)/연소실 체적'이다.

결론부터 말하면, 이 값이 크면 클수록 엔진의 효율이 높아진다고(= 열효과 개선) 할 수 있다. 따라서 (연소실 체적 + 행정 체적)이 크면 클수록, 그리고 연소실 체적이 작으면 작을수록 엔진의 효율은 높아질 것이다. 즉, 피스톤이 움직인 거리인 행정(스트로크)은 길게, 연소되는 공간은 작게 할수록 엔진의 효율이 높다는 결론을 내릴 수 있다.

　이와 같은 개념을 잘 반영된 엔진이 바로 앳킨슨 사이클 엔진이며, 이는 실제 압축 시 피스톤이 움직인 총 거리보다 폭발 행정시 피스톤이 움직인(팽창되는) 거리(정확히는 비율)를 크게 한 것을 말한다(압축비 〈 팽창비).

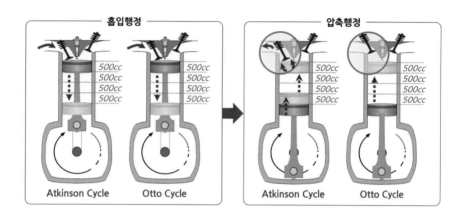

　좀 더 구체적인 이해를 위해, 편의상 하나의 실린더가 2,000cc라고 가정하고 앳킨슨 사이클과 오토 사이클 엔진의 작동을 비교해 보자.

　① 두 사이클 모두 흡입행정 시 2,000cc 양만큼의 혼합기(연료 + 공기)가 흡기밸브를 통해 실린더로 유입된다.

　② 압축행정 초반 앳킨슨 사이클 엔진의 흡기밸브가 열린 상태인 것을 볼 수 있다. 이는 2,000cc의 혼합기를 흡입한 상태에서 피스톤이 압축을 위해 올라가는 초반에 흡기밸브가 그대로 열려 있다는 의미이다.

　③ 앳킨슨 사이클 엔진은 최초 흡입한 2,000cc의 혼합기 중 500cc가 다시

흡기밸브를 통해 빠져나간 후 그제야 흡기밸브가 닫히게 된다.

④ 앳킨슨 사이클 엔진에서는 1,500cc의 혼합기가, 오토 사이클 엔진에는 2,000cc의 혼합기가 들어가는 결과가 만들어진다.

⑤ 흡기와 압축행정 이후, 폭발(팽창)행정과 배기행정 시 피스톤이 아래로 움직인 거리는 엣킨슨 사이클 엔진과 오토 사이크 엔진 모두 같다.

앳킨슨 사이클 엔진은 오토 사이클 엔진 대비 흡입 시 실린더에 유입되는 혼합기의 양은 적지만, 이 둘의 폭발 행정 시 피스톤의 행정 거리(움직인 거리)는 같다. 따라서 앳킨슨 사이클 엔진을 한마디로 하면, 압축비보다 팽창비가 높은 엔진이라 할 수 있다. 그만큼 연료의 소비를 줄인 상태에서 피스톤의 움직인 거리는 일반 엔진(오토 사이클 엔진)과 같다는 의미이다. 이것이 바로 앳킨슨 사이클의 작동 원리인 압축비(흡기밸브가 닫힌 이후 실제로는 1,500cc만큼의 체적)보다 팽창비(폭발 행정 시 총 2,000cc만큼의 체적)를 크게 하는 것이며, 이를 통해 열효율이 개선되는 것이다. 참고로, 앳킨슨 사이클에서 피스톤이 움직인 길이의 크기는 배기 > 팽창(폭발) > 흡입 > 압축 순이 된다.

여기서 의문이 들 수 있는 점은, 압축행정 시 흡기밸브를 통해 빠져나간 일부분(500cc)의 혼합기는 낭비되는 것이 아닐까? 또는 혹시 엔진에 문제가 생기는 것이 아닐까? 일 것이다. 밖으로 빠져나간 혼합기는 다음 4행정 사이클 시작 시 다시 흡입되는 혼합기와 함께 실린더로 재유입되기 때문에 이에 대해 걱정할 필요는 없다.

이미 오래전에 발명되었던 앳킨슨 사이클은 하이브리드 자동차에 적은 연료를 소모하는 고효율 엔진(내연기관)을 채택할 수 있게 해 줌으로써 하이브리드 자동차 발전의 일등 공신이라 해도 과언이 아닐 것이다. 앳킨슨 사이클 엔진의 단점을 꼽자면 엔진의 낮은 출력이긴 하지만, 전기모터가 보조 동력원으로 사용됨으로 이는 충분히 보완 가능한 부분이다.

23. 수소연료전지 자동차
(FCEV; Fuel Cell Electric Vehicle 또는 Hydrogen Vehicle)

수소연료전지 자동차는 그 연료로 수소(Hydrogen)를 사용하여 동력원인 전기모터를 구동시키는 차량을 말한다.

수소연료전지 자동차(이하 FCEV)는 전기자동차와 비교 시 전기모터에 의해 구동된다는 점은 동일하지만, 전기에너지를 만들어 내기 위해 수소연료전지(Fuel Cell)가 사용된다는 점과 이 때문에 차량 구동만을 주목적으로 하는 배터리 팩이 없다는 것이 가장 큰 차이점이다. 당연히 전기자동차에는 없는 수소연료전지에 필요한 기타 부수 장치들이 들어간다는 점 또한 다른 부분이라 할 수 있다.

일반적인 내연기관 자동차와 비교 시 대표적인 차이점으로, FCEV는 휘발유 대비 수소(H₂)가 에너지원으로 사용되며, 그 구동이 엔진(내연기관)이 아닌 전기모터에 의해 이루어진다는 점이다. 참고로, 내연기관의 연료통이 FCEV에서는 수소 탱크가 된다.

FCEV의 구조와 작동 원리는 다음과 같다.

Chapter 2 자동차 기초 공학지식

① FCEV의 연료가 되는 수소 (H₂)가 외부 충전기로부터 충전됨.

② 수소(H₂)가 연료전지 스택으로 들어감.

③ 외부 공기(O₂)가 에어필터의 여과를 거친 후 연료전지로 들어감.

④ 수소(H₂)와 산소(O₂)의 화학 반응을 통해 전기(직류전류)가 만들어지며, 이는 컨버터를 통해 교류전류로 변환되어 모터에 공급됨.

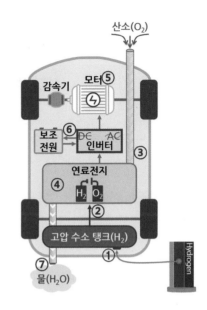

⑤ 인버터를 통해 공급받은 전류에 의해 모터가 구동됨.

⑥ 일부의 전기는 보조전원(배터리)에 저장되었다가 필요할 때 모터를 돌리는 에너지로 사용됨.

⑦ 연료전지 스택에 의해 전기가 만들어진 후 그 부산물인 물(H₂O)이 배기관을 통해 빠져나감.

그럼, FCEV에서 가장 핵심이 되며 심지어 FCEV 가격의 약 30~40%를 차지하는 연료전지의 원리에 대해 알아보도록 하자. 참고로, 연료전지는 현재 자동차뿐만 아니라 다양한 산업 분야에 점차 적용되고 있으며, 향후 미래 에너지 산업의 중심축이 될 전망이다.

연료전지(Fuel Cell)의 정확한 표현은 수소연료전지(Hydrogen Fuel Cell)이다. 왜냐하면 수소를 연료로 하여 전기에너지를 만들어 내기 때문이다.

휘발유 자동차와
FCEV의 운동에너
지(구동력)는 각각 휘
발유와 수소에 의해

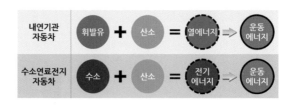

만들어진다. 휘발유 자동차는 휘발유와 산소가 결합하여 폭발 행정 후 생
성된 열에너지가 운동에너지로 전환되는 것임에 반해, FCEV는 연료전지
에서 수소와 산소의 화학 반응으로 전기에너지가 생성된 후 이 전기에너지
가 운동에너지로 바뀌는 것이다.

　연료전지는 연료전지 스택(Stack)들이 직병렬로 연결되어 만들어진다.
전기자동차의 배터리 팩과 비교해 보면, 연료전지 스택은 마치 배터리 셀
과 같은 것이며 이것들이 모여서 하나의 큰 배터리 모듈을 구성하는 것이
다. 따라서 연료전지 스택이 얼마나 많은지에 따라 연료전지의 성능이 좌
우된다.

　그럼, 연료전지를 구
성하는 최소 단위인 연
료전지 스택이 전기에너
지를 어떻게 만들어 내
는지 그 원리와 과정에
대해 알아보자. 연료전
지 스택은 산화와 환원
과정을 통해 전기에너지
가 만들어진다. 참고로,

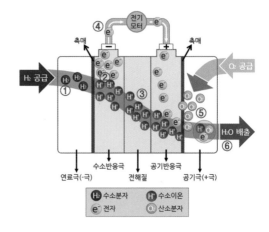

산화란 전자(e-)를 잃는 반응, 환원이란 전자(e-)를 얻는 반응을 말한다.

　연료전지 스택의 구체적인 전기생성 과정은 다음과 같다.

　　　　　　　　　　　　　　　　Chapter 2 자동차 기초 공학지식

① 수소(H_2)가 연료극 쪽으로 공급된다.

② 수소(H_2)가 촉매를 통과하면서 수소이온($H+$)과 전자($e-$)로 분리된다. 즉, 수소의 산화과정이 이루어지는 것이다. 참고로, 촉매(Catalyst)란 다른 물질의 화학 반응을 촉진하는 물질을 말하는데, 여기서는 수소의 이온화(수소이온과 전자로 분리)를 촉진하는 역할을 한다.

③ 수소이온($H+$)은 전해질을 통해 공기극(+극)층으로 이동한다.

④ 전자($e-$)는 외부 회로인 도선을 따라 (-)극에서 (+)극으로 이동하면서, (직류) 전류를 발생시킨다. 즉, 전기에너지가 발생하는 것이다.

⑤ 공기극에 공급된 산소(O_2)는 촉매에 의해 환원과정 즉, 전자($e-$)를 얻는 성질이 촉진되는데, 여기에 전해질을 통해 이동한 수소이온($H+$)과 외부 도선을 통해 이동한 전자($e-$)가 결합하여 물(H_2O)과 열(Heat)이 만들어진다. 참고로, 산화와 환원과정을 화학식으로 표현하면 다음과 같다.

---

② 산화과정: $H_2 \rightarrow 2H^2 + 2e-$

⑤ 환원과정: $O_2 + 4H+ + 4e- \rightarrow 2H_2O + 열$

---

⑥ 에너지 생성 후 부산물인 물(H_2O)은 외부로 배출된다.

위 ⑤번에서 보듯이 연료전지의 최종 부산물로 물과 열이 만들어진다. 물은 차량 외부로 배출되지만 열은 차량의 필요한 부분에 에너지로 재사용된다. 연료전지가 에너지 전환율이 높은 이유는 그 자체의 특징도 있지만 이처럼 열에너지까지 이용할 수 있기 때문이다. 이런 이유로 열효율이 내연기관보다 무려 약 2배 이상 높고 공해 또한 배출하지 않는 연료전지가 미래의 에너지 발생 장치로서 주목받는 것이다.

하지만 현 단계에서 연료전지가 자동차뿐만 아니라 더욱 다양한 분야에까지 상용화되기 위해서는 반드시 해결해야 할 과제들이 있다.

첫째, 연료전지의 촉매로 사용되는 백금과 관련된 문제이다. 백금이라는 것이 현재까지는 연료전지의 촉매제로 산화와 환원을 가장 원활하게 해 주기 때문에 연료전지에 없어서는 안 될 필수 소재이다. 하지만 문제는 FCEV 가격의 약 30~40%를 차지하는 연료전지에 백금의 비중이 가장 높다는 것이다.

따라서 다른 소재와의 조합을 통해 성능의 저하 없이 고가의 귀금속인 백금의 비율을 최소화할 수 있는 기술 개발이나 더 나아가 백금 자체를 아예 대체할 수 있는 새로운 소재에 관한 연구 개발이 절실히 필요하다. 현재 이에 대한 개발이 어느 정도 이루어지긴 했으나, 앞으로 더욱더 많은 연구가 필요할 것으로 보인다.

둘째, 인프라의 구축이다. 불과 얼마 전만 하더라도 전기자동차 충전소는 주변에서 쉽게 찾아보기 힘들었다. 하지만 최근 들어 충전 인프라가 점차 확대됨에 따라 이에 발맞추어 전기자동차의 보급 또한 조금씩 늘어나는 추세이다.

FCEV도 마찬가지이다. 현재 수소충전소 숫자는 전기자동차의 상용화 초기보다도 적은 수준이다. 게다가 수소충전소의 구축은 전기자동차 대비 상대적으로 매우 큰 비용과 각종 안전성 문제까지 겹쳐있어 당분간은 수소충전소의 보급이 그리 쉽지는 않을 것이다.

셋째, 가장 원론적인 부분으로, FCEV의 연료가 되는 수소를 추출할 때 발생하는 비용 문제이다

수소는 물을 전기분해시키면 쉽게 추출할 수 있다. 하지만 그 양이 많

지 않아 현 단계에서는 비용 측면에서 적합성이 떨어진다. 또 다른 방법으로, 석유화학 공정과정 중 부산물로 발생하는 수소를 포집하여 사용하는 방법이 있다. 부산물로 발생하는 수소를 사용하기 때문에 경제적이긴 하나, 이는 전문적인 수소 생산 방법이 아니기에 생산량의 한계와 더불어 환경 오염 측면에서 실효성이 떨어진다 볼 수 있다.

결국, 태양광이나 풍력과 같은 신재생에너지를 사용하는 것이 수소 추출의 최종 대안이다. 따라서 가장 친환경적인 방법인 신재생에너지 개발과 함께 물을 전기분해하는 방법에 관한 기술 개발이 절대적으로 요구된다. 이를 통해 생산량과 경제성 모두가 확보될 수만 있다면 앞으로 수소 자동차의 대중화뿐만 아니라, 미래에 다른 산업의 발전 속도 또한 가속화될 것이다.

Automotive Sales Textbook

자동차 세일즈
교과서 ———

초판 1쇄 발행 2021. 3. 24.

지은이 손준성
펴낸이 김병호
편집진행 김수현 | **디자인** 양헌경
마케팅 민호 | **경영지원** 송세영

펴낸곳 주식회사 바른북스
등록 2019년 4월 3일 제2019-000040호
주소 서울시 성동구 연무장5길 9-16, 301호 (성수동2가, 블루스톤타워)
대표전화 070-7857-9719 **경영지원** 02-3409-9719 **팩스** 070-7610-9820
이메일 barunbooks21@naver.com **원고투고** barunbooks21@naver.com
홈페이지 www.barunbooks.com **공식 블로그** blog.naver.com/barunbooks7
공식 포스트 post.naver.com/barunbooks7 **페이스북** facebook.com/barunbooks7

· 책값은 뒤표지에 있습니다.   **ISBN** 979-11-6545-344-2 93320

· 이 책은 저작권법에 따라 보호를 받는 저작물이므로 무단전재 및 복제를 금지하며,
이 책 내용의 전부 및 일부를 이용하려면 반드시 저작권자와 도서출판 바른북스의 서면동의를 받아야 합니다.

· 파본이나 잘못된 책은 구입하신 곳에서 교환해드립니다.

바른북스는 여러분의 다양한 아이디어와 원고 투고를 설레는 마음으로 기다리고 있습니다.